推 开 思 维 的 大 门　　让 沟 通 环 环 相 扣

口才的逻辑与技巧

武颖/编著

修炼条分缕析的口才逻辑

掌握一语道破的说话技巧

说话没思路的人，磕巴拖沓，费尽口水仍旧不能表明主旨；冗长平淡，怎样都激发不起听者的兴趣；

说话有逻辑的人，精彩纷呈，三言两语便能博得他人好感；言简意赅，无需费力就能传达精髓内容；

口才的逻辑能力，是一个人成功的桥梁和催化剂。

中国纺织出版社

内 容 提 要

在我们身边有很多人，往往不懂得如何说话，更不懂得如何与别人交流看法、沟通思想，要么选择沉默，要么一开口就词不达意、思维混乱或自相矛盾等，这归结于语言缺乏逻辑。

本书通过分析一些说话中常犯的逻辑错误，以生动的对话故事为蓝本，帮助你了解说话的逻辑规律和要求，让你的语言达到更清晰、更有条理和有说服力，进而有效提升你的语言表达能力。

图书在版编目（CIP）数据

口才的逻辑与技巧／武颖编著.—北京：中国纺织出版社，2017.2（2023.1重印）
ISBN 978-7-5180-2900-6

Ⅰ.①口… Ⅱ.①武… Ⅲ.①口才学 Ⅳ.①H019

中国版本图书馆CIP数据核字（2016）第204856号

策划编辑：闫　星　　　　责任印制：储志伟

中国纺织出版社出版发行
地址：北京市朝阳区百子湾东里A407号楼　邮政编码：100124
销售电话：010—67004422　传真：010—87155801
http：//www.c-textilep.com
E-mail：faxing@c-textilep.com
中国纺织出版社天猫旗舰店
官方微博http://weibo.com/2119887771
佳兴达印刷（天津）有限公司印刷　各地新华书店经销
2017年2月第1版　2023年1月第5次印刷
开本：710×1000　1/16　印张：21.5
字数：258千字　定价：49.80元

前言

现代社会，口才的重要性已经毋庸置疑，说话水平的高低，已成为影响一个人生活及事业的关键因素。这正如日本的池田大作所说的："语言是我们所知道的最庞大、最广博的艺术，是世世代代无意识地创造出来的无名氏的作品。"在这个时代中，我们要想成为一个受欢迎的人，首先就要学会说话，用独特的语言魅力来打动对方，获得对方的好感，从而建立起一份珍贵的友谊。可以说，口才是立足于社会的重要条件和因素。

一个人的口才表现在很多方面，其中重要的一个方面就是其说话的逻辑能力。然而，生活中，我们常听到周围的人有这样的困扰："我明明心里知道，但嘴上就是不知道怎么表达。""我也想有条理地将话说清楚，但总是不知道从哪开始。""我头一次上台演讲就搞砸了，因为我说话找不到方法。""我的朋友总是说我说话前后矛盾，为什么会这样？""我知道自己说话颠三倒四，但我也不知道怎样克服""因为我说话颠三倒四，现在都成了大家茶余饭后的笑柄"……

其实，之所以会出现这些情况，就是因为我们说话没有逻辑性，或者犯了逻辑上的错误。为此，我们有必要学习逻辑说话术，这是一种简单易懂的说话方式，是学习说话的基础方式，主要从逻辑思维的角度入手，帮助我们提升简单易懂说话方式的基本技巧等。

不得不说，在现实生活中，很多时候我们不是不会说，而是不会思考，尤其是逻辑思维能力不足，想不明白自然也就说不清楚。而有了比较条理化的思维，你才会让自己的语言更加条理化。

当然，了解逻辑口才在生活中的重要性并不是最终目的，最重要的是掌握逻辑口才的技巧和方法。目前，市场上教人怎样说话、学习口才的书籍有很多，然而，我们要提升自己的说话水平，首先需系统地学习逻辑口才。

本书就是通过对说话的逻辑分析及大量案例的阐释，来揭示出说话内涵的逻辑奥秘，从而更深入地帮助我们了解以及洞悉语言交际的逻辑规律和要求，同时也指出在日常交谈、辩论中的出现的逻辑谬误等，并教我们如何更高明地说话。本书实用性和针对性极高，对于人们提升表达技巧、处理交际生活有着十分重要的指导作用。

编著者

2016年1月

目录

羡慕说话有逻辑者？逻辑到底是什么？

我们都知道，语言是人与人之间沟通与交流最为重要和普遍的媒介，人在醒着的时候，大部分时间都要通过说话来交流，我们也都希望自己能拥有一副能说会道的好口才，所以，提高自己的说话魅力对每个人都是十分重要的，但能说也要会说，要注重逻辑，这要求我们在平时的言语中多加注意，注重思维逻辑的训练，做到该说的说，不该说的不说，说之前想好了再说，时间长了，自然就能练就出一副让人羡慕的嘴皮子。

语言是世界上最黏人的东西

语言是我们与人沟通、打交道最为重要的媒介，我们无时无刻不运用到语言，而当今世界竞争日益激烈，口才的重要性已经毋庸置疑，任何一个人，要想在社会上立足，除了要拥有参与竞争、迎接挑战所必备的知识和技能之外，得体的说话技巧、优秀的口才无疑会助你一臂之力，成为你迈向成功和幸福的砝码。

会说话为我们生活带来的益处是多方面的，生活中，它是帮助我们开启与人沟通和情感交流的钥匙，掌握好说话的技巧，我们能获得天长地久的友谊和忠贞不渝的爱情，与他人产生误会时，它能帮助我们抹平彼此心灵上的创伤，更能帮助我们在商场、职场左右逢源，占尽上风。

可见，会说话是我们睿智和良好生活态度的表现。然而，我们发现，一些人被人们批评“少根筋”，因为他们在说话的时候总是不看情况胡指瞎说，他们有意无意中说出不符合逻辑的话，如在寿宴上顺便推销人寿保险；对新郎新娘说今天喜宴的菜好吃极啦，下回别忘了再请我，我一定捧场；朋友要出门，出于好意告诉对方注意安全，但却大谈今年发生了多少飞机失事的意外事故。这就是不会说话的表现，他们要么成为笑柄，要么伤害他人的情感，为对方带来不快。

有个叫刘大的人，他不善于说话，得罪了不少人。

有一次，刘大过50岁生日，特意邀了好友张三、李四、王五、赵六来家中欢聚。快要吃饭的时候，刘大看赵六还没有来，懊恼地说：“该来的不来。”张三听了这句话心想：“我们可能是不该来的。”于是拍拍屁股走了。刘大见张三莫名其妙地走了，就着急地说："哎呀！不该走的又走了。"李四一听，心想："看来我们是应该走的。"也就不告而辞了。刘大见李四又走了，摊摊手对着王五讲："你看，我又不是讲他。"王五心想："你不是讲他，那一定是说我了。"于是气呼呼地拔腿就走。刘大不明究竟，吃惊地说："啊！怎么都走了？"

故事中的刘大其实并没有恶意，但很明显，他说出了不该说的话，其实，这些话如果在无外人的情况下说，并不会怎样，但因为当日是他的寿宴，他这样说，很容易造成在座客人的误解，以为刘大是话中有话，"识趣"的人自然会自动离开。

其实，生活中不少人会在说话的时候犯这样的错误，这些粗心的人说话常常不经仔细思考，只顾自己把话说完，而忽略了"听者"闻后所想，结果无意中得罪了别人，却还不自知。

可以说，是否会说话一直是决定我们生活质量高低及事业优劣成败的重要因素。会说话者颇有一种不可思议的力量，能缓解周围紧张的气氛，能流利表达出自己的意图，把观念阐述得有条有理，一丝不乱，使别人心悦诚服地接受。

不过，会说话的一个重要标志就是说话富有逻辑，只有这样，说话时才不会有漏洞，才不至于成为别人的笑柄。我们来看看下面的小故事：

小王是一个生活中的马大哈，是个没逻辑的人，不过倒也是大家的开心果。

一天晚上，他的妻子对他说："老公，我听婆婆说你在大学里逻辑学很好，很多数学题你都能轻松解答出来。"

小王听完很高兴，不过倒也谦虚地说："还好，嘿嘿。"

妻子接着说："今天儿子问了我一道题，我半天没想出来，要不你帮我看看吧？"

小王自信地说："好呀，问吧！"

妻子接着说："如果1等于5、2等于15、3等于235、4等于4115，那么5等于什么呢？"

小王听完之后拿出了纸笔和草稿纸进行演算，没想到他的妻子在一旁哈哈大笑起来："老公，你真是个笨蛋，5当然等于1，前面都说了1等于5了，哈哈哈……"

这里，小王就是因为缺乏逻辑才被妻子笑话，可见逻辑思维在在语言表达中的重要性。

任何人在一生中，无论有什么目标，无论选择什么样的生活方式，都不可能避免与人沟通，我们始终是生活在集体中的，而口才好不但是智慧和内涵的体现，更能让我们左右逢源，是实现人生目标的第一步。可见，能灵活运用各类说话技巧，便拥有了打开成功之门的金钥匙。

逻辑口才

生活中，无论是演讲、说话、论辩都需要有较强逻辑思维，只要这样，才有较强的组织语言的能力，说话没逻辑，也就不可能有一张悬河之口，而说话有逻辑是口语表达能力的一项基本功。

舌头可以是最好的，也可能是最坏的

英国有一句谚语："一张能说的嘴是取之不尽用之不竭的财富"，现实生活中，很多事情的圆满解决，就是在一个好嘴巴的作用下达成的。语言是交际之中不可或缺的工具。和谐的人际关系依赖于承载思想的语言交流。

在战国策中，就有名著《触龙说赵太后》，生动记载了做赵国左师触龙的高超对话艺术。

公元前266年，赵惠文王去世，新君年幼，由他的母亲赵太后摄政。秦国趁赵国新君登基不久，国内动荡之际，派大军大举进攻。为了挽救危机，赵太后决定向齐国求救。齐国答应了赵国的请求，但是前提条件是要赵太后最喜欢的儿子长安君为人质。赵太后不肯答应，大臣们苦口婆心地劝谏都无效。

事关国家安危，触龙就决定再劝赵太后一次。太后怒气冲冲地在门口等着他。触龙见状，就绝口不提长安君的事，而是和她大谈健康养生之类的话题，赵太后对此才缓和了些颜色。

触龙请求赵太后给他的儿子舒祺在御林军中安排一个职务，赵太后爽快地答应了，又不解地问："你们男人也心疼自己的小儿子吗？"

触龙说："是的，比女人还有过之而无不及。"

太后却反驳说："在这方面你们男人是远远比不过女人的。"

触龙说："未必如此。其实男人和女人对孩子的爱是不同的。女人只是一味地溺爱，而男人却总能为孩子的将来做打算。"又说："我觉得，您疼爱燕后的程度远远超过了疼爱长安君。"

赵太后不认同他的观点，但是却示意他继续说下去。

左师公说："燕后出嫁以后，您每天都在想念着她。但是在您祭祀的时候，却一遍遍地向上苍祈祷不要让她回来。原因不就是为了让她在燕国长期待下去，希望她的儿孙一代代的做燕国的国君吗？"

太后说："是这样。"

触龙又说："在赵国，你赐给了长安君很多肥沃的土地，也给了他不少象征国家权力的礼器，我认为这不过是一种溺爱罢了，对长安君的将来并没有任何好处。您看，现在先王的子孙们还有几个保住荣华富贵的？真正疼爱自己的儿子，就要给他建功立业的机会，只有这样才能让他在国内站得住脚。试想，在您百年之后，身无寸功的长安君还能在赵国继续享受荣华富贵吗？我认为您为长安君打算得太短了，因此，我认为您疼爱他不如疼爱燕后。"

太后听了，认为他说的话很在理，就说："好吧，任凭您指派他吧！"

触龙利用父母喜欢疼爱孩子这一点，告诉赵太后疼爱并不等于溺爱的道理。他告诉赵太后，无端地给孩子太多的高官厚禄，只能给他带来杀身之祸。

只有让孩子能够为国家做出一定的贡献，才能有资格让他在赵国站得住脚。触龙用晓之以理、动之以情的形式最终说服了太后，同意将长安君作为齐国的人质，解除了赵国的危机。

这一历史故事告诉我们一言可以兴邦的道理，同时，对于我们个人来说，巧妙的言辞也起着至关重要的作用。

的确，每个人取得成功的方式可能是不相同的，有的人可能会凭借千载难逢的机遇，有的人可能借助于优越的家庭条件，有的人可能会通过深厚的学识，但是有一点却是相同的，那就是丰厚的人脉关系。人脉关系绝非是一朝一夕之功就能建立起来的，需要大量的感情投入，而投入感情的途径并不是物质上的给予那么简单，还需要通过口才的力量来征服对方的心理，从而获得别人真诚的支持和帮助。

每个人的知识、修养、性格、爱好、经历、习惯都有着异于他人的地方，但是人类却有一个共同的特点，那就是中国俗话中讲的“士为知己者死，女为悦己者容”。我们要想成为别人的知己和欣赏者，除了需要无微不至地关心对方之外，更重要的是要在言语上下些功夫。许多成就大业的人，往往用短短的几句话就能换回别人的感动和真情，死心塌地、心甘情愿地去效忠他、帮助他。

秦穆公有一匹千里马丢失了，被山上的野人逮住并杀掉美餐了一顿。秦穆公带人寻找马匹的时候，正好看见他们在吃马肉。随行的将领感到很气愤，就把他们抓了起来，要杀掉他们。秦穆公却阻止了将领，走上前去，解下了野人身上的绳索，拍了拍他们的肩膀说：“我听说吃马肉如果不来点酒的话，就有些暴殄天物的意思了，这样吧，每个人赐给一坛酒，让他们吃饱喝足吧。至于惩罚就免了，我怎么能为了一匹马而伤害人的性命呢？”

几年之后，秦晋两国之间展开了一场战争。在战斗中秦军处于不利地位，秦穆公被晋军将领一枪刺落马下，正在这紧急关头，杀出一支几百人的野人队伍，将没有防备的晋军打得落花流水，不但救了秦穆公的性命，还将晋惠公俘虏，秦军大获全胜。

秦穆公回朝之后，要对这些野人进行赏赐，但被他们拒绝了。原来，他们就是当年那些吃马肉的人。当时秦穆公的一句话让他们感动不已，这次出手相救，只是为了报答当初秦穆公的恩德。

当然，我们说出的话，因为好坏的不同，结果可能也不相同，我们能说出让他人愉悦、达到我们目的的话，但也有可能说出伤害心灵、损害人际关系的话。但总的来说，好的口才是一种力量，更是一种资产。一个拥有好口才的人，也就拥有了一份独特的魅力，最终也将形成一种气质和风度。它能够帮助一个人在人群之中更好地凸显出自己的个性，在无形之中对别人产生深刻的影响，让一大批志同道合的人围聚在他的周围，心甘情愿地为他前驱，共同去创造美好的事业。

逻辑口才

如果想要取得别人的信服，就要在说话上下功夫，了解对方的性格和内心需要，做到充分了解之后，再对症下药。这样，哪怕是短短的几句话，也能起到十分显著的作用。

什么是逻辑说话术

在人际交往中，人与人之间沟通的主要方式是语言，尤其是口头语言。但是我们却发现，有不少人在说话时，因为逻辑性不够，而又注重逻辑思维的训练，所以导致了说话思维混乱、条理不清晰、前言不搭后语，在说话的时候，不但导致了对方听不懂，就连自己也感到吃力，还影响到人际关系。

为此，我们有必要学习逻辑说话术，这是一种简单易懂的说话方式，是学习说话的基础方式，主要从逻辑思维的角度入手，帮助我们提升说话方式的基本技巧等。

不得不说，在现实生活中，很多时候我们不是不会说，而是不会思考，想不明白自然也就说不清楚。而有了比较条理化的思维，才会让自己的语言更加条理化。

接下来，我们看看缜密的逻辑思维在口才中的重要性。有这样一则案例：

在某法庭上，正在进行一宗杀人案的审理，案件经过大概是：犯罪嫌疑人李某因为其女友父母不同意他们交往而狠心将女方一家三口全部杀害，而李某矢口否认这一点，接下来，法官对这一案件进行审理。

法官："李某，请将你的犯罪经过再陈述一次。"

李某："我已经陈述多很多次，这件事是因为我女朋友的父母先动手的，他们伤了我，我出于无奈才无心将他们杀了。"

法官："迫于无奈？真的是这样吗？好吧，既然如此，那接下来我问你一些问题，你如实回答。案发现场是在你和女朋友的出租屋内是不是？"

李某："是。"

法官："在案发之前，你女朋友的父母是不是经常去你们的出租屋？"

李某："不是，之前他们从没去过，当然，我也不希望他们去。"

法官："为什么不希望他们去？"

当法官问到这里的时候，李某突然害怕起来，深深地吸了一口气之后平静了很多。

李某："因为……因为他们身体状况不是很好，我们在外面租的房子离他们家比较远。"

法官："那么，他们去你出租屋的那天，是直接带着凶器或者刀去的，是不是？"

李某："当然不是。"

法官："他们到了之后是直奔厨房去的是不是？"

李某：“不是，是直奔客厅去的。”

法官：“即便他们是第一次去你的出租屋，到了之后也是直奔客厅，但还是比你更加熟悉这一出租屋的构造而知道厨房都有什么东西，是不是？”

当法官问到这里的时候，李某已经坐立不安了，他的脸上也开始渗出了豆大的汗珠，因为凶案现场就是厨房，而杀人的凶器就是厨房的菜刀，凶手李某虽然一直在回答法官的问题，但是却没想到法官会问到厨房的事，此时，他六神无主，只好全部招认，所以他声泪俱下地说：“法官，我承认这件事是我做的，我悔不当初，是我一时冲动……”

面对行为上的过错，尤其是法律责任，谁都知道，一旦认罪，就要面临法律的惩罚，所以，在审案的过程中，法官要想知道犯罪嫌疑人的作案动机并不容易。故事中的李某在一开始也否认自己的犯罪事实，但是“道高一尺，魔高一丈”，这位法官更精明，他深知李某一定会歪曲事实，所以，他反其道而行之，采用诱导的方法，故意歪曲事实，反过来问李某，在循循诱导下，李某不得不承认自己的犯罪经过：他对出租屋的构造更清楚，在无需思考的情况下就知道菜刀放在哪里。而假如这位法官采取常规的问询方法：“为什么不说实话？”那么，李某必定更加反驳，这样对于案件的水落石出丝毫起不到作用。

事实上，我们发现，任何一个口才好的人，都能在说话时做到步步为营、思维缜密、滴水不漏，更能做到唇枪舌剑，旁征博引，言语间尽显威严和自信。

当然，人的表达能力也是一个需要训练的过程。在自己表达能力有限、思维不够清晰的情况下，可以多看、多听、多写，而不必急于一时地说，这样能给自己足够的时间思考，让你仔细琢磨用词和逻辑严密性。

逻辑口才

任何一个逻辑表达能力不足的人，都要在日常生活和工作中着力培养自己的逻辑思维能力和语言表达能力，也就是掌握逻辑语术，以此提升说话水平。

逻辑思维有哪些形式

生活中，我们常提及名词——逻辑思维，所谓逻辑思维，又称理论思维，指的是人们在理性认识阶段，并将概念、判断和推理等思维类型反应事物本质与规律的认识过程。逻辑思维的产生是来自于人们对已经或正在认识的思维及其结构以及起作用的规律的分析。

其实也就是说，人们对事物的判断，只要经过逻辑思维的处理，才能由表象上升到本质上的认识，所以逻辑思维是人的认识的高级阶段。

逻辑思维是明确的，而不是模棱两可的；是有条理和有根据的，而不是无本之源的；是前后连贯的，而不是自相矛盾的。在逻辑思维中，要用的思维形式有概念、判断、推理等，而方法有比较、分析、综合、抽象、概括等，掌握和运用这些思维形式和方法的程度，也就是逻辑思维的能力。

提到逻辑思维，就要提到逻辑思维的形式，逻辑形式一般是指：把具体内容的各个部分组成起来的构造方式。接下来，我们不妨看一个例子：

所有商品都是劳动产品。

所有经济规律都是客观的。

这里，我们总结出了一些逻辑思维的形式。在了解这一点之后，我们有必要掌握几种逻辑思维的方法。

逻辑思维方法是一个整体，它是由一系列既相区别又相联系的方法所组成的，其中主要包括：归纳和演绎的方法；分析和综合的方法；从具体到抽象和从抽象上升到具体的方法；逻辑和历史统一的方法。

不少人认为，只有在论文、辩论等这些活动中才运用到逻辑思维方式，其实不然，逻辑思维被广泛地运用到科学研究、辩论、演说、谈话等活动中。其中，掌握逻辑思维的方法、规律和形式等，对提升人们的语言能力有着不可替代的作用。

（1）归纳和演绎的方法

顾名思义，就是将多个个别的归纳总结成一般的思维方法，还有就是用个别的判断来作为依据，进而论证另外一个论点或者论题的方法。

如果给出我们一些事实材料，而要从中找到事物的一般规律或者本事，这就必须要运用到应用归纳法。

与之相反的，演绎是从一般到个别的论证。比如，在研究中，运用已知的理论进行调查，或者用名人的经典话语来证明某个观点，使用的就是这样的方法。

（2）分析和综合的方法

分析和综合是相对的两种方法。分析是把事物解剖开来，然后对其各个部分的属性进行研究和表述，而综合则相反，他是将已知的某些部分综合起来进行研究和表述。

在不少毕业论文的撰写中，无论研究和表述论点还是分论点，都时常运用分析和综合的方法。

（3）从具体到抽象和从抽象上升到具体的方法

从具体到抽象，出发点是某些表象，再经过研究和分析，从而形成抽象的概念和范畴的思维方法，反过来，也就是从抽象上升到具体的思维方法。

在正式场合的语言活动中，如公共场合的演说活动。

从总体上说，也要运用从具体到抽象和从抽象上升到具体的方法，即在占有资料的基础上，经过分析研究，找出论点论据，在头脑中大体形成论文的体系，然后按照从抽象上升到具体的顺序，一部分一部分地表达你的观点。

（4）逻辑和历史统一的方法

从抽象上升到具体的方法，就是逻辑的方法。所谓历史的方法，就是按照事物发展的历史进程来表述的方法。逻辑的发展过程是历史的发展过程在理论上的再现。

不过，我们需要提及的是，在我们日常的语言交流中，从总体上运用逻辑和历史统一的方法是不多见的，可能更多体现在了一些文史类书籍中。

应当指出，上述各种逻辑方法都是唯物辩证法在思维过程中的具体表现。在进行一些语言活动的过程中最好综合地加以运用。

逻辑口才

掌握逻辑思维的形式以及逻辑方法，不但能帮助我们训练思维过程、提升我们的思维能力，更能训练我们的逻辑口才，让我们能更有水平地说话。

为什么有些人说话时总是搭错线

生活中，我们常常误认为，“口才”与“能说会道”是一回事，其实不然，真正的口才并不是一味地多说，而是要说对，要有针对性地说话，这是语言逻辑中的重要要求。那些会说话的人，能够准确地表达自己心中所想，并用恰当的词汇来修饰；会说话的人，能够把道理有条理地讲出来，不会让别人感到混乱；会说话的人，说起话来轻松自然，任何人都能够很快理解他的意思；会说话的人，是通过说话来表现自己，增加别人对自己的好感。

相反，我们也发现，有这样一些，作为听者，我们总是听不清楚他在表达什么，似乎总是自说自话，搭错线，我们想了解的他们也不会告知，所以这样的沟通是无效的。

有一次，美国参议院调查员被人弄得坐立不安、尴尬无比，可能你也遇到过这样的演说者，对方虽然是政府的高级官员，但却说话含糊不清、不停地说，说话毫无重点、表达不清楚，在座的委员会的成员都没搞清楚他想说什么，最后，一位来自北卡罗莱纳州的参议员小撒姆尔·詹姆士·厄文终于找了一点说话的机会，就在短短的几句话中，他言简意赅地将观点表达清楚了。

这个人说这位演说的官员令他想起了在他家乡的一个男人，这个男人告诉他的律师，他要和他的妻子离婚，不过他承认，他的妻子很漂亮，也是个好厨子和模范母亲，接下来，是这个男人和律师的对话。

“那你为何还要离婚。”律师问。

“因为她一直在说，说个不停。”男人答。

“那她都说些什么呢？”律师问。

“问题就是在这里，她一直说，但从来没说清楚过。”男人说。

其实，在生活中，也有不少人在这一方面让听者很厌烦，虽然他们一直不停地在表达观点，但就是说不清楚，也从来未能将他想表达的意思表达清楚。

当然，在谈话中有时为了加强表达效果也可以变更说话条理及顺序，这基于我们有清晰的逻辑思维能力，明白自己所要陈述的重点，并能合理地利用各事物之间不同顺序体现出不同的侧重点。

首先，你在说话前，心中要有一个大纲，即，这次说话要达到几个目的。然后在说话之中，使顺序一一落实。

如果你想让你的演说带给听众思路清晰、条理分明的印象，那么你最好在说话的过程中逐步提醒你要说的重点，比如，你可以说，你有几个重点，现在你讲的是哪一点，接下来你又准备讲哪一点。

“我的第一点是……”你完全可以这样坦白地说，然后再说第二点，这样一步一步地说到结束。

罗夫·J.邦茨博士曾任联合国助理秘书长，在任职的时候，他在纽约州罗契斯城市俱乐部主办的演讲会上发表过重要的演讲，从开始演说时，他就运用受人欢迎的、坦率的讲话方式。

“今天晚上我要演说的题目是《人际关系的挑战》，是因为以下两个原因，”他说，“首先……其二……”从开口到演说结束，他都在努力地让听众听明白他说的每一个部分，然后逐步带领听众得出结论：“我们不能对人类向

善的天性失去信心。”

经济学家保罗·道格拉斯也曾巧妙地将这一方法运用其中。要知道，商业会议曾一度停滞不前，会议上，他以委员税务专家和伊利诺伊州长参议员身份讲演。

他这样开始：“我的主题是：最迅速、最有效的行动方式，是对那些几乎会用掉全部收入的中、低收入民众采取减税。”

然后用这样的方式继续他的演讲：

“具体说……

“进一步说……

“此外……

“有三个主要的理由，第一……第二……第三……。

“总而言之，我们要做的，就是立即对那些中、低收入民众实行减税措施，以此来增加需求与购买力。”

不得不说，说话没有条理的人常让人产生不信任的感觉，他常因为轻率的言语将人引入信口开河、离题万里的泥潭。没有组织的说话，毫无逻辑的交谈，反映出一个得人思维的混乱，这样的人，也不会有人愿意跟他打交道。

另外，想要说话有条理、有逻辑，首先要具有敏锐的观察力，能深刻地认识事物，只有这样，说出话来才能一针见血，并准确无误地道出事物的本质；其次，思维能力一定要严密而有逻辑，懂得怎样分析、判断和推理，如此才能把话说得有理可循、有条不紊；最后，还要具备流畅的表达能力，知识渊博、谈资范围广，才能把话说得生动有趣。

逻辑口才

在交谈中，说话毫无逻辑、前后矛盾、语无伦次、词不达意是无法继续进行的，与之相对的，就是有条理地说话，这要求我们做到根据交谈的中心内容所涉及的话题程序安排好先后顺序。力求达至“众理虽繁，而无倒置之乖；群言虽多，而无棼丝之乱。”

说话没逻辑总是让你颠三倒四

在日常生活中，我们都希望自己能具备滔滔不绝的口才，能在三言两语间展现自己的语言魅力，但前提是我们在说话时必须要有逻辑，讲话如果主旨明确、内容相关、有条不紊，这样听者就容易领会，会让对方接受你的观点和想法，反之，如果没逻辑，就会导致语言颠三倒四、杂乱无章、前后不一，他人就很难听明白，也容易产生厌烦的情绪。对此，我们先来看看下面的故事：

这天，一对情侣从电影院出来，针对刚才看的悬疑片进行讨论。

女人问："你觉得这部电影怎样？"

男人回答说："呃，我觉得实在不怎么样，简直是胡诌嘛！观众又不是傻子！这样的故事谁会信？简直太不真实了，那个男人太坏了，不过倒霉的是喜欢他的那个女孩，这么好的女孩子，哎，可惜了。那个警察真不行，实在太笨了，要是我们生活里的警察都那样，那社会还不乱套了。不过情节确实有点迷惑性，刚开始我还以为修锁匠是杀人犯呢……"

这里，也许正如故事中的男人所说的那样，电影是胡编乱造的，可是男人的话也是说得糊里糊涂，不明不白，甚至自相矛盾了。其实，任何人无论是做事还是说话，都有一定的目的。在说话时，我们的目的决定了谈话的中心思想，只有说话目的明确、中心内容确定，开口之后才不会颠三倒四，才能做到有条有理、才能解决说话的集中性、连续性和条理性的问题。生活中无论简单地说话也好，还是复杂地说话也好，都要有条有理，要言多不繁。

可见，在说话时，谁都希望自己能有条理地组织自己的语言，而听者的要求也是如此。如果言者讲得混乱听者听得迷糊，那听者就很难正确理解说话者的意图。我们再来看下面的片段：

在一家餐厅里，店里的服务员小王和经理谈了起来。

经理："前几天说今天定位子的客人，有几位？今天打电话了吗？"

小王："刚想打，就有查询电话打过来。"

经理："也就是说，是之前预约的客人打来的，是吗？有几位？"

小王："不知道。"

经理："怎么会不知道？客人不是打了电话吗？"

小王："不，是别的客人。"

经理："那你的意思是，还没打是吗？"

小王："是的。"

经理急了："天哪，那你为什么不早说？"

这一对话中，如果我们是经理，大概要被服务员的回答急死。很明显，一开始他就不知道经理想要了解的事情，然后他就按照自己的逻辑顺序开始说了，所以整个回答就颠三倒四，显得很没逻辑。

因此，我们说话要有条理。如果说话前言不搭后语，东拉西扯，那只能使听者一头雾水。在日常生活中，我们遇到的人碰到的事很多，用一句话是表达不清楚的，你得说一段中心明确、条理清楚、内容充实的话。

想让说话有逻辑，最起码我们要做到：

（1）说话的形式要有逻辑

例如，对于有不同分论点的一整段话，采取并列式或者递进式的方式罗列分论点；又如，先叙事后评论，或者先评论后叙事再评论，在叙事的过程中，尽量不要夹带过多的评论，而使得话听起来很破碎。

（2）说话的内容要有逻辑

在说话之前已然明白自己说话的目的和想要表达的结论，才能在整体上有把握，为了说明结论而组织语言，而不是想到哪说到哪；这样才不会在说话过程中混入过多无关的言语，从而使得说话显得更清晰、更有逻辑。

（3）说话的方式要恰当

通过使用复杂的长句来说话，会显得很有逻辑。但是，对方理解复杂的长句是需要一定的能力的，理解的不够则会影响说话表达的效果。所以在追求效率的现代社会，我们开口说话一定要多用干练的短句。

（4）说话时语调、表情、肢体语言等要恰当

通过不同的语调或肢体语言等，在说话时可以产生不同的表达效果。表达效果的好坏并不影响说话的逻辑，但是不恰当的语调或者过于酷炫、喧宾夺主的肢体语言，会淹没语言本身，影响表达，进而显得说话不够逻辑性。

逻辑口才

每个人都应该具备良好的语言表达能力和逻辑思维能力，这样在说话时才更有逻辑性，那种模棱两可、含混不清、词不达意、空话连篇、不着边际的语言是表达的大忌。

练就一副可以信手拈来的逻辑口才

现代社会，无论是工作还是生活我们都经常需要沟通。但是很多沟通都是无效或者效果不佳的。实际上，说话不难，把话说得有条不紊、条理清晰，就要注重逻辑思维，先说什么，再说什么，最后说什么，要做到心中有数。那么如何提高说话的逻辑性，就显得异常重要。我们先来看看下面的故事：

古时候，有一位皇帝很敬重那些智慧之人，为此，在平日里也喜欢出一些智力题来为难大臣们。

一次上朝时，一位忠诚的臣子犯了错，皇帝本来准备将其处死，但满朝文武为其求情，皇上此时突然想到何不出个题目来让他想想，要是能回答出来就赦免他，要是回答不上就将其处死。于是，皇帝说：“赦免你的死罪可以，但是你得回答我一个问题。”然后，皇帝从自己身上拿出一把匕首，继续说：

“大家看到了，我这里有一把刀，你现在把它变短，但前提是你不能碰它、不能拿磨刀石磨它，更不能折断它。”

大臣听完之后，并没有多说什么，拨出自己的长剑放在匕首旁边，然后说：“禀告陛下。它变短了。”

皇上没有办法，只能赦免了这个聪明的大臣。

这里，我们不得不佩服这位大臣的机智，他的机智来自于其逻辑思维能力。生活中，大概我们每个人都希望成为这样睿智的人，能拥有一副可以信手拈来的逻辑口才，实际上，任何能力的获得都需要一个不断训练的过程，要想获得好的语言表达能力，需要我们做到：

（1）抽象思维培养

逻辑性要强，抽象思维就要强。宏观来说，一个人表达的逻辑性和受教育程度有很大关系。受教育程度越高，接触到的知识越趋于抽象，对于逻辑和复杂概念的把握能力越强，说话表达的逻辑性就会越强。

（2）多阅读

阅读是一个吸收抽象知识的过程，更是提升思维能力的过程，尤其是那些哲学书籍，要求你运用抽象思维。虽然没什么趣味性，但却是必要的提升方式。

遇到抽象思维较多的书，一定要慢慢读、精读，甚至时不时地回顾已读过的章节，重新整理自己的理解。有逻辑的阅读，是能够一边阅读，一边在大脑中整理出作者表达意思的大框架。

（3）写作

人的表达能力也是一个需要训练的过程。在自己表达能力有限、思维不够清晰的情况下，可以先从书面表达开始。书面表达可以给予你足够的时间思考，让你仔细琢磨用词和逻辑严密性。你的书面表达可以是有目的性的写作，如读书笔记类的评论，或者是对问题的分析，也可以是一般性的对自己生活体验和见闻的总结。

（4）辩论

进阶的提升方式，如果有条件，可以参加辩论比赛。这是一个锻炼逻辑思维和逻辑表达的极好方式，一方面，赛前的准备工作就是一个梳理自己逻辑和组织语言的过程；另一方面，临场的时间压力也可以提升你的反应速度和信心。

（5）少说多听

说话有逻辑的人，不见得一定要时刻都反应很快。说话有逻辑和反应速度并没有必然联系，所以如果你是一个反应速度不太快的人，也不要因此觉得自己就没有逻辑。

另外，善于聆听也能够让你有很多机会去观察他人讲话的逻辑，并且去尝试模仿。一边听，一边在心里默默列出对方表达的主要意思，按顺序排列，甚至可以尝试在表述完之后把听到的东西总结陈述出来。

（6）拓宽关注的广度

说话缺少逻辑的人，往往注意力非常狭窄。听一段话，读一篇文章，经常只注意到某一句话，某一个词，并且在回应的时候也只是死抠这些细节。说话要有逻辑，你需要学会拓宽自己的注意力广度，在时间和逻辑的维度上都能够广泛专注前后所有的内容，而不只是此时此刻听到的内容。

比如，一个人正在和你讲他单位里的某个同事，你听到的主要都是对于这个同事的描述，比如你听这个同事比较小心眼，不太豁达。此时你不光需要关注这个描述，也需要看看过去的几分钟时间里，除了小心眼还有哪些描述出现，他们之间的关联是什么，接下来又有可能出现哪些描述，这是时间维度上的拓宽。

同时你也可以去关注小心眼这个描述是否是一个准确的描述，这个人用小心眼这个词是否是他的真实意思，是否有其他动机，这个描述可能对两人关系带来什么样的影响等，这是逻辑维度上的拓宽。

（7）追求多角度思维

对任何一个问题，都不要满足于一个单一的解释。比如我所学的心理学这个学科，有发展、变态、社会、人格、行为、认知、生物、感知、神经等非常多的研究方向，所以任何一个单一的问题，都可以找到很多不同的理解角度。

如果你能养成习惯，对于事物的观察分析也都可以运用至少2个或以上的角度来分析，并且能够区分不同角度之间的优势与劣势，那么你就能够更好地认识事物的多面性、世界多样化的本质，也能够避免自己因为单一逻辑带来偏颇和局限。

当然，无论哪一种方法，最重要的还是要多练习。毕竟，没有人天生就善于有逻辑地表达。善于不善于，看的主要是经验积累。一个很少说话的人即使很有逻辑，也未必能表达得很清楚。一个经常说话的人，就算没什么逻辑，听上去也相对比较顺畅流利。

逻辑口才

掌握逻辑口才需要多练习，多给自己创造机会表达，适应了表达时候的压力和焦虑情绪，学会了在众人面前放松自信地说话，逻辑思维就能够很好地展现出来。

运用连接词让说话更有条理

相信生活中的每个人都希望自己能在人际交往与沟通中谈笑风生。谈笑自若的人往往很容易开展自己的事业，成就自己的蓝图。其实，想要成为一个口若悬河的谈话高手并不难，说话有条理，逻辑思维是其中的根本所在。如果说话有条理、有逻辑，说出的话自有妙趣横生的魅力，这能帮助你打开工作圈和社交圈。如果在社交场合中能将你的想法行云流水般顺畅而恰到好处地表达出来，那将提升你富有吸引力的人品，说话要有头有尾、对听者要懂得尊重、不要一开口就冒出一句使人摸不着头脑的话。

然而，世间万物错综复杂，各种关系盘根错节、层出不穷。如果你想把话说得头头是道、有条有理，那么就要学会在语言中运用连接词，通过连接词，我们也能考虑到说话内容的先后顺序，能让我们明白先说什么，再说什么，最后说什么，能让我们在开口前谨慎思考，这样，我们说出来的话才更有调理。

我们先来看看下面的故事：

在一个同学聚会上，一位已小有成绩的同学被大家推举起来讲两句话，该同学清了清嗓子说："我还记得10年前大家都还稚气未脱，转眼已是人到中年了，那时候真开心啊，我成绩不大好，现在混得还不错，有些同学虽然学习刻苦，毕业工作了就一般了。人生苦短，岁月如梭，我们也快老了，我现在过得还不错，今天怎么还有很多同学没到呢，太不给面子了……"

听完这段讲话，大概我们都会感到云里雾里，不知道这位同学想要表达什么，很明显，他的话缺乏逻辑。

的确，一般说来，任何一件事情都有发生、发展和结束的过程，而其中的各个阶段又有时间和空间的差异。我们表述一件事，也要找到顺序，逐个说明，如此说话才能滴水不漏、杂而不乱。

另外，我们在说话时，要做到有逻辑性，就需要注意前后语之间的衔接，一句话合不合适，是否能取得最好效果，不仅取决于谈话的对象、目的、场合、心境，也取决于"上下文"的关联。如果与别人说话时没有注意运用语言的"上下文"是否配合照应，那么，听话人就无法辨别表达者究竟表达了哪一种思想，容易引起理解上的歧义。因此，谈话时要周密安排对话，要做到有条有理、上下协调。

周密安排说话内容，其中最重要的一点就是在上下文中添加连接词，这样能带动听者的思维，更能把话说得有条有理，如果乱说一气，再简单的事情也会被扯乱。

所谓连接词，是用来连接词与词、词组与词组或句子与句子、表示某种逻辑关系的虚词。连词可以表并列、承接、转折、因果、选择、假设、比较、让步等关系。我们可以将连接词进行分类：

并列连词——和、跟、与、同、及、而、况、况且、何况、乃至等。

承接连词——则、乃、就、而、于是、至于、说到、此外、像、如、一般、比方等。

转折连词——却、但是、然而、而、偏偏、只是、不过、至于、致、不料、岂知等。

因果连词——原来、因为、由于、以便、因此、所以、是故、以致等。

选择连词——或、抑、非……即、不是……就是等。

假设连词——若、如果、若是、假如、假使、倘若、要是、譬如等。

比较连词——像、好比、如同、似乎、等于；不如、不及；与其……不如、若……则、虽然……可是等。

让步连词——虽然、固然、尽管、纵然、即使等。

成语中也有使用连词的情况，如宁缺毋滥、三思而行、好整以暇等。

连词是比副词、介词更虚的一个词类，它用来连接词、短语、分句和句群乃至段落，具有纯连接性，没有修饰作用，也不充当句子成分。

一般说来，连词有很多是由副词、介词发展而来的；很多副词、介词又是由动词发展而来。

总之，我们要想把话说得有条有理，使用连接词有着很大的妙用，掌握连接词的使用，还要我们在生活中增强语言的运用能力。

逻辑口才

把话说得到位、有条理是大智慧。而话语是否有连贯性，最重要的还是连接词的使用，为此，我们有必要把学习连接词列为逻辑话术学习的重要内容。

构建完美讲话逻辑：让口才更具逻辑性

我们都知道，我们与人沟通的过程，就是在头脑中对所拥有的材料进行制造的过程，这一过程中，就需要我按照一定的逻辑思维顺序进行归纳和整理。所以，如果我们希望所说的话更具有说服力，就要先培养和训练自己的逻辑思维能力，要先构建完美的讲话逻辑，才能形成条理，而不至于手忙脚乱、不知从何说起。

生活中随处可见的最难破解的ABC三段论

提到逻辑学，我们就不得不提三段论推理，它是演绎推理中的一种简单判断推理。一段完整的三段论包含两个直言命题构成的前提，和一个直言命题构成的结论。

对于一个正确的三段论而言，它是必须有且只有三个词项，其中联系大小前提的词项叫中项，在前提中出现两次；出现在大前提中，又在结论中做谓项的词项叫大项；出现在小前提中，又在结论中做主项的词项叫小项。这样推论我们可能无法理解，那么，接下来，我们来举个例子，以此更形象地了解三段论推理。

“茉莉花茶是由茉莉制作而成的，茉莉具有养生保健的功效，所以茉莉花茶能养颜。”上面的三段论推理，“茉莉”是连接大小前提的中项；“茉莉花茶”是出现在大前提中又在结论中做谓项的“大项”；“养身保健的功效”是出现在小前提中又在结论中做主项的“小项”。习惯上，用“P”表示“大项”，用“M”表示“中项”，用“S”表示“小项”。

其实，在我们的生活中，人们在沟通中经常会运用到三段论，三段论说起来简单，却很难破解，对此，我们不妨再来讲一个故事：

在一座寺庙里，有一位得道高僧。

这天，有个人找到高僧，对他说：“大师，我一直很敬佩您，今天我来求教几个问题，您一定会回答的，对吧？”

大师：“对。”

那人说："只要是人，最终都会死，对不对？"

大师："对。"

那人说："大师您是人，对不对？"

大师："对。"

那人说："所以，大师您也会死，对不对？"

大师："……"

这段对话中，从逻辑的角度进行分析，我们发现，"所有的人都是要死"是大前提，"大师是人"是小前提，所以"大师是要死"是"结论"。由此可见，按照三段论的逻辑格式，我们是很难破解的，当我们运用三段论说话时，并不需要完全将大前提、小前提和结论说出来，反而可以视情况省略某一部分，这就是简易三段论。简易三段论因为"简"会使辩论简洁明了，因为"易"常常被广泛运用。下面，我们就通过三个例子，来说明这简易三段论是怎样运用的。

（1）省略结论

在有些三段论推理中，我们在大前提和小前提中，很明显能看出结论，实际上也无须再说，此时，结论就可以省略了。

清末甲午中日战争之后，日本首相伊藤博文来到中国，当时。辜鸿铭（张之洞的幕僚）送给伊藤博文一本自己刚出版的英译本《论语》。

伊藤博文对此调侃道："我早有耳闻，听说你精通西洋学术，难道你不知道中国的孔子之教能行于两千年，却不能行于20世纪的今天吗？"

辜鸿铭倒十分机智，马上说："孔子教人的方法如同数学家曾经教我们的加减乘除，几千年前，我们都知道三三得九，即便现在已经是20世纪，也是三三得九，并不会三三得八。"伊藤博文听了，一时无言以对。

此处，辜鸿铭也使用了三段论推理，大前提是"社会科学的方法和自然科学方法一样"小前提是"自然科学的加减乘除不会变"自然也就得出了结论，"孔子教人的方法也一样适用"的结论，但此处，他并没有直说，而是让伊藤博文自己领会，既照顾了他的面子，又达到了自己的目的，可谓一举两得。

（2）省略大前提

当然，这些大前提是不必多说而被人们公认和不言自明的。此时，我们就可以把这样的大前提省略不说。

曾经，有一位公众人物在演讲结束后，居然被一名爱慕她的男子当众求婚："亲爱的，嫁给我吧！"

面对仰慕他的这名男子，已为人妻的这位女士婉转而又不失幽默地说："这是我听到的最友善的示意，但是如果那样，我会因重婚罪而被捕。"

这里，这位女士其实是省略了整句话的大前提——"我已经结婚了"，而小前提是"如果我答应了你的求婚"，结论是"我会因重婚罪而被捕"，是一个简单的三段论推理。这里，在结论中就能看出大前提——她已经结婚，所以，她的拒绝就显得韵味无穷了。

（3）省略小前提

在某些三段论推理中，因为大前提包含着小前提，或者暗示了小前提，小前提是显而易见的，在这种情况下，辩论时就可以省略小前提。省略小前提可使辩论言简意赅，要言不烦。

一天，一个小男孩去拜访在老家的爷爷，爷爷有一个心爱的老式烟灰缸。

爷爷一直在厨房忙活，小男孩在客厅玩耍，他一不小心将烟灰缸打碎了，正当他懊恼时，爷爷来了，于是，他赶紧把打破的烟灰缸藏在背后。

当爷爷过来时，他突然问了一个深奥的问题："爷爷，你说人为什么一定要死呢？"

爷爷很诚恳地对他说："此乃自然之事，世间一切，有生必有死。"

此时，小男孩怯懦地拿出打破了的烟灰缸，递给爷爷，然后他也十分诚恳地说："爷爷，您的烟灰缸死期到了！请您节哀。"听完孩子的话，爷爷才知道自己中了小孙子设下的计谋，但是心里也为孩子的机智而感到高兴。

这其实也是一段三段论推理，只不过这段对话省略了其中的小前提。小男孩是聪明的，为了让自己免于爷爷的罪责，先让爷爷自己得出结论——“世间一切，有生必有死。”为大前提，当然，烟灰缸也被包含在世间一切之内，接下来，毫无疑问能得出结论“烟灰缸也有生有死”，所以不必强调了。此处，小男孩可谓机智过人，言谈幽默、含蓄，让人回味无穷。

逻辑口才

在现实的沟通中，我们在运用三段论说话时，也要注意，某些被省略的部分必须是不言自明的，另外，对于那些本来可以省略的部分，如果多说，就会显得重复、啰唆、累赘。

潜伏逻辑学帮你从没逻辑中套取答案

生活中，可能不少人认为逻辑思维是抽象的，是在理论课程上才会被应用到的，但其实不然，逻辑能提高我们分析事物的思维水平以及准确表达我们的思想水平，学习逻辑是提升口才的重要部分，能帮助我们在思考的同时，潜移默化地学会如何缜密地说话，从而让我们的生活更加精彩。

我们发现，生活中，我们与人沟通时，对方不一定会坦诚，我们也就无法了解到想要的答案，此时，直言劝说并不一定会起到作用，而如果我们能从逻辑思维的角度说话，丝丝入扣，便能从看似没逻辑的表象中套取到答案。我们先来看下面一则故事：

李警官是某公安局的便衣警察，一次，他遇到了一起连锁盗窃案，虽然他们抓到了犯罪嫌疑人吴某，但是吴某把盗窃来的赃款全部藏起来了，警察怎么查找都一无所获。无奈之际，李警官决定亲自审问吴某。

嫌疑人吴某很快被带到了审讯室，他问吴某“你平时的经济来源是什么？”

吴某回答说：“做点小生意。”

李警官接着问：“做生意应该收入不错吧，那平时你的大多数钱都怎么保管呢？”

吴某说：“呵呵，我爱人对我经济管得严，平时家里大的收入都是她在管。”

李警官接着问道：“我看你平时也抽烟喝酒，做生意也该有应酬，那你的零花钱从哪里来呢？”

“我藏在抽水马桶里了。”他回答这句话的时候，语气和眼神里都显得很得意，但很快，他就变脸了，因为他意识到自己说错话了，但为时已晚，很快，李警官就带领队伍去了他家，找到了藏在他家马桶里的赃款，并对其妻子的账户进行了锁定。

这里，李警官在犯罪嫌疑人不肯招赃款藏在何处的情况下，采取了逻辑推理和引导的方法，让犯罪嫌疑人吴某在不知不觉中对案情供认不讳，手段高明，令人佩服。可见，善用逻辑推理能帮助我们在看似没逻辑的情况下套取到我们想要的答案，助我们达到自己的沟通目的。我们再来看看下面的案例：

在美国旧金山，有一位青年马克斯被人告上法庭，理由是该青年邻里关系不好，但在法庭上，马克斯就是不肯承认自己的过错。

开庭后，马克斯和其他邻居也都上了法庭，检控官义正词严地说：“要知道，你这种干扰邻居的行为是不道德的，是一定要受到惩罚的。我想每个人都知道，我们生活的现代社会，邻里关系是社会集体中很重要的一项关系。然而，在这两年内，你居然被邻居投诉了三次，都是因为你恶意破坏，而就在上个星期三，茉莉婆婆还被你恶意警告她不要报警，是可忍孰不可忍，你这种行为是绝对要被制裁的。”

无奈，马克斯只要承认了自己的罪行。

此处，在案件事实情况心知肚明的情况下，监控官巧妙运用了事实引证的方法，让自己说出的话句句充满逻辑，无懈可击，此时，青年马克斯只能伏案认罪。

从以上两个案例中，我们看到了逻辑推理在我们语言沟通中的重要作用，事实上，除了案件审理外，逻辑推理法被广泛运用到谈判、辩论、演讲中，尤其是在套取答案上，一味地劝说未必能达到目的，而逻辑推理法得出结论，势必会让对方心服口服。

为此，我们若希望提高自己的口才水平，首先要学习的就是逻辑推理，事实上，在日常生活中，我们每天都在接触逻辑推理，生活中的思维和逻辑是在不动声色中自然而然进行的，而在人类生活的这个大花园中，孕育着具有智慧的逻辑之花，它根植在人类思维之中，每当人们进行思考或表达思想时，都会自觉或不自觉地运用逻辑力量去发挥自己的聪明才智。正如著名科学家莱布尼茨所说的："智力曾经发现的一切东西都是通过逻辑规则这些老朋友被发现的。"谁能善于让逻辑之花开得更灿烂，谁就能更好地摘取智慧之果。

逻辑口才

善用逻辑推理法能让我们在看似毫无逻辑的情况下找到我们想要的答案，可见，动动脑子、学会思考，就能改变我们的思维模式，谁就能潜移默化地改变自身，提升口才水平。

多动脑，从观察开始训练逻辑思维

我们已经了解到人的说话水平如何，直接取决于其思维能力如何，取法逻辑思维，即便是说话时滔滔不绝，也无法让听者心服口服，而在思维能力的培养中，良好的观察力是一个人智力发展的重要条件。然而，每个人观察力不是自然而然形成的，它需要经过长期的观察实践和观察训练。然而，真正观察力的获得是需要运用逻辑思维的力量。不动脑的观察也是无效用的。

有个调皮的学生，在粉笔盒里放了一条冬眠的蛇，希望给新接班的女教师一个下马威。但那位教师巧妙地运用了这种方法，将消极因素转化成了积极因素。她待同学们安静下来后，带着余悸平缓地说："据说每位新老师，都会收到一份大家赠送的特殊礼物，王老师的灰老鼠、郑老师的大王蜂……而我呢，你们送了一条水蛇。"她微微笑了笑，指着那条蛇说："我是第一次这么近看到蛇，刚才还摸到它，着实吓了一跳。不过我觉得捕捉这条蛇的同学挺勇敢，至少有一定的捕蛇经验……我相信，凭他们的能力，不仅仅能做到勇敢，还应该做出点其他什么，老师相信你们。"

那几个调皮的学生原本等着看"戏"挨批评，却没料到老师还表扬了自己，那可是非常难得的，可不知为什么他们就是高兴不起来，只是呆呆地听老师讲有关蛇的知识……第二天早晨，这位教师又踩着铃声走进教室，一股清香扑鼻而来，她惊喜地看到讲台上的粉笔盒里插着一束野菊花，教室里鸦雀无声……从此，这个班变了。

女教师从学生的调皮行径中，看到的不是孩子的"无可救药"，而是他们的能力，于是，她的一席话，寓庄于谐，似乎是一本正经地说笑话，却设置了一种心理相容的教育情境，对捣蛋学生进行了耐人寻味的教育，其教育效果是直面斥责和经济惩罚等教育形式难以企及的。

从这里，我们能看出，我们在开口前，紧盯着事物的不足不一定起到效果，而一反常态，从多角度观察，找到事物的另外一面，则会起到完全不一样的效果。

其实，科学探索是从观察开始的。英国物理学家法拉第曾说过："没有观察就没有科学，科学发现诞生于仔细的观察之中。"生活中，人们都会观察到"母鸡孵出小鸡"这一现象，可是，如果没有人去思考，像"发明大王"爱迪生那样去孵小鸡，我们今天会用到电热孵化器吗？如果瓦特没有积极思考水壶盖为什么被顶起，又怎么能发明蒸汽机呢？

在英国剑桥大学的卡文迪许实验室，一直坚持这样的规定：每天下午六点整，会有资历深的老研究人员，对在场的所有研究者宣布实验时间已到。如果谁听不进去继续做实验，那么，这位老实验人员就会搬出卢瑟福的话。因为卢瑟福说过："谁未能完成六点前必须完成的工作，也就没有必要拖延下去，倒是希望各位马上回家，好好想想今天做的工作，好好思考明天要做的工作。"卢瑟福的话意味着：在实验前、实验中、实验后都要进行认真思考，从此卡文迪许实验室的人记住了卢瑟福的忠告："别忘了思考！"

在中国的唐代，诗人白居易也曾做出这样的诗句唐："人间四月芳菲尽，山寺桃花始盛开。"后人在读这两句诗时，都产生了这样的疑问，为何同在四月里，一个"芳菲尽"，一个"始盛开"呢？宋代大科学家宋括开始对此也大惑不解，直到有一次他登山游历，时值四月，发现山下桃花已谢，而西山上的桃花正在盛开，方才恍然大悟：原来山上山下气候不同，才有此奇观。由此十分叹服白居易的观察力。

可见，人们在不经意地观察中，要善于思考，发现问题、提出问题。正如爱因斯坦所说："学习知识要善于思考，思考，再思考，我就是靠这个方法成为科学家的。"

为了将思维带入观察中，你需要做到：

①要有目标的观察。

②仔细、认真、有序。

③多角度观察。

如观察建筑工地上的吊车时，一方面观察它的外部构造，另一方面要观察它如何吊东西；观察苹果时，要从外形、色泽、味道等方面观察。

④记观察日记，这样可以掌握事物的发展变化过程。

⑤对类似的事物进行对照、比较，如将苹果和梨放在一起，比较它们的外

形、表皮、果肉以及味道。

⑥在观察中提出问题，这样可以引导观察的进一步深入，揭示事物的本质。

⑦运用多种感官去感知事物的不同特征，这样可以使观察更全面。

总之，观察中，你要做到善辨多思。良好的观察品质是善于发现细小的但是很有价值的事实，能透过个别现象发现事物的本质以及事物间内在的、本质的、必然的联系，这就要求同学们在观察中要开动脑筋，积极思维。

逻辑口才

观察力说到底就是对一件事物的留心程度，对你身边的每一个人或者事都要细心去看、去思考，无论它是多么的常见与平凡，重在引发观察后的思考。

绝对正确的逻辑道理是不存在的

生活中，我们经常看悬疑小说或者侦探电影会有这样一个体会：当我们自认为自己已经确定一件事情的真相后，却往往发现，原来事情的原委并不是这样，其实这是因为我们遵循了某种固定的逻辑而已，并且，绝对正确的逻辑道理是不存在的，当我们遇到任何事的时候，都不要急着下结论，要学会用辩证的、发展的眼光看问题，而具体运用到语言沟通中时，我们也绝对不可把话说满。

我们不妨先来看看下面的小故事：

孔子到东方游历，途中看见两个小孩在争论，就问他们在辩论什么。

一个小孩说："我认为太阳刚出来时距离人近，而正午时距离人远。"另一个小孩却认为太阳刚出来时离人远，而正午时离人近。

前一个小孩说："太阳刚出来时大得像车上的篷盖，等到正午时就像盘子碗口那样小，这不正是远的显得小而近的显得大吗？"

另一个小孩说："太阳刚出来时清清凉凉，等到正午时就热得像把手伸进热水里一样，这不正是近的就觉得热，远的就觉得凉吗？"

孔子听了，不能判断谁是谁非。两个小孩嘲笑说："谁说你多智慧呢？"

孔子在面对两小孩辩论的问题上都不能得出结论。而两小孩在此问题上也是仅凭自己的一些主观感受而得出的结论，显而易见，此结论也并非正确。

我们发现，生活中的不少人，在遇到某件事时，总认为自己的思路是对的，认为自己看到的就是真实的，所以在表达时就表现出强烈的主观意识，直到他人一语道破之后才懊恼不已。可能你会问，该如何才能避免这一情况的发生呢？其实很简单，我们在开口前先多思考，而在日常生活中也要学会从多方面、多角度思考，还要学会用发展的眼光看问题。

哲学家尼采说："我们不能被人们的心理波动所驱使，错误地判断事物是否重要。"对于这句话，我们看出：对于任何事物，我们都要有自己的思考，要养成凡事不要看表象的习惯，有问题时就要有寻根究源的愿望，然后巧用逻辑思维找到答案，这一点，一千多年前的伽利略就给我们树立了榜样。

17世纪，研究科学的人都信奉亚里士多德，把这位两千多年前的希腊哲学家的话当作不容更改的真理。谁要是怀疑亚里士多德，人们就会责备他："你是什么意思？难道要违背人类的真理吗？"

亚里士多德曾经说过："两个铁球，一个10磅重，一个1磅重，同时从高处落下来，10磅重的一定先着地，速度是1磅重的10倍。"而这句话使伽利略产生了疑问。他想：如果这句话是正确的，那么把这两个铁球拴在一起，落得慢的就会拖住落得快的，落下的速度应当比10磅重的铁球慢；但是，如果把拴在一起的两个铁球看作一个整体，就有11磅重，落下的速度应当比10磅重的铁球快。这样，从一个事实中却可以得出两个相反的结论，这怎么解释呢？

伽利略带着这个疑问反复做了许多次试验，结果都证明亚里士多德的这句话的确说错了。两个不同重量的铁球同时从高处落下来，总是同时着地，铁球往下落的速度跟铁球的轻重没有关系。伽利略那时才25岁，已经当了数学教授。他向学生们宣布了试验的结果，同时宣布要在比萨城的斜塔上做一次公开的试验。

消息很快传开了。大家根本不信伽利略的实验会成功，认为这是对亚里士多德的亵渎。伽利略在斜塔顶上出现了，他右手拿着一个10磅重的铁球，左手拿着一个1磅重的铁球。两个铁球同时脱手，从空中落下来。一会儿，斜塔周围的人都忍不住惊讶地呼喊起来，因为大家看见两个铁球同时着地了，正跟伽利略说的一个样。这时大家才明白，原来像亚里士多德这样的大哲学家，说的话也不全都是对的。

伽利略的这个试验再次证明了一点：绝对正确的逻辑道理是不存在的。两个铁球、大小不一，重量肯定不同，按照常规思维，在同时被抛下时，应该是大的铁球先着地，但真实情况呢？两个铁球同时着地了，可以肯定，要破除固有思路，还有个重要的方法就是实践法，因为实践是检验一切的标准。

逻辑口才

可以看出，很多人之所以在说话时太过绝对、主观意识太强，往往是因为他们遵循了某种固定的逻辑道理，殊不知，绝对正确的逻辑道理是不存在的，要避免这一点，我们在说话时一定凡事多思考、多观察，用实践说话！

怎样运用逻辑语言来掩饰并达到你的说话目的

我们都知道，在现代社会，说话是一种生存和交流的艺术。有些人在说话的时候，尽管洋洋万言，滔滔不绝，但却漏洞百出，从而让人失去兴趣。而会说话的人，往往能够在三言两语之间就能给别人的心灵以震撼，给灵魂以启迪，让对方在心悦诚服之际接受自己的意见和建议。我们要想在社交场合立于不败之地，就要练就滴水不漏的说话本领，而我们要想让说出的话无懈可击，就要懂得运用逻辑推理法，逐步将对方带入到我们设置的语言陷阱中，就能达到我们的说话目的。

一个周六的早上，老年保健仪器推销员小林敲开了某客户吴先生的门。开门的正是吴先生。

进门以后，小林扫视了一下客厅，整个客厅有种古色古香的感觉。不一会儿，他抬头就看见满客厅的字画。很快，他就找到了与吴先生交谈的话题。

“哎哟，这字写得，我真不知道怎么形容才好，吴先生，这是您从哪里弄来的墨宝呢？是市里哪位书法家的真迹啊？”

吴先生一听，顿时笑了起来，说：“你真是见笑了，这是我父亲写的，他比较爱好这些，平时没事就舞文弄墨……”

“看来我今天还真是来对了，令尊现在在家吗？”

“这几天他去省城的姐姐家了，估计过几天才会回来。”

“真是可惜了，我还想要是令尊在家的话，我想向他老人家讨要点他的字画呢！”

“哦，原来是这样啊，这个你可以放心，我可以做主，送你几幅。”

“那太谢谢您了……”

就这样，吴先生与小林就中国字画的问题聊了起来。聊到尽兴之时，小林突然装作乍醒的样子说：“吴先生，您看，我和您一聊到这里，就忘了我今天来原本是想要……不过，您不购买也没关系，我今天可是收获颇丰啊。”

“你说的是老年保健仪器？老爷子身体现在越来越不好了，我也没时间陪他锻炼身体，要不，你回头送一台过来吧。”

“好的，谢谢吴先生啊。”

案例中的客户吴先生为什么会如此爽快？很简单，这得益于销售员小林在提出销售问题上进行了一番语言的铺垫。在小林进门之后，他就对客户家的一些特点进行了一些观察，难道他真的不知道这些字画出自客户父亲？当然知道！他这样问，只不过是让自己的赞美显得更真实可信。于是，针对客户家的这些与众不同的“风景”，小林与客户展开了一番深入的交谈，他很快便获得了客户的好感。此时，小林再提出自己拜访的真正目的，客户的抵触情绪自然少得多。而在这种情况下的小林依然不忘提及自己“今天拜访收获颇丰”，这就更加加深了客户对自己的良好印象。这时，客户再从自己的角度考虑，就很爽快地表明自己有购买需求。

可见，在沟通中，如果我们懂得从逻辑推理的角度运用引导的技巧，从理论上和实践中看，只要运用得恰当巧妙，就能取得理想的效果。

某酒店，来了一位尊贵的客人。酒店服务员想为客人推荐特色菜。于是，她这样问这位客人：“您要不来点我们这儿的清蒸鲍鱼？”但似乎她的问话效果并不明显。于是，这位经理亲自上去为这位客人点菜，准备推荐酒店的海鲜。她这样问客人：“您今天是要一份海鲜还是两份？”客人的回答是两份。就这样，服务员们也掌握了经理的问话方式，于是，酒店的海鲜成了最畅销的菜。

面对酒店经理的这种问话方式，大多数顾客都会择一而答。可见，“误导策略”也是一种很有效的促销手段。同样，误导式的问话方式在人际交往中也可以为我们所用。比如，有位朋友在你家作客，你不知道他是否要留下来吃饭，想明白地问一声又怕为难朋友，此时不妨问：“今天想吃什么？是中菜还是西餐？”

因此，如果你想要达到自己的目的，不要直奔主题，不妨从逻辑的角度，先让对方跟着你的思维走，也就能获得你想要的答案。当然，这不仅需要有一个好的口才，还需要有一个好的态度，耐心地引导、启发对方思考，让其自主接受你的观点！

逻辑口才

说话的目的是表达自己的意见，完成交流的任务。要想与别人做到畅通无阻的交流，需要的不是唾沫乱飞、毫无重点的乱说一气，而是应该学会富有逻辑地引导，只有层层递进，让别人接受我们的意见和建议，我们才能达到目的。

你可以适当玩玩文字游戏

生活中，我们常听到周围人说“别跟我玩文字游戏”，这里，很明显，“文字游戏”是贬义的，意指说话时不直截了当、拐弯抹角。但同样，我们能从中得知其另外一个含义：文字游戏是一种多元化的表达方式，它往往表面上一个意思，深层次还有一个意思，其中的弦外之音才是我们传达给听者的真正含义。

其实文字游戏是逻辑口才术中的范畴，但却一反常规思维，要么故意曲解原意，要么通过奇谈怪论来表现趣味性。可见，在沟通中，文字游戏还是一种幽默的语言方式，以此来展现自己的幽默通常会给听众出乎意料的感觉，同时也会给听众留下一个才华横溢、充满智慧的印象。文字游戏的使用看似简单，实则需要周密的思考和充分的准备，以及良好的发挥，这和一个人的积累是分不开的，但是文字游戏的幽默效果是显著的。

在动物法院里，狮子法官正在审三只鸭子。狮子问第一只鸭子："你叫什么名字啊？"鸭子说道："我叫花花。"狮子问："你为什么被带到这里来啊？"花花说："我在游泳时打水泡玩。"狮子法官一想这并没有什么错，就让它走了。狮子又问第二只鸭子："你叫什么名字啊？"这只鸭子说："我叫毛毛。"狮子问："你为什么被带到这里来啊？"毛毛说："我在游泳时打水泡玩。"狮子一想，也让它走了。狮子又问第三只鼻青脸肿的鸭子："你叫什么名字啊？"鸭子说："我叫水泡。"

幽默的文字游戏能缓解沟通双方之间的压力，能活跃谈话气氛，进而快速有效地拉近彼此的距离，更能更好地表达自己所要演讲的主旨。

事实上，自古以来，很多文字功底深厚的人都深谙文字游戏之道，他们常常能使听众经历一个从云里雾里到恍然大悟的过程，而且轻松幽默、启发智慧，非常厉害。

侯白很有才华，而且思维敏捷、善于联想。他有个爱好，就是在闲暇时经常跟人们在一块猜谜语，而且猜之前立下规矩，力求猜出水平，杜绝瞎猜乱猜。一次，侯白先对众人约法三章："首先，所猜之物必须是能看见的实物；其次，不能虚作解释，迷惑众人；最后，如果解释完了，却见不到此物，就应受罚。"接着他先出谜面："背与屋一样大，肚与枕（车后横木）一样大，口与杯子一样大。"大家猜了半天，谁也没猜中，都说："天下哪里有口和杯子一样大而背却和屋一样大的物件？定无此物，你必须跟我们大家打个赌。"侯白跟众人打完赌，解释说："这是燕子窝。"众人恍然大笑。又有一次，侯白出席一个大型宴会。席间，大家都让他做个谜语助兴。所猜之物，既不能怪僻难识，又不能抽象不实。侯白应声而道："有物大如狗，面貌极似牛。这是何物？"众人竞相猜个不停，有的说是獐子，有的说是鹿，但都被否定了。侯白哈哈大笑道："这是个牛犊。"众人再次被侯白的文字游戏戏耍了。

艾子有一个孙子，年龄有十多岁，性情懒惰顽劣，不爱读书。艾子非常讨厌他，经常用 木杖打他，但他屡教不改。艾子的儿子只有这么一个孩子，时常担心孩子禁不住杖打而死掉，因此，每当父亲杖打孩子时，他都在一旁含着泪求情。艾子看到儿子的可怜相，愈加愤怒，教训他道：“我替你管教孩子难道不是好意吗？”边说边打得更厉害了，儿子也无可奈何。一个冬天的早晨，下着鹅毛大雪，孙子在院子里堆雪球玩。艾子发现了，脱光孙子的衣服，命他跪在雪地上。小孙子冻得浑身发抖，直打寒战，煞是可怜。儿子也不敢再求情，便脱去 衣服跪在其子旁边。艾子见了，惊问道：“你儿有过错，理当受此惩罚，你有何罪，跟他跪在一块？”儿子哭着说：“你冻我的儿子，我也冻你的儿子。”艾子不由地笑了起来，饶恕了他们父子。

当然，现代人的幽默中也不乏文字游戏，而且也将智慧的精妙体现得淋漓尽致，经常用平铺直叙的剧情给人们意想不到的结果，使人捧腹大笑。

在沟通中，不时地加入笑料，这样能很好地起到提神的作用，因为人的精神集中时间都是有限的，所以要不时地调节听者的思维节奏，使听众自始至终保持高度的兴趣与注意力。而文字游戏不仅能很好地充当笑料，而且能使受众的思维跟着文字游戏的内容跌宕起伏，体验出乎意料带来的快感，从而使你的谈话吸引他人，更加深入人心。

逻辑口才

玩文字游戏是有技巧及方法的，只是要在时间点及情境上灵活掌握，再加上串连的机智，即可发挥令人欣羡的幽默特质，达到沟通的预期效果。

口才中的逻辑思维是可以训练和培养的

前面，我们已经对逻辑思维的定义有了大概的了解，我们知道。逻辑思维能力是一个人智力活动能力的核心，也是智力结构的核心，是我们最重要的智力因素之一。

我们都知道，人的逻辑思维发展的总趋势是：从具体形象思维到抽象思维，即由动作思维发展到形象思维，再依次发展到抽象逻辑思维。思维一变天地宽，很多时候，我们在说话时，只要运用思维的力量，就能产生完全不同的语言效果。

我们再来看一个运用逻辑思维发挥口才的经典小故事：

从前，有个理发师收了一个徒弟。徒弟学艺3个月后出师了，师傅让他正式上岗。他给第一位顾客理完发，顾客照照镜子说："头发留得太长。"徒弟不语。师傅在一旁笑着解释："头发长使您显得含蓄，这叫藏而不露，很符合您的身份。"顾客听罢，高兴而去。

徒弟给第二位顾客理完发，顾客照照镜子说："头发留得太短。"徒弟不语。师傅笑着解释："头发短使您显得精神、朴实、厚道，让人感到亲切。"顾客听了，欣喜而去。

徒弟给第三位顾客理完发，顾客边交钱边嘟囔："剪个头花这么长的时间。"徒弟无语。师傅马上笑着解释："为'首脑'多花点时间很有必要。您没听说：进门苍头秀士，出门白面书生！"顾客听罢，大笑而去。

徒弟给第四位顾客理完发，顾客边付款边埋怨："用的时间太短了，20分钟就完事了。"徒弟心中慌张，不知所措。师傅马上笑着抢答："如今，时间就是金钱，'顶上功夫'速战速决，为您赢得了时间，您何乐而不为？"顾客听了，欢笑告辞。

故事中的这个师傅能说会道，就是因为巧妙地运用了逻辑思维中的逆向思维，在几种决然不同的情况下，都能帮助徒弟转危为机，从而使徒弟摆脱了尴尬，让顾客满意离去。

任何人一个人在日常的生活和学习中，都要着力培养自己的这种思维能力，遇到问题时就要有寻根究源的愿望，然后巧用逻辑思维找到答案。

但是，一说到培养这方面的能力，我们会发现，有很多理论性的文章，但它们未免过于理论化，使许多人陷入了理论形态的逻辑，似乎蒙上了一层神秘的面纱，看而不懂，思而不解，学而无趣。结果，学了一通，根本就不了解自己的能力是否得到了提高。

所以，逻辑思维能力的提高，从理论上去认识固然重要，但要想真正运用于实际，还是要靠平时在生活和学习中一点一滴的积累。

第一，要培养精读、速读文章的能力，能将所阅读文章很快归纳出要点和难点。也就是说，通过迅速提取和认定有效信息，进行归纳、推理、判断，从而加深对所看文章和科目的理解。通过这种训练，不仅能提高学习的能力，同时，对平时我们看问题和解决问题，提高归纳推理能力，很快找出问题的重点、难点都非常有益，经过一个时期的有意训练，你会发现判断事情正误的能力大大提高了，实际上，这是你的逻辑思维能力提高了。

第二，由于我们日常生活和学习中所发生的事情都有其连续性的特点，这就需要加强自己的因果联想能力。从心理学的观点来看，某些联系永远是记忆活动的基础，生活中许多概括的认识都是经过这一过程一点点积累、归纳、推理而得出的。也就是说，每当我们需要了解和解决某件事时，都去认真分析其因果关系，一次又一次，你会发现，解决问题的能力有了很大提高。

第三，对周围事物的关心和思考也可以锻炼思维。例如，下雨了，那么这是你有很多事物可以发现，也许你会说，有什么可以想的，下雨的原理早就知道了，但假如你从物理和化学的角度来想，你会发现很多问题，特别是从能量的角度来思考。

第四，多看看侦探题材的书籍、电影、动漫等。

侦探题材的书籍、电影中，主人公的逻辑推理能力很强。这方面的书籍有《福尔摩斯探案全集》，《卫斯理》小说集等。

影片有《大侦探福尔摩斯》《洛城机密》《七宗罪》《完美逃亡》《致命ID》《非常嫌疑犯》《战栗空间》《玩命记忆》《黑暗侵袭》等。

动漫的有《名侦探柯南》，这是入门级别的动漫，除了这部外，还有《木偶师左近》《推理之绊》《魔侦探洛基》《魔人侦探食脑奈罗 》《美型侦探》《水晶之焰》《奇幻贵公子》《G型侦探》《叔比狗》《神探加杰特》等。

当你具备了以上基本能力后，你能说逻辑思维能力没有提高吗？然后，你再去攻读有关理论性的文章时，你就会更加胸有成竹地去判断和解决日常工作和生活中的难题了。

逻辑口才

培养逻辑思维能力不仅要多看书、多留心观察周围事物还有最重要的一点就是要从小处发现细微，多思考，勤动脑，古人说抽丝剥茧、顺藤摸瓜就是这个道理。当你对所有事物一清二楚的时候你的逻辑能力也就提高了。

说话的艺术：常见的“逻辑”习惯

我们都知道，自古以来，许多人有其独特的一套做人做事方式，语言表达上也是如此，这是中国人的“逻辑”习惯造成的，当然，这些逻辑语言习惯有对有错，如观念上的先入为主是应该被我们摒弃的，否则就会对人对事认识不全面。而委婉含蓄的说话习惯是应该被我们提倡的，因为委婉含蓄既能表达出自己的意志，又能照顾听者的心情，做到点到为止的哲学范畴，达到曲径通幽的艺术效果。另外，看似错误的偷换概念的逻辑语言法，在某些语言环境中，却能制造出出人意料的幽默效果。总的来说，我们要取其精华、去其糟粕，在沟通中要懂得运用逻辑推理，正确地引导听者了解自己的意图，以达到沟通的目的。

拐弯抹角的说话艺术

自古以来，中国人在说话做事上都强调低调含蓄，在与人沟通中也是如此，也就是我们平常所说的拐弯抹角，带有不少的辩证意味，这是中国人的语言逻辑习惯。的确，委婉表达，既不伤害朋友间的情谊，又能充分表达自己的想法，展现出做人和说话的魅力。

从前有个人，他很富有，但却极其吝啬。

一天午饭时间，他的家里突然来了一位客人，因为当时他正在吃山珍海味，又不想给客人吃，所以他把饭菜端到了自己房间。

这位客人倒也机智，实在看不过去此人如此吝啬，便隐晦又大声地说："哎，真是可惜了，这么富丽堂皇的厅堂，许多梁柱却被蛀虫蛀坏了！"

富翁听到客人这么说，赶紧从里屋跑出来："蛀虫在哪儿呢？我怎么看不见？"

客人接着说："它在里面吃，你在外面怎么看得到？"

故事中的这位客人着实机智，他的暗示语也是说得恰到好处，言在此而意在彼，表面上说蛀虫，却暗指主人吝啬，主人自然心中知晓，但也不好发作，这就是中国人喜欢运用的拐弯抹角的说话方式：所强调的并不是表面上说的意思，而是另有所指。

然而，在生活中，我们经常会对"表里如一"的成语发生误解，认为正直坦率的人在说话上也同样是直接和坦率的，在交际场合中，经常会有人用这种误解来要求和标榜自己，和别人谈话的时候从来不讲究技巧和策略，而是信口开河直言无忌，从来不考虑别人的感受和处境，那么，别人就会对你产生极大的厌恶情绪，你在交际场合也就成了孤家寡人。

做人要正直、坦荡，这是毋庸置疑的，但是这种良好的道德品质只能体现在为人处世当中，却并不意味着说话的方式过于生硬和直率。毕竟，不恰当的直言相告是对别人的否定，不仅会给别人的心里增加压力，还会让他产生厌恶的情绪。因此，在日常生活中，我们应该尽量避免说话过于直接的方法，用委婉的方式进行巧妙地表达，做到既能告诉对方自己的意见，又避免伤害双方的感情。

有一家大型的外资公司，员工们对公司的待遇都感到十分不满意。公司领导得知了这一情况，但是却无动于衷，不愿意去改善员工们的待遇。在这位领导的眼里，这些工作人员都是智力平平之辈，能力上更是乏善可言，并且对公司也没有认同感，在工作上缺少应有的激情，没有必要为他们浪费太多的金钱。当别人对他提出意见的时候，他就说：“我能收容你们就不错了，就你们这样的工作能力和做事态度，哪一个公司也是不会要的。”

工人们的工作热情就更加低落了，经常出现迟到的现象。为了调动大家的工作激情，秘书准备向老板提议改善员工的待遇。他这样对老板说：“现在公司的大部分员工简直是没有办法在公司上班了。”

老板问：“为什么呀？”

秘书说：“坐出租车吧，价钱太贵坐不起；坐公交车吧，又经常挤不上车；而且每月的交通费也是一笔不小的开支，他们根本没有能力解决这一问题。”

秘书说完就叹了口气，一脸无可奈何地看着老板。老板却说：“那就让他们安步当车吧，一文不费，而且可以借此运动身体，不是一个很好的办法么？”

秘书摇了摇头说：“不行啊，把鞋袜磨破了，他们买不起新的。不如这样吧，请您发出一个告示，提倡光脚走路，号召大家赤脚走路上班，这个问题不就解决了么？要怪就怪他们生不逢时，生活在这个年代。谁让他们不去想发财的门路，却当苦命的职员？他们坐不起出租车，也不能鞋袜整齐地到公司上班，都是咎由自取！”

这位秘书边说边笑，老板听了心理总感觉不是滋味，最后终于答应改善下属的待遇。

这位秘书并没有直冲冲地去劝说领导改善下属待遇，而是用开玩笑的方式含蓄地进行劝说。在劝说的过程中，他没有说老板的一句不是，而是用嘲笑下属的形式来显示出他们的苦衷。这种语气虽然是开玩笑的，但实质上是在劝说老板不要太苛刻和吝啬，应该照顾一下员工们的生活。这样的方式比较委婉，既没有伤害到老板的面子，又让老板觉察到了自己的过失，从而主动地去改善员工们的待遇。

那么，在表达自己的意见的时候该如何做到委婉含蓄呢？我们可以从以下几个方面去学习一下：

（1）间接提示

通过相联系的事件或者道理，间接地表达信息。让对方在推理中去感知，从而更好地去接受你的意见。

（2）留有余地

话不要说得过于绝对，以免给对方造成抵触心理，同时也让自己失去回旋的余地。

（3）比喻暗示

将一些道理放在与之相类似的、具体的事例之中，从而让对方更好地去领会你所要传达出的信息和要表达的内容。

（4）旁敲侧击

不直接切入主题，用打擦边球的形式将一些看似不相干的话，让对方在似有似无的语境中明白你的真实意图。

（5）先肯定，再否定

出现意见分歧的时候，不能粗暴地去全盘否定对方的观点，而是先找出对方合理的内容进行肯定和赞扬，然后用转折句引出下文，提出更合理的意见和建议，以便于让对方愉快地接受。

（6）不用祈使句，多用设问句

祈使句往往会显得比较武断和蛮横，让别人觉得你是高高在上地发布命令。而设问句则是把双方放在了对等的位置，用商量的口吻去探讨问题。因此，后者更容易让人接受。

逻辑口才

含蓄的表达方式是我们生活中不可缺少的逻辑语言技巧，我们掌握这一逻辑口才技巧，会使生活更加有趣，会使自己更有内涵，会使家庭更加美满，会使友情更加亲密，就像有些植物不喜欢太阳光直射，就要用遮光的东西挡一挡，对于不适合直言的场合，转个弯，结果会更妙！

与人交往中先入为主的逻辑习惯

我们都知道，自古以来，中国人就强调说话做事要“中庸”，这里所谓的“中”是指我们认识事物看待问题要不偏不倚。然而，在中国人惯有的逻辑思维中，却常常有先入为主的逻辑错误。

所谓先入为主，指先听进去的话或先获得的印象往往在头脑中占有主导地位，以后再遇到不同的意见时，就不容易接受。生活之中，我们免不了要一次次地和陌生人打交道。对方给我们的第一印象固然重要，但是要全面认识对方，就不能先入为主，应该全面地看人，不能顾头不顾尾，不能用最初的印象来左右对其客观评价。

孙权是一位珍惜人才、善识人才的明君，但却曾“相马失于瘦，遂遗千里足”。周瑜死后，鲁肃向孙权力荐庞统。孙权听后先是“大喜”，见面后却变成“心中不喜”；因为他看见庞统生得“浓眉掀鼻，黑面短髯，形容古怪”，再加上庞统并不怎么推崇孙权一向器重的周瑜，孙权便错误地认为“狂士也，用之何益”！鲁肃进一步提醒孙权，庞统在赤壁大战时曾献连环计，立下奇功，以期说服孙权。孙权却先入为主，顽固表示“誓不用之”，结果把庞统从江南逼走。有匡世之才的庞统，只因相貌长得不怎么漂亮，竟然几处遭到冷落，报国无门，不得重用。

从上述故事中，我们可以看出孙权之所以不用庞统，是因为庞统“浓眉掀鼻，黑面短髯，形容古怪”。可怜庞统空有经天纬地之才，却因为相貌丑陋而得不到重用。

中国有句古话叫作：“乐莫乐兮新相知”，每一个朋友都是在陌生中逐渐熟悉的，忠贞不渝、肝胆相照的朋友也多数是在陌生中建立。由陌生到熟悉是需要一个过程的，而我们绝对不可先入为主。那么，我们该如何避免因先入为主而作出错误的评断呢？

（1）注意“第一印象”

根据首因效应，我们得知，人们往往对某个人的第一印象都有先入为主的特点。在初次交往中，我们也会凭第一印象来判断对方的人品、性格、能力等，当然，如果第一印象好，就会给以后的交往打下良好的基础。从这个意义上说，注意给人留下良好的第一印象是必要的。但初次接触，你所获得的关于对某个人或者某件事的判断材料往往是有限的，也是外在的，因此存在一定的虚假性。

因此，冷静、客观地对待第一印象，并在思想上有否定第一印象的意识是非常重要的。

（2）不要强加主观印象

事实上，有些人认为自己“阅人无数”，于是，他们很认同自己的主观感觉，比如，他可能总是看到人们好的一面，这是因为他本身就是一副菩萨心肠。而如果他总是从恶意的角度来评判一人。他也会认为；这是“别有用心”，这是因为他本人猜疑心重。因此，要想公正公平地评价一个人、避免各种偏见，我们必须尽量克服这种主观印象。

（3）综合观察，不以貌取人

我们都知道，任何一个人的相貌都是与生俱来的，谁也无法改变，但一个人的学识、气质、能力却是后天所得，因此，要观察一个人，就要耳听六路、眼观八方，不仅仅考察其服装是否得体，更要通过其行为、谈吐来判断。

前苏联心理学家鲍达列夫曾向72个人调查，他们是怎样理解人的外貌的。其中2人认为肥厚的嘴唇是憨厚朴实的标志，3人认为粗硬的头发表示倔强的性格，9人认为方方的下巴是意志坚强的标志，宽大的前额是智慧的标志，14人认为人胖表示心地善良等。

这个调查结果是有趣的，也具有一定的普遍意义。我们都知道，人们的这些心理特征是天生的，也是固定不变的，但却从中看到一个人的性格特征，而这一点正是这一调查结果的有趣之处。当然，这样的推断含有很大的偏见成分。

（4）延长观察期，不可凭一时感觉

俗话说，路遥知马力，日久见人心。其实，与人交往也是同样的道理，在初次见面的过程中，对方可能因为一些客观因素无法展现其才能、学识等，这就需要我们能延长观察期，给其一个机会。

为此我们在识人的时候，确立不满足于表象，而注重了解对方心理、行为等深层结构，就能有效地摆脱先入为主的影响。

逻辑口才

鉴于人们固有的先入为主的逻辑思维习惯，提醒我们每个人，在真正了解一个人前，切不可太轻信事先得到的信息，更不可凭一时的感觉。只有全面地了解和认识对方，才能做出最中肯的评价和判断。

嘴巴上先吐为快的语言习惯

我们都知道，中华文化，尤其是语言文化博大精深，自古以来，古人们唇枪舌剑、舌战群儒的故事早已屡见不鲜，但我们同时也发现，天生有着语言优势的中国人也同样有着说话先吐为快的语言缺陷。

我们也发现，生活中，总是有些人把说话当成辩论赛，好像说得快、说得多就代表自己胜利了，说话往往脱口而出，事实上，正是因为这样，而导致祸从口出，说一些不该说的话，犯一些无法弥补的错误。

举个浅显的例子：当你下班后，来到超市买菜，在左挑右选后，终于可以付款回家做饭了，但付款队伍犹如长龙一般，队伍前进的速度非常缓慢，前面有一个老太太“霸”在收款台前，用了很长时间数着收款员找给她的零钱，你一面心疼浪费掉的时间，一面强耐着性子等了好久，最终可能按捺不住歇斯底里吼了一声，但这一声之后，你发现老太太也不是“省油的灯”，受羞后也勃然大怒、反唇相讥，接下来，可想而知，可能就是彼此间的谩骂，甚至招致祸端。

生活中的任何一个人都要明白，你已经不是孩童了，说话做事都要先经过思考，思考其后果，而不是逞口舌之快，其实，任何一种意思都可以含蓄隐晦地表达，与他人说话时，言语不可太直，也就是人们常说的“说话留三分”，否则会招惹对方不快。因此，委婉地表达自己的意思，就能增加神秘感，也就有可能收到所期望达到的效果。

明太祖朱元璋出身贫寒，做了皇帝后自然少不了有昔日的穷哥们儿到京城找他。这些人以为朱元璋会念在昔日共同受罪的情分上，给他们封个一官半职，谁知朱元璋最忌讳别人揭他的老底，以为那样会有损自己的威信，因此对来访者大都拒而不见。

有位和朱元璋儿时一起长大的好友，千里迢迢从老家凤阳赶到南京，几经周折总算进了皇宫。一见面，这位老兄便当着文武百官大叫大嚷起来：“哎呀，朱老四，你当了皇帝可真威风呀！还认得我吗？当年咱俩可是一块儿光着屁股玩耍，你干了坏事总是让我替你挨打。记得有一次咱俩一块偷豆子吃，背着大人用破瓦罐煮，豆还没煮熟你就先抢起来，结果把瓦罐都打烂了，豆子撒了一地。你吃得太急，豆子卡在嗓子眼儿还是我帮你弄出来的。怎么，不记得啦！”

这位老兄还在那喋喋不休唠叨个没完，宝座上的朱元璋再也坐不住了，心想此人太不知趣，居然当着文武百官的面揭我的短处，让我这个当皇帝的脸往哪儿搁。盛怒之下，朱元璋下令把这个穷哥们儿杀了。

俗话说“打人不打脸，骂人不揭短”，每个人都有自己的短处和隐私，任何人都不能仗着自己和对方是好朋友，就肆无忌惮大加评论，更不能在众人面前揭人伤疤。如果遇上像朱元璋这般的人，你的口无遮拦和只求自己痛快的说话方式可能会把你送上断头台。

虽然现代社会，因为一两句不好听的话不会引来杀身之祸，但是如果像上面那位老兄一样专拣别人不爱听的说，早晚会把自己陷入困境的。这样的人，说话不经思考，想到什么说什么，也不管对方是朋友还是恋人，是长辈还是亲友，总之自己先痛快了再说，这就是典型的把自己的快乐建立在别人的痛苦之上的人。

在待人处世中，场面话谁都会说，但并不是谁都能说好，一句不经心的话就可能触到对方的隐私或伤痛。所以我们在朋友聚会或是与人交往时，一定要注意语言美，首先对别人有起码的尊重，不要去评论和传播别人的是非。无事生非、逞口舌之快不仅有损自己的形象，也会阻碍自己的仕途和人际关系的发展。所以我们一定要管好自己的嘴巴，以免祸从口出。

同样是说话，小锦辞客的方法就很委婉，非常值得学习。

有一回，小锦家里来了一位客人，坐在客厅里一直聊，很长时间都没有离去的意思。

小锦还有其他事要做，屡次暗示客人，但那客人却“执迷不悟”。无奈之下，小锦心生一计，对他说：“我家的月季开得正旺，我们到园子里去看看吧？”

客人欣然而起，于是小锦陪他到花园里去赏花。

看完后，小锦趁机说：“还去坐坐吗？”

这时，客人看看天色，恍然大悟，连忙说道：“不了不了，我该回家了，不然会错过末班车的。”

像小锦这种说话方式，就是既照顾了他人的感受，又达到了自己的目的，是很聪明的做法。如果小锦在屡次暗示客人失败之后，就口无遮拦地对客人下逐客令，肯定会使客人非常难堪，下次绝对不敢再来了。

总之，“说话”也是一种艺术。说什么、怎么说，都有讲究。很多时候，一句恰当的话可以为你加分，而有时吃亏就是因为没能管住自己的嘴巴。对此，我们要有清醒的认识，无论想说什么，不妨先打个腹稿，多考虑一下自己这样说的后果，这样，能避免说出很多不该说的话。

逻辑口才

任何场合，我们都要注意自己的说话方式：说话太快，不考虑别人的感受，张嘴就来，非要逞一时口舌之快，就可能让别人心有不悦，甚至激怒别人。

为何喜欢偷换概念

我们都知道，逻辑思维也叫理性思维，而我们在理性思维的时候有一个基本的要求：那就是概念的含义要稳定，双方讨论的必须是同一回事，或者自己讲的、写的同一个概念前提要一致，如果不一致，就成了自说自话，如果在自己的演说或文章中，同一概念的含义变过来变过去，就是语无伦次。看起来，这很不可思议，但是这恰恰是很容易发生的。因为同一个概念常常并不是只有一种含义，尤其是那些基本的常用的概念往往有许多种含义。

在说话中，稍不注意，就有可能出现概念的转移，虽然在字面上这个概念并没有发生变化。而其实，自古以来，博大精深的中国文化中，为了制造出语言上的出奇制胜或幽默，人们却常常喜欢偷换概念，此处并不是逻辑上的错误，而是中国人的逻辑语言习惯，是故意为之。

所谓偷换概念，也就是我们常说的歪解，就是我们将对方说出的话给出另外一种解释，也就是曲解。从概念上讲，偷换概念犯了逻辑错误，有时候，有些人是故意犯这一错误，为的是重新塑造一个容易推翻的立场，然后再从这一角度进行分析和攻击。通常来说，偷换概念可以是修辞学的技巧，但事实上，这只是误导了我们而已，对方的言论也并没有因为我们的误导而被推翻。

“偷换概念”之所以能造成幽默效果，是因为幽默的思维主要不是实用型的、理智型的，而是情感型的。因此，对于一般性逻辑思维来说是破坏性的东西，对于幽默来说则可能是建设性的。

请看下面这样一段对话：

老师：“今天我们来温习昨天教的减法。比如说，如果你哥哥有五个苹果，你从他那儿拿走三个，结果怎样？”

孩子：“结果嘛，结果他肯定会揍我一顿。”

从数学科学的角度来看，孩子的这种回答是十分愚蠢的，因为老师问的

“结果怎样”很明显是“苹果还剩下多少”的意思，属于数量关系的范畴，可是孩子却把它转移到未经哥哥允许拿走了他的苹果的生活逻辑关系上去。不过，恰恰是因为偷换了概念才使这段对话产生了一种幽默的效果。

事物发展的结果有多种可能，按照以往的逻辑思维，可以让我们对其产生多种想象与预测。而偷换概念后的结果，与这些想象推测的结果又是完全有分歧的、不一样的，想象的结果与实际的结果之间产生了强烈的反差，这样产生出的幽默效果要强烈得多。

类似的例子在生活中很常见。我们来看这样一个例子：

甲：“你说踢足球和打冰球比较，哪个门好守？”

乙：“要我说哪个门也没有对方的门好守。”

常理上来说，甲问的“哪个门好守”应该是指在足球和冰球的比赛中，对守门员来说本方的球门哪个更容易守，而乙的回答一下子转移到比赛中本方球门和对方球门的比较上去了。

偷换概念所运用的技巧就是将概念中的中心含义悄悄地转移或者偷换了，这一概念被偷换得越隐蔽、越离谱，造成的概念差异就越大，产生的震惊就越强，反过来，偷换概念越是隐蔽，发现越是自然，可接受的程度也就越高。表面上看，在概念被偷换之后是行得“通”的，但这种“通”并不是“常理”上的，而是另外一个角度上的，能表现出说话的幽默和智慧。

另一方面，一般来说，人们在进行理性思维的时候，最基本的要求是概念的含义要稳定，也就是双方讨论的是同一件事，只是双方在理解和运用上不同罢了，因而产生不同的效果，从而产生幽默。

又如：

新泽西州的一位议员，即他的一位好友刚刚去世，威尔逊深感震惊和悲痛。几分钟后，他又接到新泽西州的一位政客的电话。

“州长，”那人结结巴巴地说，“我，我希望代替那位议员的位置。”“好吧，”威尔逊对那人迫不及待的态度感到恶心，他慢慢吞吞地回答说：“如果殡仪馆同意的话，我本人是完全同意的。”

威尔逊用的正是歪解的方法，他暗中转换了对方话题中希望得到的“位置”的概念，对方原来觊觎的是议员的席位，而威尔逊故意临时置换为已去世的议员在殡仪馆所躺的位置，从而在幽默中表达了对对方的反感和讽刺。

转换一个角度看问题，看似漫不经心，其实乃是有备而来。我们常说，语言来源于生活，但往往并不就是生活本身，也就是说，生活是非常现实的、常规的，它不像语言那样充满着虚虚实实、夸张离奇的喜剧色彩。比如，在正式的工作场合中，人与人之间最恰当的交际方式是尽量简要、明确地进行语言的表达和思想的沟通，这一点非常必要。语言时则不同，明明要说甲事，却可以从与之看似无关的乙事说起。本来要表达一种意思，但却偷换了概念，表达的是另一回事，这就是我们经常采用的偷换概念式的语言技巧。需要指出的是，现实生活中人们的偷换概念是无意中发生的，而当它成为一门语言技巧时则是有意设计的，并有相当强的针对性。

逻辑口才

自古以来，中国人在语言习惯中，都更注重语言的隐晦性和变换性，而偷换概念就是其中一种。运用这一方法制造出来的语言效果往往是出人意料和非同凡响的。

为什么许多人喜欢模糊语言

生活中，长辈们经常告诫我们做人做事都要难得糊涂，其实，中国人也喜欢在说话时装糊涂，也就是模糊语言，这是中国人的逻辑语言习惯。所谓模糊语言法，就是用模糊语言来应对他人的谈话，这种方法从表面上看是对谈话者有了交代，但在实际上却没有任何的信息和价值，从而达到委婉应答的目的。

模糊的语言是一种重要的交际手段，同时也体现了一个人随机应变的能力。在一些不必要或者不可能把话讲得过于清楚的情况下，完全可以运用这种表达方式，既避免了紧张的气氛，又让自己得以解脱，同时还不会给别人带来负面的心理影响。

的确，在现实生活中，有很多的事情会在没有思想准备的情况下发生，也有很多的问题会让自己感到左右为难。在这种情况下，如果选择沉默或者拒绝，不免会给交际双方带来不好的影响，也会让自己在别人心中的印象大打折扣。在这种时候，我们不妨用模糊的语言来做出回答。

生活中，有很多问题需要用模糊的语言来回答。当别人问你“月薪是多少”的时候，你不妨说“聊以糊口罢了”，如果有人问你是怎样结识一个大人物的时候，你不妨说：“这是个很复杂的过程，等以后有时间了，我再详细地告诉你。”当别人打听到你父亲的朋友就是你所在公司的领导时，故意问你“你在这家公司应该不错吧？”你可以说“全托您的福”这些回答既显示出了你的热情，又能巧妙地躲避掉了那些不愿意回答的问题。

在社交场合游刃有余的人，都懂得“模糊语言”的正确运用。模糊的语言能够用恰当的方式、微妙的语言，对别人的问话或者请求做出有余地的回答，既不会因为生硬的拒绝给对方带来不快，又能够保全双方的面子，从而避免了不留后路的后顾之忧。

有一艘豪华客轮在即将到达旅游点的时候突然停了下来，原来是客轮的驾驶室里出现了一些问题。游客们在经过几十分钟的等待之后，终于忍不住内心的不满和焦躁，纷纷把矛头指向了导游，质问事先为什么没有对油轮做检查，追问客轮什么时候才能重新起航。面对情绪激动、失去理智的人们，导游却是镇定自若，脸上一直带着微笑，心平气和地向大家做解释：“请大家不要着急，客轮并没有什么大问题，只是出现了一点小毛病而已。技术人员正在做检查，一会儿就修好了。为了大家的安全，请大家耐心地等一会儿，不要走远，更不要站在危险的地方，马上就要起航了。”导游不断地重复着这些话，游客们的心情也慢慢平静了下来。

导游在回答旅客的质问时，用了一连串的“一会儿”“马上”等词语，既避免了游客的情绪再度波动，又因为没有给出确切的答案从而给自己留有了余地。他在安慰声中，并没有给予确切的时间承诺，但是却用一连串的模糊语言让游客们安静地等待了一个多小时。不妨试想一下，如果导游为了安抚游客，盲目地讲“15分钟之后就可以起航了”，15分钟之后客轮依然停留在原地，很可能就会激起游客的怒火。将自己逼往绝境的导游再做出任何的解释都是没有用的，反而会加重游客们的怨气和怒气。

模糊的语言可以作为一种缓兵之计，当别人问你一些没办法回答的问题时，如果委婉拒绝不能起效，你就应该用一些模糊的语言来搪塞一下，这样既可以让自己从麻烦中摆脱出来，又能够不伤及对方的面子。一个聪明的人，在敏感话题上从来不言之凿凿，也不会生硬拒绝，而是懂得用一些模糊的语言来保全双方的面子，从而既为自己留了一条后路，又避免了一些不必要的纠纷。

模糊语言的表达形式是多种多样的，比如闪烁其词、答非所问、避重就轻，等等，但归根结底就是不要把话说得太死，给自己的语言留有余地，给对方留足颜面。

这样的回答，有意改变话题，达到了巧妙拒绝的目的，而且语带讥讽：你还是多关心一下本国的事情吧，不要在这里干涉别国的内政了，李肇星轻松的回答很快就转守为攻，赢得了谈话的主动权。

总之，有很多的敏感性话题让我们无法做到坦诚布公地回答，但是又因为考虑到双方的颜面而又不愿意做出生硬的拒绝，那么就要在说话中讲究一些策略，用模糊的语言回答别人无心或存心的话题，做到既有力度又不伤人，这样的谈话方式就会让你的口才能力上升到一个新的台阶。

逻辑口才

模糊的语言是中国人在日常生活中随机应变的一种重要的方法，常常用于一些不必要，不可能把话说得太死的情况。这个时候，我们就可以很巧妙地运用这些模糊的词语，那样会给人一种圆滑的印象，在你不确定的时候，就不要说大话。

“×××说过”是中国人常用的说话句式

我们都知道，说话是一门艺术，中国人更讲究说话的艺术，而说话要讲究技巧，好听的话能让人如沐春风，不中听的话使人心情烦闷，难于进行沟通。我们发现，在我们生活中，那些会说话的人，从来都不直接表达自己的某种观点，而是引经据典、旁征博引，尤其是喜欢运用这一的句式——“×××说过”，此处，这样的表达方式能使自己的语言更有公信力，当然，此处所说的“×××”一定是被听者认可和接受的，可以是名人，可以是令人相信的权威专家等，但无论是谁，都能对我们的话起到很好的作证作用。

我们先来看看下面一个案例：

美国心理学家们曾经做过一个实验：在给某大学心理学系的学生们讲课时，向学生介绍一位从外校请来的德语教师，说这位德语教师是从德国来的著名化学家。试验中这位“化学家”煞有其事地拿出了一个装有蒸馏水的瓶子，说这是他新发现的一种化学物质，有些气味，请在座的学生闻到气味时就举手，结果多数学生都举起了手。

对于本来没有气味的蒸馏水，由于这位“权威”的心理学家的语言暗示而让多数学生都认为它有气味。从这里，我们能看出，在人们的思维逻辑中，对那些有权威的专家所说的话是深信不疑的。正是从这一点出发，中国人在与人沟通时，会经常引用“×××说过”这样的句式。

在我们现实生活中，这样的实例很多，比如在广告时请权威人物赞赏某种产品，在辩论说理时引用权威人士的话作为论据，等等。相传，南朝的刘勰写出《文心雕龙》后由于无人重视，他想请当时的大文学家沈约审阅，但沈约却不予理睬。后来他装扮成卖书人，将作品送给沈约。没想到沈约阅后评价极高，于是《文心雕龙》成为中国文学评论的经典名著了。

其实，我们在说话时，也可利用这一逻辑方法，比如，为了证明你产品的效果，你可以这样对客户说：“×××说过……”，这样会增强你语言的说服力。

具体说来，我们可以引用的话有：

（1）借用名专家的话，比如“某专家认为”

很多健康专家认为，晚上身体往右侧睡才是最健康的睡姿。于是，当你在向朋友或家人证实这言论的真实性时，不妨这样说“健康专家都这么说，难道还有假？”比如，在每一只牙刷上面都会标明“牙医建议，三个月更换一只牙刷”。

（2）借用位高权重人士的话，比如“市场认为”“国家主席说”

最近几年国家经济飞速发展，但物价也猛涨，对此，国家相关权威人士表示会抑制部分经济泡沫。于是，在平日闲聊中，邻居大妈可能更愿意相信物价不跌反涨，你就可以搬出权威人士的话“央行行长都发话了，要出台一系列措施，抑制物价……”

（3）用各行业权威人士的话

在每个行业都有相应的权威人士，比如文学领域里的茅盾、鲁迅，艺术领域里的梵高、贝多芬，等等。当我们再强调语言是多么重要的时候，不妨搬出语言大师林语堂的言论——“语言不是一般的工具，使用起来不同于其他工具”。

（4）借用上司的言论婉拒对方

很多时候我们不知道该如何拒绝，可以借助上司的言论进行拒绝，比如“前几天经理刚宣布过，不准任何顾客进仓库，我怎么能带你去呢”，或者说“这件事我做不了主，我会把你的要求向领导反映一下，好吗”。

（5）引用歇后语以达到幽默

比如人们常说的：“这个人真是和尚打伞——无法无天。”“下雨天出太阳——假情假意。”这两句话中的“无法”是“无发”的谐音，“假晴”是“假情”的谐音。歇后语一般只需把前半截的比方说出来，将后半截的解释隐去，让对方自己去体会。

可见，与人说话，让对方接受你的观点，一般都要讲道理。不过，如果你没有驾驭语言艺术的能力，对方即使理解你的意思，也会轻视你的水平。说不定他的内心已经同意你的想法，而表面上却与你争论不休。“×××”的策略是很有效的，但所引用的话，最好是众所皆知的，真理之所以能够长存，就是因为它已经被无数人所认同。

逻辑口才

日常交流中，我们在沟通时使用“×××说过”这样的句式，能起到影响其逻辑思维和引导或改变对方态度与行为的目的，从而操控其言行。

“不证而论”，证据到底在哪

相信年少时，我们都做过数学题，其中就有论证题，也就是为了得到某个结论，我们需要反复求证，从中我们知道“有证才有论”的道理，然而，自古以来，中国人却一直有一个常见的思维毛病——“不证而论”，这一点，也违反了逻辑学上的“充足理由律”，也就是给出论点却往往不证而论，只有论点，没有论据。

所谓“充足理由律”，我们常常表述为：任何判断必须有（充足）理由。充足理由律的提法源于17世纪末、18世纪初的德国哲学家莱布尼茨·G.W.他在《单子论》中说：“我们的推理是建立在两个大原则上，即（1）矛盾原则……（2）充足理由原则，凭着这个原则，我们认为：任何一件事如果是真实的，或实在的，任何一个陈述如果是真的，就必须有一个为什么这样而不那样的充足理由，虽然这些理由常常总是不能为我们所知道的。”

当然，凡有这一逻辑错误的也不只是中国人，我们在很多文章中也能看到，比如：

契诃夫的名著《套中人》写到别里科夫有一次看到他学校的同事柯瓦连科同他的妹妹在街上骑自行车，吓得脸色由青到白，第二天他到柯瓦连科家里，说：“你骑自行车，这种消遣对于青年的教育者来说是绝对不合宜的！”当柯瓦连科问他为什么时，他说：“难道这还用解释吗？如果教师骑自行车，那还希望学生做出什么好事来？他们可做的就只有倒过来，用脑袋走路了！既然政府还没有发出通告允许做这件事，那就做不得。”

这里，别里科夫反对青年教育者骑自行车的理由有二：一是“如果教师骑自行车，那么学生就不会做出好事来”，二是“政府还没有发出通告允许做这件事”。这两个理由，前者是虚假的，犯“虚假理由”错误；后者虽真实，但与“青年教育者不能骑自行车”的结论之间没有必然联系，犯了“推不出”的逻辑错误。总之，别里科夫的话违反了充足理由律。

其实，在我们的生活中，无论是对人也好，对事情也罢，都离不开真的追求。“真”是一种精神和境界。如果失去了真，也就不会有善、美。同样，在我们说话中，如果失去了“真”的基础，那么一切美好的字眼不过都是些漂亮的外壳罢了。然而，如何才能让我们的话更有信服力呢，其实还是要用事实论证法，说话时有理有据，才能让人信任你。

生活中无数的事实都在证明，好口才并不是谈吐流畅词汇丰富的外在现象，最重要的评价标准是是否有说服力和可信度。说服力和可信度是相辅相成的关系，没有可信度的言谈是不会存在说服力的，能够说服别人的语言也必将以可信度为基础。那么怎么样才能够让别人相信我们所说的话，接受我们的意见呢？最重要的一点就是用事实说话。古人所说的“事实胜于雄辩”就是这个道理。

王先生是一家企业的销售部经理。一天，下属小李来到办公室，对他说：“我来公司三年了……您看，是不是应该酌情给我加薪呢？”王先生想了一会儿，说道：“小李，我知道你从跑业务做起，时间已经不短了。你在业绩中所做的工作报告，我觉得你提到的那几点都很重要。但是现在的情况是，我们部门离第一次薪金评估还有很长时间，而我个人无法批准薪金评估报告。”

“另外，说实话，我觉得就你现在这份业绩表，按照我们部门的薪金评估来说，说服力还显得很不够。现在离年底的评估报告还有一段时间，你可以再努力努力，争取让你手上的那两个大客户跟我们公司签了合约。而且，我们公司最近推出的那个新产品，相信你肯定也能做出点业绩来的，你不妨尝试一下，这样，在年底评估的时候，你就可以有一份比较有说服力的报告给我，到那时，我一定会尽力为你争取加薪。”

面对下属提出的加薪请求，王经理巧妙地为他设定了一个比较实际而又有意义的工作目标，聪明而又不着痕迹地拒绝了他现阶段的加薪要求。在整个回答过程中，可以说是句句中肯，有理有据，并且清楚地向他表明，加薪要有客观的工作成绩，而他目前的工作成绩还不足以享受这个薪资待遇。更为重要的是，谈话将负面的拒绝转向为正面的激励，使加薪成为员工努力工作并取得更高成就的动力。

可见，人与人交往，虽然人们都想了解事实，但是我们必须要让对方看到

“论证”的过程，所以，说话中我们应当注重逻辑性和推理过程，而如果我们一味地去追求口才外在的形式，就难免会舍本逐末。

逻辑口才

经过论证的语言才具有可信度，有事实的谈话才会有真正的内容。那些谦逊质朴的态度以及美丽的词汇，所起到的作用只是一种修饰，就会成为没有任何意义的表演，失去本身的价值。

注重逻辑推理：逻辑决定言语的效果

人际交谈中，实际上是信息的传达与接收、反馈的过程。人们讲话，有明言的，也有隐含的，这就需要我们在语言表层上下功夫，要注重逻辑推理，否则，即使再华丽的语言，也只能是舍本求末。要知道，任何一次成功的沟通，都不会停留于言语表层的通顺，而是在于挖掘内在的逻辑力量，所以，我们要想提高自己的语言交际水平，就要懂得揭示语言背后的逻辑内涵，并从中找到一些谈话的逻辑技巧。

什么是言语链

其实，人们的言语活动我们都知道，口才是建立在语言这一媒介上的，有“语言”就是“言语”，但这二种概念的含义却不相同。在日常生活中，我们听、说、读、写借助的工具就是语言，语言是由词和句子按照一定的规则组织在一起的，我们想要表达逻辑思维时，也要借助它。而言语呢？言语是“产生某一语言的一连串有意义的语音的过程或结果”，通俗点来说，言语就是人们运用语言说话或者书写的过程。

言语由说话者的大脑开始产生逻辑思维，然后向自己的舌头、嘴唇等发出命令，于是产生了声波，然后表达出来。而作为听者，他先开始由耳朵接收到声波，再通过神经系统传达给大脑，再经过大脑的加工，形成自己的思维逻辑。

从形式上看，语句则是构成这条链的链环，随着一个语句一个语句的连续出现，言语链则一环一环的不断延伸。

人与人沟通之中，说话者假如需要对之前语句进行整理、重述，或者给出新的含义，那么就有了下一语句的出现。从这一方面来说，在某一句特定的话中，也就有特定的言语链，也就有了一条连续不断地提供关于某一事物信息的传输带。从这里，我们看到了言语链的延伸特征，决定了言语链中下句的根本任务即在对上句的所述内容作出新的说明。

进入言语链的语句，都处于一定的语言序列中，而其中作为下句的语句则必须与其上句连贯，也就是要有语义上的关联，即具有语义上的关联。

其实，我们可以说，言语链这个信息传递的过程，其实是语言、生理等层面的进行多次转换形成的。按照现代控制论的观点择善，言语链实际上是一个信息反馈和传输的过程，具体来说，包括以下几个方面：

（1）信息传输

这一过程全部是由说话者完成的。说话者通过声波将自己存储于头脑中的信息发送出去。不过，提及言语，涉及的因素就太多，有语音、语义还有语境背景等方面，因此，相对于单一的电讯传输系统来说，也就复杂得多。

另外，我们还要提到另外一个概念，也就是对所传播的信息所含的信息量极其有效性的分析。举个最简单的例子，当我们问及对方："您贵姓？"时，虽然对方只回答了一句"姓王"，其实这就是最大的信息量，相反，有时候，即便是你洋洋洒洒说了很多，没有一句是对方想听的，那就是信息量小。

所以，言语交际中，我们应该遵循的一条重要的交谈原则是，用最少的话传达出最大的信息量。

（2）信息反馈

言语交谈中，要看说话者所发送出去的信息效果如何，最重要的还是要看听者的接手情况，这个过程就是信息反馈。此处，我们说的反馈，包括言语反馈和非语言反馈，听者发出的信息反馈能让发话人了解自己发送出去的消息是否达到了目的，以便调整或者改变自己的信息。

就信息反馈而言，这个过程中，说话者和听者的身份又会进行对调，因为当听者反馈后，开始时的发话人又成了信息的接收者，这样就行成了相互间的信息反馈。

（3）语言反馈

这里的语言反馈可分为外部语言反馈和内部自我反馈两种。前者是指说话者和听者之间进行的信息反馈，而后者则是发生在说话者自身的反馈，是一种自我监听，如果说话人说话时认识到自己可能要说出口或者已经说出口的话有所不妥时，就是在做自我内部反馈。如果话还没说出口，则是隐性自我反馈，假如已经说出口而再做出改变，则是显性自我反馈。

在生活中的很多言语交谈活动，比如谈判中，往往是各种信息反馈形式交叉进行的，过程相对复杂得多。

（4）倾听

在说话者和听者之间的信息传达，就必须要借助于“倾听”这一活动，所以，“倾听”是反馈的前提条件，这里的“倾听”，不是随便听，而是全身心地、投入到谈话过程中的倾听。

“倾听”整个过程包含了信息的接收、选择、组织和解释四个步骤，然后发出相应的反馈信息。这一过程主要是听和想，而不是听和说，所以需要花费的时间也就相对较少。

不过，此处我们要提醒的是，要想真正有效地倾听，就不能“傻”听，而应该带着第三只耳朵听，也就是要学会听出他人所说出的弦外之音，还要学会从对方的衣着、微动作，甚至是眼神中读懂对方你所想要获得的信息，这才是真正的倾听。

（5）理解

言语传达的过程，主要是通过言语的方式，发出具体的语义信息，由听者倾听并作出反馈的过程，假如这一过程顺利的话，我们称之为“成功沟通”，而假如被干扰，就称之为“阻断”。要想避免或者减少阻断情况的出现，就需要理解，这是沟通的关键。

要做到言语的理解，就要透过言语表情，达到深层次的向逻辑平面的转换。而人们之所以产生思维上的混乱，也是因为词语误解造成的。

所以，要真正理解言语中表达的词义和句义，最重要还是要搞清楚言语背后是什么概念，这样，即便沉默，也能达到默契的沟通效果。

逻辑口才

人们在言语沟通中，必须要穿过言语表面，达到深层次的逻辑层面，深入揭示其内在的逻辑关系，才能真正了解到语义信息，获得成功的交谈。

隐含在言语深层次的逻辑链

我们都知道，人说话是借助语言进行的，而人们说出的话，则是靠思维来处理的，这一过程更是借助语言来进行的。所以，语言不仅仅是说话的工具，更是我们借以思维的工具，我们既要用语言来表达，也要用语言来思考。因此，即便是那些藏于语言背后的逻辑，我们同样需要借助语言来剖析。可见，说话是在语言层面上进行的，是有形的，而思维是在逻辑层面进行的，是无形的。因此，关于语言、言语和思维，思维是我们想表达的内容，而语言是工具，言语则是思维在被语言进行处理和表达之后的结果。

实际上，对言语表达起到真正决定作用的还是思维，而平日里，我们对一段话或者一个句子进行语法层面的分析，只是停留在语言层面而已，无法从根本上解决问题。比如“我吃面”和“面吃我”，还有“我喜欢他”和“他喜欢我”，在语法上来看，都是一样的，结构上都是“主—谓—宾”，但语义却完全不同，因此，我们必须透过语句来进行逻辑层面的分析，才能真正掌握语义。

语言学家从逻辑学的角度进行了一系列的分析和研究，他们认为，在言语表达和逻辑思维之间，要从总体关系上进行分析，找出具体的一些规律，这将有助于其深层次的逻辑研究。

为此，我们可以总结出，在言语交际的过程中，任何一个言语链的背后其实都深藏了一个与之相对应的思维活动上的逻辑链。

人与人之间经常进行的言语上的交流，其实都是逻辑链之间的沟通，语言只是传达的工具，在逻辑链的沟通和理解的情况，有些语言甚至可以省略不说，也能起到沟通的作用，而假如不存在这一逻辑链的话，那么，言语交际是无法完成的。

此处，我们要探求的关于逻辑链的理论，也就是要从宏观上把言语和逻辑对立起来，然后探讨存在于它们之间的区别、联系以及转换方式等，希望在二者之间找到可以共通的规律，而我们在研究方法上并不限制，形式上的和非形式上的，都能拿来使用。

逻辑链构成的基本元素是概念，其基本单元是概念构成的判断，它是一个以判断为基本环节组成的序列，在判断之间按照其内在的逻辑关系串联起来。一条逻辑链，可以是一个判断，也可以是一组判断联合在一起。其基本形式是前者，而后者则是其扩展形式。

接下来，我们就逻辑链的两种形式进行分析：

如果是由一个判断组成的逻辑链，其形式是：

A：p

如果由两个或者两个以上判断构成的逻辑链，其形式则是：

A：p～n

A：p～q～n

A：p～q～r～n

……

从这里我们可以看出，逻辑链无论是由多少判断组成的，在至少有两个判断的情况下，最后总有一个判断，上面，我们是用“n”表示的。

到这里，我们就能对逻辑链进行定义了：所谓逻辑链，在同一思路中，一个判断或者一串具有内在关联的判断的有穷系列，其逻辑形式可以表达为：

A：p～q～r～……n

在这一公式中，“A”代表逻辑链，p、q、r、s、n分别代表的是组成逻辑链的判断，符号“～”表示两个判断之间的连接，而在具体的句式中，我们称之为连接词，而有连接词，必然有连接符号，我们总结一下连接符号有：¬（并非）、∧（并且）、∨（或者）、→（如果，那么）、←（只有，才）、⟷（当且仅当）⊢（因为，所以）等来表示。

我们举个例子，有这样一句话：“因为我是孩子的妈妈，而且家务事很多，所以，您的聚会我可能不去，如果我不能去的话，我让我爱人去。”在这段话里，我们可以对内心的逻辑链进行分解：

这段中所含的各种判断我们可以用符号来表示：

①我是孩子的妈妈（p）。

②家务事很多（q）。

③您的聚会我去。

④您的聚会我不去。

⑤让我爱人去。

我们能对用符号表示出话中的连接词：

“因为……，所以……”（⊢）

“如果……，就……”（→）

“……，而且……”（∧）

“可能……，可能……”（∨）

这样，我们就能对这段话进行分解了，将其分解成两个重复的句式：

①“因为我是孩子妈妈，而且家务事很多，所以，您的聚会，我可能去，可能不去。”

用符号表示就是：

[p∧q⊢r∨¬r]

②“如果我不能去，我就让我的爱人去。”

用符号表示则是：

（$\neg r \rightarrow s$）

于是，接下来，我能对整段话的逻辑连接表示成：

A：$[p \land q \vdash r \lor \neg r] \land (\neg r \rightarrow s)$

到这里，我们就能用语言符号对语言表达进行深层次的逻辑分析和表达了。当然，这也只是简单的分析，是从宏观角度分析和把握的，具体还要我们在语言沟通中进行细细分析和把握。

逻辑口才

语言表达的层次其实是反应思维层次，所以，了解和分析言语连接中的逻辑链是对语言交流分析和理解的关键点。

如何透过言语揭示逻辑链

我们在前面已经分析过，生活中，在人际间的实际交谈中，很多时候为了更便于表达，我们会省略语句中的某些部分，有些话可以直接说出来，有的则可以隐藏。而运用逻辑分析的方法，不但能对停留在表面的话进行语义分析，而且能将已经表达出来的逻辑链和隐藏的部分进行有机联系，所以，隐藏部分也就被解释出来了。所以，这就是逻辑分析与表面的语法、语义分析，逻辑分析的着眼点是对思路进行分析，而语法则是进行语表分析，这是它们之间最大的区别。

那么，具体来说，我们该如何透过言语揭示逻辑链呢？

在前面的小节中，我们已经分析并指导，任何一个言语链都有与之相对应的逻辑链，言语链是表层结构，而逻辑链则是深层结构，我们必须且只有运用逻辑推理的方法才能对表层与深层的含义进行解释。我们先来看看下面的一则故事：

有一位青年王某，其女友拜托了他一件事，但王某却没有办成，为此，他感到十分内疚，一天，他来到女朋友家，很惭愧地问女友："是我不好，你不会恨我吧？"

女友很淡定地答道："怎么会呢？只有爱才会有恨。"

也许你会认为青年在听到这句话后很高兴，但其实不然，很简单的道理，女友言下之意是，她从未爱过青年王某。为此，王某深感悲痛。

所以可以说，王某女友的话中含有更深层次的逻辑链，在这段话背后，暗含了一个必要条件假言推理：

只有爱，才会有恨。（第二句话。）

没有爱。（隐含语。）

所以，也就不会有恨。（也就是女友说的："怎么会呢？"）

我们能就这一推理列出公式：

只有p，才q。

非p，

所以，非q。

逻辑链：$[(p \leftarrow q) \wedge q \neg p \vdash \neg q]$

在逻辑学上，对一个必要条件进行假言推理，可以通过否定前件（非p）来推出一个否定后件（非q）的结论。这里，王某女友只说了两句话："怎么会呢？"和"只有爱才会有恨"，但恰巧是这两句话才是推理中的结论和大前提，省略的是中间的小前提，而青年听完这句话中立即听出了话外音——"女友对他没有爱。"这也就是隐藏的小前提，这也就是为什么青年王某悲痛的原因了。

实际上，对暗含的语义的分析，涉及更深一层次的思维机制。我们若想了解人在说话时的思维活动，其实无论对于说话者还是听者来说，都需要运用思维活动，需要进行分析和判断。这一过程，其实也就是对信息的处理和加工的过程。

可见，我们若要揭示出一个言语链背后深藏的逻辑链，要把隐含的部分从明言部分挖掘出来，就必须运用逻辑推理和分析的方法。如果判断层次较多的话，我们还要进行更为繁杂的分析，才能作出准确的判断。接下来，我们举例分析：

A问：假如两天前是星期六的前一天，那么，后天是星期二，对吗？

B想了想之后，回答：是的。

此处，虽然只是一个简单的对话，但却需要说话者和听者双方经过一定的逻辑思维过程。其中，B在回答时要思考，要进行层层的逻辑推断，否则，他就无法判断出A说的话是对是错，他的思路是，根据A的发话，进行一番连锁式的推理，具体来说，这一过程是：

假如两天前是星期六的前一天，那么，今天往前的前两天是星期五；

如果今天往前的第二天是星期六，那么，今天是星期日；

如果今天是星期日，那么，后天就是星期二；

所以，“两天前是星期六的前一天，那么，后天是星期二。”这句话是对的。

很明显，这也是一个假言连锁式推理。前三句都是A隐含的前提，也是B必须要进行逻辑推理的过程。后面一句是A直接说出来的话，也是B在揭示出隐含前提下得出的结论。此处，如果我们用p、q、r、s来表示上面这四句话的话，则公式是：

P——q

/

q——r

＼

r——s

P——s

用逻辑链表示，则是：

A：[（p→q）∧（q→r）∧（r→s）]⊢（p→s）

在上面B的推理过程中，虽然看似是简单，但只要他在一个环节上出现了事物，就会导致整个推算结果的失败。

所以，人际交往中，当我们在与人交谈时，必须要学会以对方说出的明言为条件，然后准确地揭示出明言背后隐藏的思维层次。换个角度说，也就是我们要在已知的信息条件的基础上，调动我们的逻辑推理能力，进行逻辑思维推理，以此得到我们想要的答案。

逻辑口才

现实生活的交谈中，并不是所有的含义对方都会直接表达出来，更多时候需要我们进行逻辑推理，这一过程也就是从言语链中揭示逻辑链的过程。

个人掌握的语言逻辑技巧与其思维能力之间存在差异

随着人类社会的进步和各个领域的发展，专业人士对人类思维领域的探索也取得了飞跃的进步。20世纪50年代的时候，现代认知心理学应运而生，心理学家们对言语活动的心理机制进行了深入的研究，然后在这一基础上提出了信息加工理论。一些人认为，思维是人类大脑加工的结果。近四十年以来，神经生理学领域研究并认为，思维是整个大脑的功能，尤其是来自于人的大脑皮层。很简单，人的大脑中，不同的部位受到了损伤，也就会对人的思维产生不同的影响，当然，这一影响都是负面的，而其中，额叶对脑皮层的影响最大，因为它起着不可替代的作用。原本在大脑皮层其他部位加工做的信息，最终都还要被输送到大脑额叶进行更为深层次和复杂的加工、整理和综合，最终对人的思想、心理和行为进行调控。

美国当代脑科权威麦克林就人脑的层次进行了专门研究，他发现，人的大脑其实可以分为三个层次：

第一层是最外面的，被称为新皮层，属于人的显意识部分；

第二层是缘脑层；也就是紧挨着新皮层的下面部分，它掌控的是人的情绪、感情部分；

最里面的一层是爬行动物脑层，属于人的潜意识部分。人脑中三个不同的部分，分别管辖着不同的领域，也负责不同的信息加工工作，但它们之间又是相互配合的，共同工作，共同构成了整个大脑皮层这一整体。

法国神经生理学家尚格曾提出：人的行为、思维和情感等都是来源于人的大脑中那些物理和化学现象，是相应神经元组合的结果，其中，一个神经元是有纤维分支的，而正是这些分支能将这一神经元的信息传递给更多的神经元，完成信息的传递和综合过程。

我们必须要承认的是，现代社会，在人的思维领域，人们逐步将脑神经生理活动来解释思维功能，是这一领域里的巨大突破。然而，至于人的思维活动究竟是怎样工作的，迄今为止，依然没有一个权威的答案。

在这之前，我们提及到，言语链和逻辑链之间是一一对应的，需要我们进行深层次的挖掘和推理。而这也应该是常见的方法。

但无论如何，我们可以肯定的一点是，人与人之间在很多方面是存在差异的，逻辑思维能力也囊括在其中，针对同一件事，不同的人看到的面不同，推理的方法也不同，最终得出的结果也可能不同。

一天，在某汽车站候车室内，一位妇女坐在椅子上玩手机，而她的行李箱就放在自己座位旁边。忽然，她往旁边一看，发现自己的行李箱不见了。她着急地站起来，然后看到一个小伙子正拿着一个行李箱匆匆往前走，她赶紧追上去，定睛后一看，发现那就是自己的箱子，然后一把抓住小伙子的胳膊，问道："你怎么拿了我的箱子？"

小伙子愣了一下，然后赶紧道歉地说："呃？这箱子想您的吗？真不好意思，我拿错了。"说完，他赶紧把箱子塞到这位妇女手里，然后急匆匆地就走了。

这位妇女倒也宽容，心想，既然是拿错了就算了，不追究了。

正在小伙子准备离开候车厅的时候，被一位身着制服的人一把抓住，这人应该是值班民警，小伙子丈二和尚摸不着头脑，妇女也觉得奇怪。这是怎么回事呢？

接下来，民警问小伙子："既然你是拿错了，那么你自己的箱子呢？怎么都不回去找找看？"

小伙子顿时哑口无言，不知如何是好。民警当然知道其中内幕，所以将这位妇女和小伙子一起带到了值班室，小伙子也对自己的企图供认不讳，原来他是想趁着妇女不注意偷走箱子，无奈被妇女发现，只好谎称自己是拿错了，到这时，妇女才恍然大悟。

在这一故事中，虽然妇女和民警都听到了小伙子的借口——"我拿错了"，也在各自的思维中进行了深加工，不过，我们发现，二者加工的过程和结果是完全不同的。我们先来看看这位妇女是怎么思考的：

如果拿错了行李箱，而且还给我了，就不必追究了。

小伙子是拿错了箱子，而且还给我了。

所以，我就不再追究了。

很明显，在逻辑上这是一个充分条件的假言推理，分别用符号来表示就是：

①拿错了行李箱。（p1）

②换回来了。（p2）

③不必再追究。（¬ q）

我们就其思维过程列出推理公式：

$(p1 \wedge p2) \rightarrow \neg q$

$p1 \wedge p2$

———————

$\neg q$

逻辑链则是：

A：$[(p1 \wedge p2) \rightarrow \neg q] \wedge (p1 \wedge p2) \vdash \neg q$

本来，这是一个正确的推理过程，但是运用到当时的情况，这位妇女还是忽略了另外一个更深层面的推理，不过，庆幸的是，当时在场的民警做出了这个推论：

按照他说的，如果他拿错了行李箱，那么，他自己肯定有一只箱子。

如果他自己有箱子的话，他应该回去寻找。

但是他没有回去找自己的箱子。

———————

所以，他不是拿错了箱子。

在逻辑上看，这一推理也是正确的。我们可以用符号来表示：

①他拿错了行李箱。（p）

②他应该有一只自己的箱子。（q）

③他应该回去找自己的箱子。（r）

我们就其思维过程列出推理公式：

$P \rightarrow q$

$q \rightarrow r$

$\neg r$

$\neg p$

逻辑链是：

A：$[(p\rightarrow q)\wedge(q\rightarrow r)\wedge\rightarrow r)]\vdash\neg p$

我们此处所做的虽然是一个比较长的推理，但是对于当时的民警来说，进行逻辑推论和得出结果只是一瞬间的事，所以他抓住了小偷。而那位妇女则是忽略了这一层逻辑推理，才放过了小偷。

当然，我们也不能忽视一种情况，也许这位妇女也做了这样一层推理，也得出了和民警相同的答案，但是为了多一事不如少一事，最终故意不再追究了。

总之，言语交谈中，尤其是那些需要我们进行推理论证的复杂言语，需要我们运用智慧的大脑进行逻辑推理和思考，然后再进行对话的设计，进而达到我们的谈话目的。

逻辑口才

其实支配人们行为的是言语背后的逻辑，只不过个体思维能力的差异导致人们对于同一信息所给出的逻辑推理方式不同，而导致了最终的结果不同。

沟通中展现出的非语言信息作用

生活中，很多人认为语言的交流方式给人提供了大部分的信息，事实上，语言学家艾伯特·梅瑞宾的研究表明，人与人之间的沟通高达93%是通过非语言沟通进行的，只有7%是通过语言沟通的。而在非语言沟通中，有55%是通过面部表情、形体姿态和手势等肢体语言进行的，只有38%是通过音调的高低进行的。

有研究人员曾通过实验研究了握手的效果，结果证明：身体的接触行为能增强人与人之间的亲近感，即使是初次见面的人，也有同样的效果。为了强化这种效果，有人会伸出双手与人握手，这样的人大多非常热情。

然而，人的身体部位在不同环境、情景以及受到不同的生理作用的影响，它们所传达的心理讯息是不同的，只有综合考虑各方面的因素，才能帮助我们正确地做好心理分析。可能你经常听到身边的人这样说：

“他今天居然连胡子都没刮，一定是跟女朋友吵架了。”

“开会时老板一直看着我，对我点头微笑，一定是觉得我表现很好。”

“他说话一直在搓手，肯定有强迫症。”

……

有些人喜欢这样揣测他人的心理和情绪，而实际上，这些揣测并不一定正确，原因很简单，他们对他人的身体语言的分析并不到位，比如说，“胡子没刮”，原因有很多种，可能时间不够，可能是其他生活问题，把原因归结于“和女朋友吵架”未免太过武断；“开会的时候老板的笑容”可能是针对所有人的；喜欢“搓手”，也有可能是因为紧张，并不完全是因为强迫症导致的……

很明显，如果要正确解读他人的身体语言，我们必须要综合考虑，掌握一些解读的规则，这些规则有：

（1）理解要连贯

在理解他人的非语言信息中，一些人会犯这样的错：将研究对象的某个动作或者表情分离开，他们忽视了其他相联系的表情 、动作，然后孤立、片面地解读他人的肢体语言。

比如，在与人说话时，他们看到对方挠头，就以为对方是尴尬，其实，挠头的原因有很多，比如，去头屑、头痒、不确定、健忘或者撒谎等，所以，其具体含义应当取决于同时发生的其他表情和动作。

其实，和句子一样，我们说的每句话也是可以分解的，可以将其分解为词组、标点等，每一个表情或动作就好比一个单词，而每一个单词的含义都不是唯一的。

因此，只有当你把一个词语放到句子里，配合其他词语一起理解时，你才能彻底弄清楚这个词语的具体含义。以“句子”形式出现的动作或表情被称为肢体语言群，就好比我们如果想说一句话，就至少需要用三个词语来组织才能清楚地表达说话的目的。可以这么说，如果一个人能够读懂无声的肢体语言长句，并且准确地将他们用有声的话语表达出来，那么，他的“感知力”一定很强，或者说他的“直觉”一定很灵敏。

所以，如果你想获取准确的信息，就应该连贯地来观察他人的肢体语言。

当我们感到无聊，或是有压力的时候，我们常常会不断地重做复一个或者多个动作。不停地摸头发或玩头发就是这种情况下我们最常见的一种表达方式，可是，假如不考虑其他动作或表情，同样的动作却很有可能表示这个人心中很焦虑，或是不确定。

（2）寻找一致性

研究表明，通过无声语言传递的信息所产生的影响力是有声话语的五倍；而且当两个不同的人进行面对面交流的时候，尤其当这两个人都是女人的时候，她们几乎会全部依赖无声的肢体语言进行交流，而无视话语所传递的信息。

西格蒙德·弗洛伊德曾经遇到过一个案例。案例中，病人告诉他，她的婚姻生活十分幸福。在谈话中，这位病人不断地将她的结婚戒指取下又戴上。弗洛伊德注意到了这个小动作，他很清楚这意味着什么。所以，当传来她的婚姻出现问题的消息时，弗洛伊德丝毫不感到惊讶，因为一切都在他的意料之中。

观察肢体语言群组，注意肢体语言与有声语言的一致性就好比两把金钥匙，能够帮助我们打开肢体语言的宝库，从而正确地解读出无声语言背后的真正含义。

（3）理解要结合语境

对所有动作和表情的理解都应该在其发生的大环境下来完成。

举个很简单的例子，在地铁里，寒风瑟瑟，你看到一个人双手抱在胸前，你应该很清楚，他这样做并不是为了保护自己，而是为了取暖。同样的情况，如果放到谈判桌上，那么，对方的意图就是自我保护，你应该明白，他其实是想借此告诉你，他对你的话持否定的态度，或者他对你持有敌意。

逻辑口才

身体就像一个无法关闭的传送器，时刻传送着人们的心情和状态。语言通常用来表达正在思考的东西或概念，而非语言信息则较能传递情绪和感受。因此，在通过非语言来进行逻辑分析时，必须要综合多方面因素考虑。

推敲逻辑语言：讲话中的思维逻辑学

生活中，我们经常会犯一些逻辑错误，比如话题转移、两难推理、因果倒置等，在进行逻辑推理中，我们应当避免这些错误，也应该在说话中注意推敲自己的逻辑语言，但在某些特定的语言沟通场合，假借这些“错误”，引导对方按照我们的意愿进行思维，反而有利于达到我的目的。

前后矛盾——别用自己的话绊倒自己

我们都知道，在逻辑学中，有一条著名的矛盾律，所谓矛盾律，实际上是禁止矛盾律，或不矛盾律。矛盾律的基本内容是：在同一思维过程中，两个互相矛盾或反对的思想不能同时是真的。或者说，一个思想及其否定不能同时是真的。

矛盾律的公式是：并非（A而且非A）。公式中的“A”表示任一命题，“非A”表示与A具有矛盾关系或反对关系的命题。因此，“并非（A而且非A）”是说：A和非A这两个命题不能同真，亦即其中必有一个命题是假的。

从矛盾律中，我们也能得出一点，在日常生活和工作中，我们说话时，一定要注意逻辑，说话前后不一，只会让我们陷入自相矛盾的境地。

比如，我国战国时代的思想家韩非子曾经谈到过这样一个故事：

有一个卖矛（长矛）和盾（盾牌）的人，先吹嘘他的盾如何的坚固，说：“吾盾之坚，物莫能陷”。过了一会，他又吹嘘他的矛是如何的锐利，说：“吾矛之利，物无不陷”。这时旁人讥讽地问：“以子之矛，陷子之盾，何如？”卖矛与盾的人无言以答了。

因为，当他说“我的盾任何东西都不能刺穿”时，实际上是断定了“所有的东西都是不能够刺穿我的盾”这个全称否定命题；而当他说“我的矛可以刺穿任何东西”时，实际上又断定了“有的东西是能够刺穿我的盾”这一命题。这样，由于他同时肯定了两个具有矛盾关系的命题，因而也就出现了自相矛盾的情况。

某村子里有个理发师，他规定：在本村我只给而且一定要给那些自己不刮胡子的人刮胡子。请问：这个理发师给不给自己刮胡子？

那么，你可能会产生疑问，这里，理发师给不给自己刮胡子呢？只有两种情况：不给自己刮，或者给自己刮。

如果理发师不给自己刮胡子，那么按照他的规定（我一定要给那些自己不刮胡子的人刮胡子），他就应该给自己刮胡子。这就是说，从理发师不给自己刮胡子出发，必然推出理发师应该给自己刮胡子的结论，这本身就构成逻辑矛盾。

如果理发师给自己刮胡子，那么按照他的规定他应该不给自己刮胡子。这就是说，从理发师给自己刮胡子出发，必然推出理发师应该不给自己刮胡子的结论，这本身也是一个逻辑矛盾。

从语言方面看，在遣词造句时，如果把相仿的两个词同时赋予同一个主语，就会发生文字上的矛盾，而这一情况被运用到日常的人际沟通中，也就发生了语言上的逻辑矛盾。接下来，我们再看看下面几个例句：

把反义词同时赋予同一主语，那就会发生文字上的矛盾。这种文字上的矛盾也必然会导致思想上的逻辑矛盾。我们看下面两个例句：

①“这里是远离祖国的边疆，却又紧紧联系着祖国的心脏。”

②“在海外，我是个穷人家的孩子，当时不必说读书，就连日常生活都不能维持。我爸为了一家人的生活，替资本家做苦工给折磨死了。爸死以后，我就没有书读了。”

③“要写好这个戏，困难确实很大。我们几个人都没有从事过文艺创作。老李虽然写过几篇小说，但写戏还是第一次。不过我们有信心完成这个任务。”

④有人说：“所谓信念就是一种坚信不疑的观念。世界上有没有信念一类的东西？我可以肯定说是没有的。”

⑤古希腊哲学家赫拉克利特的学生克拉底鲁说：“我们对任何事物所作的肯定或否定都是假的。”

上面几个例子中，很明显都犯了前后矛盾的错误，这里不必一一细说、分析。然而，在我们的生活中，不少人在说话时也是漏洞百出，前后不一，给他人留下话柄。我们再来看看下面的故事：

一个年轻人对大发明家爱迪生说："我有一个伟大的理想，那就是我想发明一种万能溶液，它可以溶解一切物品。"

爱迪生听罢，惊奇地问："什么！那你想用什么器皿来放置这种万能溶液？它不是可以溶解一切物品吗？"

这里，为什么这个年轻人被爱迪生问得哑口无言呢？因为他的想法包含了逻辑矛盾。因为他一方面承认"万能溶液可以溶解一切物品"，另一方面又承认"作为存放这种溶液的器皿是万能溶液所不能溶解的"，这两个判断是互相矛盾的。

当然，我们在说话时，要想要避免出现这样的逻辑错误，就要在平时注重逻辑思维的训练，并养成验证语言的习惯，这样，久而久之，就能提升语言的逻辑性。

逻辑口才

矛盾律的主要作用在于保证思维的无矛盾性，即首尾一贯性。而保持思想的前后一贯性，乃是正确思维的一个必要条件。矛盾律要求对两个互相矛盾或互相反对的判断不能都肯定，必须否定其中的一个。否则，会犯"自相矛盾"的错误。

千万别一厢情愿地用"自己"证明"自己"

在前面的章节中，我们在谈中国人的语言逻辑习惯时提到，中国人常喜欢引用他人之言作为论据，在人际沟通中，这一方法确实能提升我们语言的可信度，但从逻辑学角度看，这犯了“以人为据”的错误，要知道，以他人之言，即便是权威之言，我也不能拿来作为论据，因为真理高于权威，交谈时，我们要从多角度进行推理论证，而不应该笃信权威。

然而，在现实生活中，我们甚至发现，一些人在语言沟通中，为了要证明某个观点或想法，甚至自圆其说、一厢情愿——以自己单方面想法作为论证根据，很明显，这是不可取的。我们来举个例子：

小王是个很有爱心的女孩，一天，他看到自己的朋友小李在饭店吃狗肉，于是，赶紧上前训斥：“我不是跟你说过吗？我们是不能伤害小动物的，它们就像我们的朋友，你忍心伤害你的朋友吗？”

这段话中，小王的话虽然很有道理，但是从逻辑推理角度推理，是无法得出结论的。她犯了用自己的话来作为论据的错误，也就是“我不是跟你说过吗？”在逻辑推理中，我们自己说出的话，只能是宿主感情，而不能作为证据。

不过，我们生活中的不少人，都犯有这样的逻辑错误，他们总是试图通过操作别人的感情来取代一个有力的论述。人们操作的感情可能包括恐惧、嫉妒、怜悯、骄傲等。一个逻辑严谨的论述可能激起别人的情感波动，但是如果只用感情操作而不用逻辑论述，那你就犯了诉诸感情的错误。每个心智健康的人都会受感情影响，所以这种谬误很有效，但这也是为什么这种谬误是低级和不诚实的手段。我们再来看下面的事例：

日常生活中时常可以见到这样的情景：某单位开大会，自然少不了某些领导尤其是高层领导的讲话，然而，领导者讲话时常常将自己在文件中或者在会议上说过的话作为此次讲话的论据，“我在之前的会议中强调……”“平时的工作中我曾说过很多次……”然后针对同一个内容，反复重复，或不着边际地发挥，啰嗦个没完，浪费别人的时间，引起不满与抱怨是必然的。这种毛病也就是犯了逻辑上的“自己”证明“自己”的错误，不仅有损领导形象，也浪费大家的时间，而假如领导者能事前多做准备，多寻找专业的材料进行证据支持，是更能提升其说话信服力的，而不是说大话、空话。

与“以人为据”相比，事实论据主要是以真实的、普遍的事情为主要论据的。诚然，我们多需要带着感情说话，但是多数情况下，人们更愿意相信那些事实材料，所以，在沟通中，如果我们多列举事实，会让说出的话更有说服力。

晏殊是北宋时期著名的词人。14岁那年，年纪轻轻的他就参加了由皇帝作为主考官的殿试。宋真宗出了一道考题，让他在一个时辰之内做完。晏殊接过考题一看，就对宋真宗说：“这个题目我在是天之前就已经做过了，草稿还在家里。请陛下还是另外出一个题目吧。”真宗皇帝听完之后，十分欣赏他的诚实，就高兴地赐他为“同进士出身”，去国史馆任职。

每到节假日的时候，京城里的官员们总要到外面去吃喝玩乐。但是晏殊从来不参与这些活动，只是关起门来在家里读书写字。有一次，真宗下诏让晏殊担任东宫太子的师傅。按照惯例，太子的老师这一职务只有德高望重的人才能担任的，而晏殊的被破格提拔让很多大臣表示不解。真宗对大臣们解释说：“每逢节假日的时候，群臣们都要呼朋唤友去吃喝玩乐，只有晏殊在家闭门读书。这种自重谨慎的人，才是太子师傅的最佳人选。”晏殊听罢，却对皇帝说：“臣并非是不喜欢游玩宴饮的人，只不过是因为家里太穷罢了。如果我有足够的钱，也会和别人一样参与宴游的。”真宗听完，不但没有怪罪，反而更加喜欢他的真诚了，对他也就更加的信任。

晏殊的回答十分淳朴和平淡，没有丝毫花言巧语的修饰，但却得到了皇帝的信任和倚重。这就是用事实说话的魅力。

可见，无论是我们自己的话，还是名人名言都不可以直接作为论据，我们在演讲场合或者辩论场合看到，不少人都会使用名人的名字，这也只是起到增强语言渲染力的效果，其实并不能起到逻辑支撑作用，不过，还有一种情况是例外，谈话中，真正被可以作为论据的，是专家证言，有实验支撑的那种。譬如法律类的题目举法律专家的证言，农业类的题目举农学家的证言，比名人名言有效多了。

逻辑口才

在语言交谈中，用“自己”证明“自己”，犯的是以为人据的逻辑错误，更多的是为了诉诸自己的情感，是不能作为推理论证材料的。

从“论题转移”中找到的谈话技巧——转移话题

在逻辑推理中，有一条著名的定律——同一律。同一律的基本内容是：在同一思维过程中，每一思想的自身必须是同一的。同一律的公式是：“A是A”。公式中的A可以表示任何思想，即可以表示任何一个概念或任何一个命题。就是说，在同一思维过程中，所使用的每一概念或判断都有其确定的内容，而不能任意变换。

同一律在思维或论证过程中的主要在于保证思维的确定性。而只有具有确定性的思维才可能是正确的思维，才能正确地反映客观世界，人们也才能进行思想交流。否则，如果自觉或不自觉地违反同一律的逻辑要求，混淆概念或偷换概念、混淆论题或偷换论题，那就必然会使思维含混不清，不合逻辑，既不能正确地组织思想，也不能正确地表达思想。因此，遵守同一律的逻辑要求乃是正确思维的必要条件。

所以，逻辑推理中，在同一思维过程中必须保持论题自身的同一，否则就会犯“转移论题”或“偷换论题”的错误。混淆或偷换论题是在论证中常见的一种逻辑错误。这种错误是在论证过程中把两个不同的论题（判断或命题）这样或那样地混淆或等同起来，从而用一个论题去代换原来所论证的论题。比如，有人在讨论中学生需不需要学习地理时讲过下述这样一段话：

“我以为中学生没有必要学习地理。某个国家的地形和位置完全可以和这个国家的历史同时学习。我主张可以把历史课和地理课合并，这样对学生是方便的。因为，这样做所占的时间较少，而获得的效果却很好。否则就会这样：这个国家的地理归地理，而它的历史归历史，各管各，不能互相联系起来。”

从这段话里不难看出：谈话者最初提出的话题是“中学生没有必要学习地理”，而随后所论述的却是另一个论题：“可以把历史课和地理课合并”。显然，谈话者是把后一个论题与前一个论题混淆起来了，因而他就自觉或不自觉地用后一个论题去偷换了前一个论题。这就是一种混淆或偷换论题的逻辑错误。

我们再来举个例子：

小红反对同性恋婚姻，因为她认为如果我们允许同性恋结婚，那么就会有人想要和桌子、椅子结婚。

很明显，此处小红犯的也是话题转移的错误。

然而，从这一逻辑错误中，我们也能得到一点启发：转移话题也可以成为谈话技巧。

在交际场合中，往往会遇到一些比较严肃的话题，交际的双方难以在这些事情上达成一致的意见，从而阻碍交谈的正常进行。那么在这个时候，就要刻意地去回避一下，将谈话转移到其他的话题上去，用一些轻松愉快的谈话内容来改变一下紧张呆滞的局面，转移双方的注意力。这样就能将意见分歧较大的话题做有意识的淡化，让原来僵持的场面重新变得宽松愉悦起来，打破尴尬的局面，给双方心理带来的负面影响降到最低的范围之内。

金亚楠和老板陪一个外商用餐。老板热情地请外商点菜，备受感动的外商在看了菜单之后，一时兴起，说了句中国话“tu tou si”，讲完之后又朝着老板笑了笑。谁知老板却火冒三丈，当即指着外商大骂：“你，死洋鬼子！”原来，外商在说“土豆丝”的时候因为发音不准被老板听成了“秃头死”，正好老板却是光头，外商的微笑也让老板误以为是嘲笑，因此就气冲冲地朝着外商大骂了起来。

当金亚楠告诉老板老外的真实意思时，老板顿时暗自后悔刚才的冲动。而外商对老板的斥骂感到不解，同时对他的粗鲁也面露愤怒。双方陷入了巨大的尴尬之中。

为了避免这次因误会而错失的机会，金亚楠便用英语向对方解释道："在我们中国有打是亲骂是爱的俗语，刚才我们老总的行为其实是事先精心安排好的，他并不是要骂您，而是一种示好的方法。可能是因为您对中国文化不太了解的缘故，对他的举止感到不喜欢……"

外商听到之后，转怒为喜，笑着说："这实在是太有趣了，不过，我可不可以不死啊？我还以为你们老板不喜欢吃'秃头死'呢……"，外商发出阵阵爽朗的笑声，而老板听到'秃头死'这三个字却总感到不舒服。

金亚楠便继续开玩笑说："我们老总很喜欢'秃头'，就是不喜欢'秃头死'啊！"

"哈哈，那就只喜欢'秃头'好了，'秃头'真的是很不错的！"外商继续哈哈大笑着，老板的脸色也缓和了许多。

每个人都希望自己在社交场合中做到一路顺风从容不迫，但是现实却和理想有着很大的距离。在具体的交际中，我们经常会遇到一些让我们措手不及的突发状况。这时候往往会让每一个在场的人都感到异常尴尬，下不了台。在突发的狂下，如果僵持在那里，只顾及自己的不自在的话，别人也会和我们一样感到压抑，最终也会让气氛变得十分凝重，也会让原本可以顺利办成的事情僵持在那里，变为不可能。一个会说话的人能够巧妙地运用一句玩笑话抹去意外发生的尴尬，改变人们的处境和心情，营造出一份特有的气氛，让社交场合重新回到欢快和愉悦当中。

面对突发性的事件，没有任何人能够做好事先的准备。而交际场合中尴尬窘迫的现象又是时常发生并且又是表现不一的，因此，在我们处理这些尴尬的事件时，一定不能拘泥于某个固定的模式，而是要善于分析和思考，从而做出具体恰当的反映，只有这样才能化窘迫为谈笑，化尴尬为正常。

逻辑口才

话题转移虽然是一个逻辑错误，我们在逻辑推理也应该尽量避免，但也可以成为我们谈话时的一大语言技巧，能帮助我们巧妙度过交谈中的一些尴尬场景。

循环逻辑错误——陷入循环，难以自圆其说

我们都知道，在逻辑推理中，很多人不遵循推理的严格性，而犯了很多逻辑错误，其中就有一点——循环逻辑错误，也就是逻辑学上常常提到的循环论证，循环论证是指用来证明论题的论据本身的真实性要依靠论题来证明的逻辑错误，简单说，就是用假设证假设。

比如例子：杰斐逊教的经文《〈××〉》里面说的东西都是真理，因为在《××》第一章第二段里面提到了“杰斐逊所述都是真理。”

很明显，这句话是站不住脚的，因为实际上来说，我们并没有找到能证明杰斐逊教的经文《〈××〉》里面说的东西都是真理的真实论据，说话者只是换了一下表达方式而已，这就是犯了循环论证的错误。

生活中，不少人在与人交谈时，都想证明自己的观点和想法是正确的，但是却找不到足以证明自己的理由，所以在说话时便义正词严、煞有介事地说“因为”“所以”，实际上就是用自己的观点再次证明自己另外一个观点。从语法角度分析是没有错的，但在逻辑推理角度看，却无法成立。

此处，我们可以总结出，所谓循环论证，就是将自己的观点更换一下表达

方式，以此来作为证明同一观点的理由。

无论在生活、工作还是作品中，这样的逻辑错误随处可见。比如，我们都知道，托马斯。阿奎那是欧洲中世纪的哲学家，一次，他说："铁之所以能压延，是因为它有压延的本性。"我们将这句话压缩一下，能得出"铁能压延，是它能压延。"

这样看来，我们便觉得这句话十分可笑，因为阿奎那的这句话中，观点是论据，论据也是观点，如此循环，无法证实。而实际上，他的这段话，只有观点，没有实际论据。

再比如，两个人谈到鸦片，甲问："为什么吃安眠药可以入睡？"

乙回答："因为它本身就有催眠的力量。"

其实，我们都知道，"催眠"和"引人入睡"是同一个概念，只是用了不同的表达方式而已，这是常识。所以，乙的回答根本不是证明，而只是对甲的观点的重复，实际上什么也没有证明。

还有个案例，某法院接手了一起案件，案件涉及某人医嘱的有效性。见证人自称其"见证了被继承人在代书遗嘱上盖了指印"，所以，法院判定该遗嘱有效。

然而这就等于说"因为代书遗嘱是有效的，所以，见证人见证了被继承人在代书遗嘱上盖了指印；同时，因为见证人见证了被继承人在代书遗嘱上盖了指印，所以代书遗嘱是有效的"。

这种谬误也是逻辑上的"循环论证"。如果律师能找到其中的错误，是很容易驳回判决的。

可以说，循环论证一种逻辑智商破产的谬误，因为你把你的前提假设默认为真的，然后利用循环论证的方式来证明它。

其实，循环论证的逻辑错误很明显，只要我们运用充足理由律对其进行分析，就很容易揭露出来它的无效。

当然，生活之中也会出现因为一时的疏忽而说错话的时候。那么，我们就要想着及时收回，多动一下脑子，去做一下自圆其说或者做及时的补救，把口误修补的天衣无缝，避免给别人带来心理上的伤害。

某市举行了一次全市规模的联考，其中一个班级的数学和英语成绩在全市名列前茅。庆功会上，校长这样评价说："这次大家考得好，是因为大家发挥得不错。"

在座老师们听罢议论纷纷，认为校长的说法显然是欠妥的，"考得好，不就是发挥得好"吗?

校长意识到了自己说错了话，面对大家的议论，又不能用权势去压制，灵机一动，就"嘿嘿"地笑了起来，他说："你看，我今天真是糊涂了，我的意思是，我们考试时一定要注意调节身心，不能紧张，才能发挥好自己的水平。"

在座的诸位老师听完玩校长的话之后，马上就停止议论了，也佩服校长的机智。

校长在谈笑之间给了自己一个台阶，摆脱了说错话的尴尬。这种应变能力实在是高。

俗话说"祸从口出"，无论你的出身多么优越，经济实力多么强大，但是在说话的时候不经过考虑，也不会得到别人的认可和尊敬。一个说话不经过大脑的人，就会管不住自己的嘴巴，就很容易陷入循环论证的错误中，那么就无异于在自己的身上绑了一颗定时炸弹，给别人，更给自己带来无尽的灾难。因此，在人际间交往中，一定要牢记，说话的不仅仅是嘴巴，更重要的是脑子。

逻辑口才

在生活中，一些人在谈话时，先用某个理由来证明自己的观点，然后又以观点来证明理由，如此就陷入到了一种周而复始的兜圈子之中，这是一种间接的循环论证。

两难逻辑——说话时别模棱两可

我们都知道，逻辑思维是一种确定的，而不是模棱两可的；前后一贯的，而不是自相矛盾的。然而，在推理中，人们却常常出现两难逻辑的错误，也就是“模棱两可”，“模棱两可”就是同时肯定两个互相矛盾的判断，这是违反逻辑推理中的矛盾律的。

另外，在日常交往中，与人谈话往往是很愉快的事，但也有自己说的话被别人误解的时候。而主要原因也是因为他们犯了一个逻辑错误——两难逻辑，因为我们日常交谈的话语，有不少词语在不同的条件下使用，往往有不同的含义，有的甚至完全相反，它给我们带来不少麻烦，遇到这种言辞一定要慎重处理，切勿鲁莽行事。

所以，话一定要说得明确、具体，千万不要模棱两可，不要用那种话中有话的句子，以免引起误解。

古希腊有一个名叫欧提勒士的人，他向著名的辩者普罗达哥拉斯学法律。两人曾订有合同，其中约定在欧提勒士毕业时付一半学费给普罗达哥拉斯，另一半学费则等欧提勒士毕业后头一次打赢官司时付清。

但毕业后，欧提勒士并不执行律师职务，总不打官司。普罗达哥拉斯等得不耐烦了，于是向法庭状告欧提勒士，他提出了以下二难推理：如果欧提勒士这场官司胜诉，那么，按合同的约定，他应付给我另一半学费；如果欧提勒士这场官司败诉，那么按法庭的判决，他也应付给我另一半学费；他这场官司或者胜诉或者败诉，无论是哪一种情况他都应付给我另一半学费。

而欧提勒士则针对老师的理论提出一个完全相反的二难推理：如果我这场官司胜诉，那么，按法庭的判决，我不应付给普罗达哥拉斯另一半学费；如果我这场官司败诉，那么，按合同的约定，我也不应付给普罗达哥拉斯另一半学费；我这场官司或者胜诉或者败诉，都不应付给他另一半学费。

我们姑且不去探寻这一案件最后的结果。很明显，案例中的欧提勒士和普罗达哥拉斯，因为所站的角度不同，针对同一件事，进行了不同的逻辑推理，进而得出了不同的答案，其实这也是违反矛盾律的。

犯两难逻辑错误的案例还有很多，我们举出一部分：

①上帝的石头——上帝能造出一块它举不起来的石头吗？

如果他能造出这样的石头，说明它不是万能的，如果它造不出来也说明它不是万能的！用于驳斥上帝万能说！

上帝是万能的，那么它能造出一块它举不起的石头，如果它造出了它举不起的石头，那么它就不是万能的。

②有这样一个故事：

父亲对他那喜欢到处游说的儿子说，“你不要到处游说。如果你说真话，那么富人恨你；如果你说假话，那么穷人恨你。既然游说只会招致大家恨你，你又何苦为之呢？”

③米诺和苏格拉底的故事：

米诺：你在追求真理？

苏格拉底：对，我在追求真理。

米诺：那么，你知道什么是真理？

苏格拉底：不知道。

米诺：你既然不知道什么是真理，即使遇到了真理，你也无法辨别它是不是真理，如果你能够辨别出真理，那就说明你已经知道。

④高尔基的小说《三人》中有这样一个片段：

“你出门时，是在这个杀人案子之前呢，还是之后呢？”警察故意漫不经心地问。

如果那人（杀人犯）回答：之前。说明他事先已经知道时间，必然是杀人犯；如果那人回答：之后。也说明他事先知道犯罪时间。都是“自证其罪”！

⑤美国发生过这样一个故事：

法官利用逻辑学（两难推理）让犯罪嫌疑人自证其罪的著名例子：

“你还敢再打你的父亲吗？”，犯罪嫌疑人果然落入圈套，因为，无论回答yes or no，都是证明自己以前确实打过父亲！

在中国的某个法庭上，也审理过一起“家庭暴力案件”。

女方告男方有家庭暴力，多次殴打她；男方死不承认，女方又没有受伤的证据。法官就问：

“过去的事情就算啦！我只问你（男方），你还敢再打你的老婆吗？”

犯罪嫌疑人很可能希望就此结束，回答：“我以后再也不打老婆了！”

这不是“自证罪行”吗？这就是“两难推理”！

很明显，以上案例中，说话者都陷入了两难逻辑中，但却也不失为一种语言策略，虽然我们在说话时要尽量避免模棱两可的错误，但是某些特定场合，我们可以使用这一方法应付无法回答的问题。

1988年，第二十四届奥运会在韩国首都汉城举行。第二次参加奥运会的中国代表团备受世界各国媒体的关注。当中国奥运会代表来到汉城的时候，记者纷纷问中国代表团团长李梦华：“这次奥运会中国能拿几枚金牌？在这次比赛中，中国的奖牌总数能超过南朝鲜吗？”

李梦华回答说：“等10月2日之后，你们就什么都知道了。”

记者们还是不死心，继续追问说：“中国的新华社曾经预测说这次奥运会你们能够拿到8到11枚金牌，您认为是这样的吗？”

李梦华又一次做了巧妙的回答：“中国有充分的言论自由，记者怎么想，就可以怎么写！”

故事中的李梦华使用的是搪塞法，顾名思义，就是在回答别人问题的时候选择一些模棱两可的语言，挑选一些没有任何实际价值的信息去应付一下。可见，避开实质性的问题，故意用模棱两可的语言作出具有弹性回答，既无懈可击，又达到了在重要问题上拒绝作出答复的目的，这种方式比直接说“不”，会显得更有智慧，更有风度。

逻辑口才

从逻辑推理的角度看，两难逻辑违反了逻辑学中的矛盾律，是模棱两可的，但是在具体的谈话中，我们可以适当使用这一预言策略，以此达到我们沟通的目的。

因果倒置——教你由“果”推“因”

我们都知道，事物之间是存在因果联系的，研究事物现象间的因果联系，是进行科学归纳推理的必要条件。那么，我们首先应该弄清楚的是：什么是因果联系？如果某个现象的存在必然引起另一个现象发生，那么这两个现象之间就具有因果联系。其中，引起某一现象产生的现象叫作原因，而被某一现象引起的现象叫作结果。

在逻辑推理上，有一个逻辑错误——因果倒置，所谓因果倒置，指的是将结果当作原因。隐蔽性在于有时候因果性非常复杂，或者论证需要用高深的专业知识。

举例：

物价上涨是通货膨胀的主要原因，只要控制住物价，就可以控制通货膨胀。

很明显，这句话中，说话者颠倒了“物价上涨”和“通货膨胀”之间的关系，这就是因果倒置的逻辑错误。

当然，生活中，一般我们不会犯这样的错误。不过，从这一逻辑错误中，我们也可以得出一点谈话和思维技巧，我们可以从果开始向因逆向推理，这就是回溯推理思维方法，这一方法最主要的特征就是固果性，在通常情况下，由事物变化的原因可知其结果；在相反的情况下，知道了事物变化的结果，又可以推断导致结果的原因。

我们都知道，人在某一时刻只能做一件事，在某一时刻也只能朝着某个方向思考。而通常情况下，人们的逻辑思维习惯习惯了从因到果思考，而反过来就是提倡由果及因思考法。也就是“倒过来”想，是相对正向思维而言的。所谓正向思维，指的是按照事物发展的一般顺序，也就是时间和空间上的顺序，进而得出事物的结果。也就是我们常说的由因及果的思维方式。而逆向思维的顺序，由结果（或结论）去分析，寻求产生这一结果（或结论）的原因（或条件），也即由果寻因的思维方式。

可见，这里，如果你希望得到事物的原因，你就可以选用回溯推理法——由“果”推“因”。由果及因，一叶落而知天下秋，回溯推理法又称为溯源推因法，有广义和狭义两种理解。广义的是根据事物发展过程所造成的结果。推断形成结果的一系列原因的整个逻辑思维过程；而狭义的则是指从事物的结果推断其原因的一种思维方法。

两种思维方法的应用极其广泛，尤其是在案件的侦查工作上。在实际思维中，要结合运用其他思维方法、观察方法、实验方法，经过正确的推导才能成功。

例如，在20世纪初，非洲流行着一种可怕的昏睡病，许多当地人患了这种疾病以后就陷入无休止的睡眠当中，直到死去。在这里，死是结果，而昏睡病是导致死亡的原因。

为了治疗这种疾病，有人给患者服用一种叫做阿托品的化学药品，虽然将导致昏睡病的锥虫杀死了，但患者病愈后却常常伴有双目失明的痛苦。从因果关系上看，杀死锥虫和失明都是“果”，而“因”是服用阿托品所致，可以说这个是一因二果。面对这样的结果，德国细菌学家埃尔立西设想：能不能把“阿托品”的化学结构改变一下，使一因二果变成一因一果，即只是杀死锥虫而不至于损害视觉神经。埃尔立西经过无数次的试验，终于和日本学者秦左八郎一起发明了砷制剂“606”，成为治疗昏睡病的有效药物，为化学疗法的发展做出了重要的贡献。

比如，市场上出售的无烟煎鱼锅就是把原有煎鱼锅的热源由锅的下面安装到锅的上面。这是利用逆向思维，对结构进行反转型思考的产物。

香港一家专营胶粘剂的商店，为了让一种新型“强力万能胶水”广为人知，店主用胶水把一枚面额千元的金币粘在墙壁上，并宣称：“谁能把金币掰下来，金币就归谁所有。”一时，该店门庭若市，登场一试者不乏其人。然而，许多人费了九牛二虎之力，仍然徒劳而归。有一位自诩“力拔千钧”的气功师专程赶来，结果也空手而归。于是，“强力万能胶水”的良好性能声名远播。

材料中新产品一上市，之所以“获得巨大效益”，一是因为该强力万能胶水过硬的质量，二是由于公司采用了非同寻常的营销宣传策略。于是，我们便能顺理成章地分别得出“事实胜于雄辩”“酒香还需巧吆喝”的结论。相比之下，后者更富有时代气息。

这里，这家公司采用的便是由果及因思考法。的确，事物都是互相联系的。比如，有很多事物就是以因果关系的联系形式存在的。青少年朋友，当你在生活中看到某种现象时，也应该有查找造成这种现象的原因的愿望，经常练习，你的逆向思维能力一定会有所提高。

回溯推理在逻辑结构上包括以下要素

①观察到的待解释的现象。

②导致观察现象的可能的原因作为结论。

③结论蕴含观察到的现象是一般规律或常识。

如果用P表示观察到的现象，用C表示回溯推理中推测的导致现象的原因，那么，回溯推理可以用下列公式表示：

P：已知的现象。

C→P：推理者已知的一般性知识。

C：该已知现象的原因或条件。

当然，要掌握这一逻辑思维方法，考验到你的逻辑推理能力，对此，青少年朋友们，你就可以通过某些方式来进行自我训练。例如，多读一些侦探小说、武侠小说，就有利于回溯推理思维能力的提高。英国著名作家阿瑟·柯南道尔著的《福尔摩斯探案全集》，就是一部十分精彩的侦探小说，可以说是一部回溯推理的好教材，不妨认真一读。

故事中的福尔摩斯之所以能出奇制胜，原因就在于他掌握了回溯推理这个行之有效的思维方法。

事物的因果是相互依存的，同时也是辩证的。而回溯推理思维方法就是从事物的“果”倒回到事物的“因”的一种方法。

论据错误——谨防“打比方”的内容

在我们现实生活中，相信不少人在说话时都喜欢打比方，这样能更形象鲜明地展现我们的观点，能让对方更轻易地理解我们的想法，然而，不少时候，因为缺乏逻辑推理，我们举出的例子其实是不恰当的，也是不能证明我们的观点的，这是常见的逻辑语言错误，也常在生活中给我们造成难堪。我们先来看看下面的故事：

我们先来看《晏子使楚》中的一段故事：

晏子出使楚国。楚王听到这个消息，对身边的侍臣说：“晏婴是齐国善于辞令的人，现在他正要来，我想要羞辱他，用什么办法呢？”侍臣回答说：“当他来的时候，请让我们绑着一个人从大王面前走过。大王就问：‘他是干什么的？’我就回答说：‘他是齐国人。’大王再问：‘犯了什么罪？’我回答说：‘他犯了偷窃罪。’”

晏子来到了楚国，楚王请晏子喝酒，酒喝得正高兴的时候，两名公差绑着一个人到楚王面前来。楚王问道：“绑着的人是干什么的？”公差回答说：“他是齐国人，犯了偷窃罪。”楚王看着晏子问道：“齐国人本来就善于偷东西的吗？”晏子离开了席位回答道：“我听说这样一件事：橘树生长在淮河以南的地方就是橘树，生长在淮河以北的地方就是枳树，只是叶子相像罢了，果实的味道却不同。为什么会这样呢？是因为水土条件不相同啊。现在这个人生长在齐国不偷东西，一到了楚国就偷起来了，莫非楚国的水土使他喜欢偷东西吗？”

楚王笑着说：“圣人是不能同他开玩笑的，我反而自找倒霉了。”

面对楚王的挑衅，晏子巧舌如簧，从而进行了有力的回击，让楚王自找尴尬。但此处，如果我们能从逻辑学的角度进行分析的话，则发现，晏子的话是不能成立的，“橘”和“枳”都是植物，“橘生淮南则为橘，生于淮北则为枳”，而晏子想证明的理论是楚王嫁祸给自己的罪名与楚国相关，二者之间并无关系，可以说是不恰当的举例。

的确，说话是一门艺术，说话要讲究技巧，说话要讲道理，更要摆事实，但前提是我们打比方的内容要真实、贴切，能佐证我们所说的内容，能一针见血。我们再来看下面的故事：

有一位擅长写小说的青年女作家，其追随者不少，但也有一些反对者，这些人抨击说：“她不是一个老处女吗？怎么能把男女之间的爱恋情节写得那么逼真呢？难道她的生活就是如此吗？”

听到这种流言蜚语后，这位女作家马上在报上登载一则启事：“如果这种逻辑真能成立，我想请问，是不是只有登上过火星的作家，才写得出关于火星人的作品？一个在内陆长大的人，为什么敢断定餐桌上的海鲜营养丰富呢？是不是一定要有坐过牢的作家，才能够写出有关囚犯的小说？难道要写灵异或科幻小说的人，一定要先死一次到了地狱作了鬼，才能写出来吗？”从此以后，再也没有人对这位女作家的作品发出质疑。

俗话说 “打蛇要打七寸”，为什么要打“七寸 ”呢？因为那是蛇的要害，同样，反驳他人也要一针见血，击中要害，不要唯唯诺诺， 只有当你的话说得有分寸，说到了点子上，你才能打动人们的心，才能达到辩理劝说的目的。而此处，这位作家给出的例证就是恰当的，运用类比推理法就能证明她的观点。

1984年5月5日，巴金先生参加了在东京召开的第47届国际笔会，大会总议题是“核时代的文学和作家的关系”。在前面几位著名的作家发言以后，巴老作了精彩的发言。开头是这样的：

在广岛原子弹爆炸十年后，一个12岁的小姑娘发了病。她相信传说，以为自己折好一千只纸鹤就能恢复健康。她躺在病床上一天天折下去，她不仅折了一千只，还多折了三百多只，但是她死了。人们为她在和平公园里建立了“千羽鹤纪念碑”，碑下挂着全国儿童送来的无数只纸鹤。我曾经取了一只用蓝色硬纸折成的鹤带回上海。我没有见过她，可是这个想活下去的小姑娘的形象经常在我眼前出现。好像她在要求我保护她，不让死亡把她带走。倘使可能，我真愿意用我的生命换回她的幸福！……

这个令人伤感的故事表达了巴金对和平的祈求愿望，一下子就深深地打动了全场听众。接着，巴金过渡到“核时代的文学和作家的关系”这个主题上来，水到渠成，自然妥帖。

我们应从巴金和上面女作家的话中汲取经验，打比方时陈述的一定要是事实，要经得起逻辑的推敲，这样，听者才会对你产生信任，当然，我们打比方时还要遵循这样几个原则：要短小精悍，不然成了故事会；要有意味，促人深思；要与谈话内容有关。

逻辑口才

我们在谈话中“打比方”，要贴切自然，与我们所想要表达的观点之间存在一定的联系，而且，无论任何陈述，必须建立在真实可信的基础上，一切有失真实的言辞都有可能被听者识破而使得整个谈话黯然失色。

挖掘逻辑力量：言语中隐藏的逻辑定律

生活中，我们常听到“逻辑定律”一词，这是人们在逻辑推理中总结出来的一些定律，主要是运用于人的思维逻辑，然而，人们还将其运用到了人际沟通中，当然，逻辑定律常常同时具有积极和消极两个方面的意义。因此，我们应该正确地认识、掌握并利用这些逻辑定律，只要你能巧妙地将这些逻辑定律运用到说话中，你就能聚拢人心、化解冲突，从而让你的个人魅力与影响力得到最好的发挥。

乒乓球定律：营造双向性的沟通氛围

生活中，我们经常提到沟通一词，所谓沟通，指的是人与人之间、人与群体之间思想与感情的传递和反馈的过程，以求思想达成一致和感情的通畅。从沟通的定义中，我们也看到，沟通一定要是双向的，这就好比两个人在打乒乓球一样，你在把球打出去的同时还能让对方打回来，这样一来一往，才能够算得上是真正成功的交流。

这就是口才逻辑定律中的乒乓球定律。乒乓球定律告诉我们，沟通是双向的，我们在与人谈话中，要想获得好的沟通效果，就要营造好的沟通氛围。

我们先来看看下面这个故事：

有这样一个小男孩，他的工作就是替人割草。一天，他叫来他的朋友，并给了这位朋友5美元，希望他能打电话给一位老太太。

电话拨通后，男孩的朋友开始按照男孩事先吩咐的顺序问："请问您需不需要割草？"

老太太回答说："谢谢，不需要，我已经有了割草工。"

"可是，我会帮您额外拔除那些杂草。"

"我的割草工已经做了。"

此时，男孩的朋友还是继续说："我会帮您把草与走道的四周割齐。"

老太太回答："我请的那个割草工也已经做了，他做得很好。谢谢你，我真的不需要新的割草工。"

当听到老太太这样回答后，男孩便暗示朋友可以挂电话了。此时，这位朋友很不解地问男孩："我不明白的是，你明明就是老太太的割草工人，为什么还要打这个电话？"

割草男孩说："我只是想知道老太太对我工作的评价。"

这个故事的寓意是：沟通是必要的，我们只有打开双方的话匣子，勤与客户、老板或上级领导沟通，你才有可能知道自己的长处与短处，才能够了解自己的处境。

事实上，真正有效的沟通一定是互动的，恰好这个互动可以利用当时的环境特点来帮助自己。

然而，与人交往的过程中，总是有些人似乎并不领我们的情，无论我们怎么鼓励，他们似乎都羞于表达，甚至面无表情，在他们的语言词典里，似乎就只有"是"与"不是"，或者"行"与"不行"，让人觉得无法与其攀谈，让交际场合显得尴尬。其实，只要我们懂得了说话的技巧，就能够在无形之中慢慢增添几分说话的自信心，找到打开话匣子的钥匙，从而赢得别人的尊重与友谊。

为此，我们可以从以下几个方面努力：

（1）摆脱陌生人情结

如果对方不爱说话，且是陌生人，那么，你不需要特意装模作样，不过也要表现出你的诚意。其实每个人跟陌生人交谈时内心都会不安，一定要自己先放下陌生人情结。这样，与之交谈的时候，才会显得随意轻松，在谈话时要关注对方的表现，如果对方不感兴趣，就得停住你谈的话题了。

（2）拉近关系，更易打开话匣

1984年5月，美国总统里根访华时来到上海复旦大学。

当时，里根总统和一百多位学生坐在一间大教室里，气氛有些凝重。为此，里根总统开了个玩笑："其实，同学，我们还有着很密切的关系呢，以前，我的夫人南希和你们的谢希德校长都是美国史密斯学院的学生，那这样推断，我们也算很好的朋友嘛！"说完这段话，大家给了他热烈的掌声，他成功拉近了与一百多位异国学生的心理距离，接下来的谈话更是轻松、融洽。

从里根总统的这番话中，我们看到了他平易近人的个性，表达出了想与学生们亲近的愿望，于是，这一番话很快便营造出了和谐的交谈氛围，其实，人与人之间，都有个从不识到相识的过程，只要我们有交往的愿望并主动表达出来，那么，你就可以换来对方的亲近。

因此，我们与人交流前，不妨也学一学里根总统的这种套关系的技巧，拉近彼此间的关系，交流起来就会顺利得多。这里“套”的“关系”，可以是朋友、可以是同学，可以是共同参加过某个会议，可能都曾去过某个地方……总之，只要是可能拉近与对方关系的内容都可以。但是，我们还需要注意的是，千万不能提及对方不想提及的内容或者是对方不感兴趣的话题。

（3）重视对方说的每一句话

那些说话妄自尊大、小看别人的人总会引起别人的反感，最终在交往中使自己走到孤立无援的地步。与人沟通，目的在于交流意见、达成共识，只有重视对方说的每一句话，才能同样赢得尊重。

（4）懂得倾听，并适时反馈

沟通的过程，并不完全是说的过程。我们有说的权利，但每个人都希望被倾听，这是一种自我价值的认定，而我们的反馈则是倾听的最好证明。因此，只有满足对方说的欲望，才会让人对你产生亲近的愿望。

总之，沟通中，如果我们营造氛围，鼓励对方多说话，就能让他感觉优越，他会与你更亲近。

逻辑口才

与人沟通的过程中，让对方多说话，是营造沟通氛围的重要方式，并不会让我们丧失交流的机会，反而会有助于你达到沟通目的。

比林定律：学会明确地拒绝别人

美国幽默作家比林曾说过：“一生中的麻烦有一半是由于太快说‘是’，太慢说‘不"’造成的。”这就是著名的比林定律。这一定律告诉生活中的每个人，在与人沟通中，要懂得拒绝别人，一旦因为碍于情面而答应他人，很容易让自己陷入被动的境地。

实际上，学会拒绝是人们进行社会交往所必需的技能要求。世界著名影星索菲娅·罗兰在她的《生活与爱情》一书中，曾记下查理·卓别林与她最后一次见面时，赠送给她的一句忠告，“你必须学会说‘不’。索菲娅，你不会说‘不’，这是个严重的缺陷。我也很难说出口。但我一旦学会说‘不’，生活就变得好过多了。”要想在社交活动中取得成功，学会拒绝是必不可少的。

在别人寻求帮助的时候，热心肠的我们总会在力所能及的范围内给予尽量的帮助。但是，每个人总会有能力达不到的地方，面对别人的求助我们在很多情况下都会无能为力，那么在这个时候就要耐心地向求助者进行详细的解释，让对方明白我们并不是不愿意帮忙，而实在是因为心有余而力不足才拒绝的。当对方了解了我们拒绝的原因之后，就不会产生误解，也会被我们的诚意所感动。这样，就会留有继续交往的余地，双方的友谊才可能继续维持下去。如果在拒绝别人的时候只是简单地说“不行”“不可以”之类的话，恐怕就会让求助者觉得你是一个冷血动物，如果对方是一个急性子的人，说不定还会当中给你难堪，让你下不了台。

李林在大学毕业后留在了城里，经过十几年的打拼终于有了自己的房子，于是他就把父母接到家里。一个农村娃在城里能够买一套房子，在乡下的邻居们看来就是成功的象征。李林很多乡下的朋友来城里的时候经常托李林帮忙，在力所能及的范围内，李林总是尽心尽力地去帮助他们。

有一天，他的两个打工的老乡来到了他的家里，诉说了打工的艰难。在谈话中，两位老乡一再说城里的旅馆太贵，想租房子一时半会儿又找不到合适的，言外之意是想在李林的家里住上一段时间。

李林听完之后马上说："是啊，城里毕竟和咱们老家不一样，房子一直比较紧张。就拿我来说吧，拼死拼活十几年才有了这么两间小房子，一家老小挤在一起实在是太紧巴了，我的儿子正在上高三，晚上回来只能睡沙发，连复习功课的地方都没有。你们大老远从老家赶来，按理说应该留你们住几天的，但是就这么大点的地方实在是做不到呀。"两位老乡听后，明白了李林的难处，就非常知趣地走开了。

对于老乡借宿的要求，李林明确地表示了拒绝，用比较委婉的方式向他们讲出了自己的困境，表示并不是不愿意帮助他们，而是家里空间有限，没有办法让他们住下来，两位老乡听完之后，就理解了他的难处，也就不好意思再提出留宿的要求了。

当然，拒绝也是要讲究艺术的，告诉对方拒绝的理由时，不能用一种不耐烦或者是找借口的方式去推脱或者敷衍，那样的方式会让对方觉得你为人不够真诚，缺乏热心；当然也不能用模棱两可的话来回答别人，比如说些"我想想办法""试试看吧"之类的话，那样的话很可能会让别人觉得你已经答应了下来。在提出拒绝的理由的时候，我们要注意以下几点：

（1）明确及时地讲出你的理由

拒绝他人的帮助并不是什么见不得人的事情，实在无法答应别人的要求时，一定要用比较明确的语气来告诉他："实在对不起，在这件事情上我实在是帮不了您的忙，您还是想一下别的办法吧"，一般来说，当别人了解到你的困难之后，就不会在做乞求之类的无用功。这样，就能为对方寻找其他的方法提供了时间，同时也不会给自己带来烦恼。

如果拒绝对方的时候含糊其辞，对方就无法明白你的真实意思，还会对你抱有希望，把你当成救命的稻草，从而在以后继续向你求助，搞得你左右为难。这样做，既耽误了别人的时间，同时也给自己带来麻烦。

（2）委婉地讲出理由，明确地表示拒绝

我们明确地讲出理由，拒绝对方，并不是说要用比较严肃呆板的话来对待别人，如果用一些颇具杀伤力的语言来拒绝对方的话，就会激怒别人。一般情况下，在一个人表示求助的时候，他的心里总是很敏感的，能够从比较委婉的话里听出拒绝的意思，那么他就会很识趣地离开，不再去打扰你。在我们委婉地提出个人的理由时，一定要注意，委婉并不是模糊，千万不能给对方留下一丝希望的余地。只有这样，才不会给双方带来伤害。

（3）态度一定要真诚

在拒绝别人求助的时候，一定要注意态度的真诚。当你向对方陈述个人理由的时候，失去了真诚的态度，就会让对方觉得对他是不屑一顾的，所有的理由不过是借口罢了。只有坦诚相告，才会让对方将心比心，设身处地地去考虑你的难处。

逻辑口才

帮助朋友解决问题是我们理所应当的责任，而在沟通中，对朋友的请求我们爱莫能助的时候，就要做到毫不犹豫地拒绝。

波什定律：赞美要有事实可依

我们都知道，语言是人类不可缺少的交流工具，人类的语言从最初的结绳记事发展到现在可以任意抒发自己的情感，记录一切想记录的事情，这是多么伟大的成就，而赞美就是将人类语言运用到极致的艺术之一，如果一个人只是告诉他人：“你很漂亮。”那么，对方只会感到莫名其妙，而如果你这样说：

"你的眼睛很动人。"或者"你有一头乌黑的长发。"很明显，这样的赞美更贴切、具体。

赞美要具体，要道出客观事实，这就是逻辑口才定律中的波什定律。曾任卡内基钢铁公司董事长的查尔斯·施瓦普就说过："我很幸运具有一种唤起人们热忱的唯一有效方法，就是赞美和奖励。但不要刻意奉承别人，那样反而容易弄巧成拙，招致对方反感。每一句赞美之词，都要发自内心，道出客观事实。"

所以，我们在赞美他人的时候，切记不可泛泛之谈，而应该具体、有事实依据。我们先来看看下面的故事：

宋徽宗写得一手好字，他常问大臣："我的字怎样？"大臣们也纷纷奉承道："您的字好，天下第一。"

一天，宋徽宗问米芾："米爱卿，依你看，咱俩的字相比，如何？"米芾是书法大家，书法当然胜过宋徽宗，倘若说皇帝第一，则必然要委屈自己；倘若夸耀自己第一，则必然得罪皇帝，这还真是个难题。但聪明的米芾灵机一动，说："臣以为在皇帝中，您的字天下第一；在大臣中，臣的字天下第一。"宋徽宗听后心领神会，打心底佩服米芾的机智。

米芾在宋徽宗的为难下却毫无惧色，只是给"天下第一"前面加上个限制，就轻松地把问题化解了。可见，要赞美他人，并不是说在遣词造句上一定要用华丽的辞藻，简单平实的语言加上不卑不亢的内涵也能够变得美好，关键还是要看你如何巧妙地运用它。

在我们的生活中，有不少人也尝试用好话赞美别人，并希望可以因此而得到别人的认同，拉近彼此间的关系，但常常在表达赞美之情时，语言空洞、乏味、无趣，让人听后昏昏欲睡，甚至心生反感。

那么，我们该怎样避免泛泛而谈的赞美呢？

（1）赞美的话要建立在了解对方的基础上

赞美别人的时候提前要多了解别人，这样你才能赞美的话说到点子上。例如，你才与对方结识，并不知道对方的情况，就对对方说："一看你，就知道最近发财了。"而实际上，对方的生意做得一直很糟糕，那么，你的赞美自然会被当成耳边风。

（2）赞美别人要拿捏心情

当一个人伤心难过的时候，你的赞美无疑让对方觉得你是看笑话。比如，有人考试没通过，你却赞美他学习刻苦用功，这不就是在嘲笑对方瞎用功吗？在赞美别人的时候，一定要从对方的语气、神情上判断出对方的心情是否愉悦。

（3）赞美别人要实事求是

听到别人赞美的时候，如果与自己的实际情况相符，因此很开心。相反，如果赞美与自己的实际情况不符，那么觉得别人在笑话自己没本事。比如，一个人乒乓球打得好，在赞美时，说成是连国家队的主力队员都不是他的对手，对方觉得你是笑话他水平差了。

（4）善于发掘对方"不可见人"的优点

每个人都有优点和美，只是缺少发现的眼睛，在平时的工作中，我们要让自己做一个有心人，就一些领导"不为人知"的优点进行赞美，肯定能感动对方。

（5）小处着眼

这就要求我们从细微之处下工夫，不要忽略你所发现的对方身上每一件值得赞美的事。比如，你在赞美一个女孩，与其说她的笑容很灿烂，不如说她笑起来酒窝很迷人。

（6）言辞表达一定要恳切一些

要想表达真诚，最主要的还是在言辞上要诚恳一些、热烈一些。用你内心迸发的热情来感染对方的情绪。比如，在赞美别人的优秀表现时，你要说："你真是太棒了！！"，在"太"上还要加重语气语调，让你浓浓的敬佩之情，通过你热烈的表达传递到对方的心里。

另外，我们需要明白，在交流时，别人会通过你的眼神来甄别真伪。不要逃避和他人眼神碰触，也不要四处游走，更不要望着天花板和地，人在说谎的时候，眼神都有这些反应。这样，别人会感受到你的真诚。

逻辑口才

生活中，我们在赞美他人的时候，一定要避免无事实根据的泛泛之谈，要尽量表达的真诚一些，会为你赢得好感。

近因效应：要尽快消除不好印象

生活中，我们常听到人们这样评价别人：“第一眼见他，觉得他蛮不错，谁知道接触下来才发现……”“我还以为他是个木讷的人，其实他和熟悉的人交往的时候还是蛮活泼的。”人们的评价为什么会前后不一？这是因为“近因效应”的作用。而何谓“近因效应”呢？

可能对绝大多数人来说，对“第一印象效应”很熟悉，而对“近因效应”这个词都显得陌生。其实，这个词理解起来并不难。我们明白，不管什么事情，都有着不同的阶段：初段—发生，中段—发展，最后—结尾。

“近因效应”是指交往中最后一次见面或最后一瞬给人留下的印象，这个印象在对方的脑海中也会存留很长时间，不但鲜明，且能左右整体印象。

相信我们都听过首因效应，又叫“最初效应”，也即日常所说的“第一印象”。我们可能都有过这样的经历，当有新朋友介绍给你，甚至面对迎面走来的陌生人，在内心里不自觉地会马上作出一个喜不喜欢这个人或对他有没有好感的判断，这个判断直接影响你对这个人的看法和以后你们的交往。第一印象的好坏固然很重要，但随着交往的深入，人们会对我们有更多、更全面的了解，但前提是我们要明白如何让对方将不快改为好印象。这其中就涉及一个“近因效应”。

然而，在现实生活中，人们在社会交际的时候，往往忽视了近因效应，导致了人际交往虎头蛇尾，给别人的最终印象很差，这样的事例数见不鲜。

小李是某大型公司的一位年轻主管，他负责某类产品的配件加工业务，基于他总是努力工作，公司领导很信任他。一次，公司派他做他代表前往某大公司洽谈一笔大的外包业务。对公司而言，该业务很重要。因为大企业的外包业务量大且稳定，也就是说，如果能拿下这笔业务，公司可以获得一笔很大很稳定的现金流。

为此，小李投入了大量的时间与精力用于前期准备。也许是准备工作做得很周到，双方刚刚接触，对方就表示了明显的好感。有了好的开头，洽谈工作进展也很顺利，最后一天，还留有一些细节问题需要进一步协商。结果，仅用了半天时间，便协商好了。

对方要求再给几天时间，以向上级汇报，再做最后决定。

小李满口答应了，他本以为这件事可以敲定。且料，两三天过去了，一周过去了，对方还没有动静。他实在忍不住，打电话询问对方的一名代表，对方代表告诉他，事情可能有变故。他请求对方解释一下原因，对方拒绝了。可他不甘心，当他第三次打电话过去，对方告诉他，问题出在最后那天他穿的那件西装上。

原来，他那天穿的西服的袖口少了一颗纽扣。要知道，对方外包的可不是别的，而是精密仪器的零配件！

也许，最后一天洽谈，他太过兴奋而忘了仔细检查自己的衣着；也许是潜意识里，他认为大局已定，不需要再小心翼翼。

总之，最后一天，一个小小的疏忽让他失去了一大笔订单。

人们总是说“良好的开始是成功的一半”，可是小李却败在了虎头蛇尾上。这告诉我们，“好头不如好尾”。与人打交道，我们不仅要在最初表现很好，最后阶段也要表现好，分手时更要特别注意，做到有始有终。

这就告诉我们，如果给对方的第一印象不够好，或者在双方的交往中曾遇到了不快，更应该巧妙地运用“近因效应”，在最后时刻，挽回局面，达成谅解，给对方留下好印象。

那么，具体来说，根据近因效应，我们该如何让对方消除对我们的不良印象呢？

（1）尝试沟通

即使你带给别人的第一印象不好，也不要忧心忡忡，只要你能尝试多沟通，不动声色地表现自己良好的一面，就能让他人对你产生进一步的了解，就能化解误会，重新建立别人对我们的好印象。

（2）注重后期维护

在沟通后，我们更要注重持续的维护工作。绝对不能让人觉得你的热情只有三分钟热度。人们往往更记得和更喜欢经常保持联系、维持关系的人。因此，不妨平时打个电话，偶尔送个小礼物，有时间互相走动一下。由于是一直处在交往的状态，在有需要帮助的时候提出请求就不显得突兀了。反而那些刚认识的时候很热情，事后长时间不联系，有需要帮助的时候突然又找上来的人，会让人们觉得自己像是被利用了。每个人难免产生抵触心理：我不是你招之即来挥之即去的人。会经营人际关系的人，一定会注重平时关系的维护。

第一印象固然重要，但随着交往的深入，印象会逐渐发生改变，一连串事件的不同阶段，被接受的印象很有差异，只有最初和最后印象深刻。因此，如果你在与人初会的过程中犯下了某种错误，或是表现平平的话，可以在分手之前做一个良好的表现，以改变对方对你原来的印象。

逻辑口才

与人打交道的过程中，如果给对方的第一印象不够好，或者在双方的交往中曾遇到了不快，我们应该巧妙地运用“近因效应”，在最后时刻挽回局面，达成谅解，给对方留下好印象。

登门槛效应：说服他人要循序渐进

一般情况下，人们都不愿接受较高、较难的要求，因为它费时费力又难以成功，相反，人们却乐于接受较小的、较易完成的要求，在实现了较小的要求后，人们才慢慢地接受较大的要求，这就是“登门坎效应”对人的影响。

“登门槛效应”，又称得寸进尺效应，是指一个人一旦接受了他人的一个微不足道的要求，为了避免认知上的不协调，想给他人以前后一致的印象，就有可能接受更大的要求。这种现象犹如登门坎，要一级台阶一级台阶地登，这样能更容易、更顺利地登上高处。

心理学家DH.查尔迪尼做了这样一个实验：他代替某个慈善机构进行了一次募捐活动。在募捐时，对一些人说了这样一句话：“哪怕一分钱也好”，而对另外一些人则没有说这句话。结果，前者的募捐比后者要多两倍。

这就是说向人们提出一个微不足道的小要求时，人们很难拒绝，否则就太不通人情了（先进门槛再逐步登高，得寸就步步进尺）。为了留下前后一致的印象，人们就容易接受更高的要求。

一次，一个旅游团不经意地走进了一家糖果店。他们在参观一番后，并没有购买糖果的打算。临走的时候，服务员将一盘精美的糖果捧到了他们面前，并且柔声慢语："这是我们店刚进的新品种，清香可口，甜而不腻，请您随便品尝，千万不要客气。"如此盛情难却，恭敬不如从命。旅游团成员觉得既然免费尝到了甜头，不买点什么，确实有点过意不去，于是每人买了一大包，在服务员"欢迎再来"的送别声中离去。

实际上，这也是"登门坎效应"的应用。根据"登门槛效应"，在人际交往中，当我们要求某人做某件较大的事情又担心他不愿意做时，可以先向他提出做一件类似的、较小的事情。当他接受了我们这一小要求时，我们就有可能让他答应更大的请求，也就是想"进尺"，不妨先"得寸"。

在生活中，这样的例子非常的多。

比如，男性追求女性，直截了当地求爱，可能会吓跑女方，但如果从朋友做起，则更易达成目标。

再比如，有个小孩在做功课，半小时能完成的作业，拖延到两个小时。父母想办法帮助孩子克服这个毛病。他们先让孩子整理干净桌面，拿掉不相关的东西，争取在1个半小时内完成功课，这是比较容易做到的，接着他们和孩子商量，做作业当中不能玩橡皮，在1小时之内完成作业。待孩子做到这点以后，他们提出半个小时之内完成作业的要求。可见，在劝说别人的时候，不妨利用"登门槛效应"，一步一步提出要求，让对方心服口服。

但我们在运用"登门槛效应"时，还应注意几点：

（1）"门槛"不能太高，否则无法"得寸"。

一般情况下，人们不会拒绝那些举手之劳的事。因此，我们在提出正式要求之前，要做足充分的准备，将对方的实力调查清楚，否则，可能你所谓的小要求，对于对方来说，都很难达成。

比如，你是个管理者，你高估了某位下属的能力，你交给他一件你认为的小事，他也没有办好，这主要是因为你没有事先了解清楚。相反，当你了解他的做事习惯、办事能力后，你不妨先提出一个只要比过去稍有进步的小要求，当他们达到这个要求后，再通过鼓励，逐步向其提出更高的要求，这样他容易接受，预期目标也容易实现。

（2）注意“进尺”的尺度。

比如，生活中，现我们经常会将那些直接进门之后，直接向我们推销产品的推销员拒之于千里之外，就是这个道理。当销售员向我们获得特许，“登门槛”也“得寸”后，便得意忘形，将销售议程提上案，事实上，此时我们的内心世界还并没有消除对销售员的戒备状态，可想而知，我们是不会买他的账的。

说服他人也是如此，我们想要达到交谈目的，也不能急功近利，否则，只会事倍功半。

（3）确定对方是否能接受你“得寸”，从而让你“进尺”

生活中，一般人都能接受“登门槛效应”，人们都希望在别人面前保持一个比较一致的形象，不希望别人把自己看作“喜怒无常”的人。因而，在接受别人的要求、对别人提供帮助之后，再拒绝别人就变得更加困难了。如果这种要求给自己造成损失并不大的话，人们往往会有一种“反正都已经帮了，再帮一次又何妨”的心理。于是，登门槛效应就发生作用了。

但事实上，也有一部分人，登门槛效应根本起不了作用，对于这一类人，我们应该做的是“另寻出路”。

逻辑口才

“登门槛效应”，是一种说服他人的迂回措施，当“引诱”对方先同意我们的小要求后，对方答应我们的大要求的成功性也就更大！

白德巴定律：多听少说更受人喜爱

生活中，在与人沟通这一问题上，很多人存在这一心理误区，他们认为，说得多就是有口才的表现，同时，为了使他人接受自己的观点，他们总爱侃侃而谈，甚至口若悬河。殊不知无休止的话只会让别人反感。我们真正要做的是尽可能多地让对方说，给对方创造说话的机会，把自己变成以听为主的听众，因为每个人都有自我吹嘘的弱点，鼓励对方多谈论自己，这样才是把握了真正的话语主动权。

关于这一点，在逻辑语言上有个著名的白德巴定律，所谓白德巴定理是指能管住自己的舌头是最好的美德，而善于约束自己嘴巴的人，会在行动上得到最大的自由。

事实上，不少人已经认识到“听”的重要性，因为只有善于倾听才能达到目的，听人说话的本意在于了解对方的心意，把握对方的想法和要求。而对方是商谈的主角，所以应让对方多说，以对方为中心而自己多听，从而更能掌握对方。

曾经有一名法官，他是个善于倾听他人说话的人，在他调节的纠纷中，人们总是愿意听取他的意见。

一次，一个老作家和一个出版社因为报偿问题出现了纠纷，闹上了法庭。根据案情，法官认为调解对双方，特别是对老作家有利。因为打官司费钱又费力，个人不能与单位比。但他多次建议双方调解，都没有效果。老作家对出版社怨气很大，但很明显，他是个法盲，开庭时只是反复就一两个问题进行阐述。尽管他遣词造句与他的职业很匹配——颇具诗歌或散文的味道，可车轱辘话谁听着都烦。旁听席上渐渐有人打起瞌睡，有人起身离去。可法官一直静静听着，不打断老作家的话。

庭审进行了3个多小时，直到双方再无话可说，法官才又向双方解释了出版合同的法律规定，指出双方在合同履行中的不当之处，并再次提出调解的建议和基本方案。

老作家听完法官的话，半晌没说话。最后，他突然表示愿意接受调解。

“法官大人，矛盾发生以后，你是第一个完完整整听完我讲话的人。”老作家诚恳地说，“你对我的尊重让我信任你，你说怎么办就怎么办。”

这则故事中，这名法官就是个善于通过倾听解决问题的人。表面上看，一直是老作家在侃侃而谈，法官一直静静地听着，但最终，老作家却因为感受到了来自法官的尊重而接受调解，这就是法官所要达到的沟通结果。

那么，具体来说，我们应该如何鼓励对方多说话，进而满足其自我吹嘘的心理呢？

（1）集中精力，专心倾听

这是达到良好沟通效果的基础，当然，要做到这一点，你就应该做足充分的准备，这不仅包括身体上的，还包括心理上的，在交谈中表现得无精打采、情绪消极都会使得倾听收效甚微。

（2）不随意打断对方谈话

任何一个人，都不希望自己说话情绪正高的时候被人打断，一旦打断对方说话的积极性，那么，沟通可能就陷入瘫痪状态，无论你说什么，对方也很难听进去了。

（3）注意对方的反馈

所谓对方的反馈，指的是对方发出的能给我们识别的信号。比如，对方的某些动作，摇头、皱眉等，都带有一定的含义，需要我们认真观察和感觉，在此之后，我们便能调整自己的话题，相反，如果我们没有识别出对方的这些信号，就会造成沟通障碍。

（4）适当发问

对方说话时，原则上不要去打断，可是适时地发问，比一味地点头称是更为有效。一个好的听者既不怕承认自己的无知，也不怕向说者发问，因为他知道这样不但会帮说者理出头绪，而且会使谈话更具体生动。

可以提些诸如“你认为这就是问题所在”“你的意思是……”“你能说得明白一些吗”等问题。这些提问有助于你获得更多信息，并理解问题的各个方面。

（5）澄清对方的谈话

在倾听完对方的谈话后，我们要加以反馈，向对方阐明你是如何理解他的意图的。你可以使用这些话语：“我刚才听你说……”“我理解你主要关心的是……”或者“……我说得对吗？”。

当然，要想真正说服对方，最好还应在沟通前花费一定的时间和精力对对方的具体情况进行研究，这样在说服过程中才能有的放矢。

逻辑口才

大多数人认为，好的说服口才就是拥有一副三寸不烂之舌，但忽视了他们更应该是一名最佳的听众。如果我们不善于倾听，就容易造成误解。更为严重的是会造成无法把握对方的真实需求，而与对方的真实意图背道而驰！

牢骚效应：给别人尽情发泄的空间

在20世纪20年代中期，有一家名为霍桑的工厂，它是美国西部电器公司的一家分厂。为了提高工作效率，这个厂请来包括心理学家在内的各种专家，在约两年的时间内找工人谈话两万余人次，耐心听取工人对管理的意见和抱怨，让他们尽情地宣泄出来。

令人惊讶的是，“谈话试验”真的起作用了，那些接受谈话的工人们，他们不再抱怨，干活也很起劲，工厂的产量自然大幅度提高了。那么，为什么会有这样的结果呢？

原来，这些工人们在长期的工作中，逐渐认识到工厂的规章制度、福利待遇的不合理性，并心生不满，但这些不满情绪又得不到倾诉和宣泄，经过长年累月的积累后演变为抱怨、抵触等负面情绪。他们将这种情绪带到工作中，自然影响了工作的效率。而“谈话试验”使他们将这些不满都尽情地宣泄出来，从而感到心情舒畅，干劲倍增。

于是，社会心理学家将这种奇妙的现象称为“宣泄效应”，也就是“牢骚效应”。这一效应告诉现实生活中的人们，不良的情绪会影响到我们的生活和工作，只有及时宣泄、保持良好的心情，才能以最佳的精神状态投入到工作和学习中。

宣泄效应还被广泛运用于现代企业管理中：

松下电器的一个下属企业中，设有“精神健康室”，也称“出气室”，室内摆满了各种哈哈镜，还有几个象征老板和管理者的真人橡皮塑像，旁边备有棍子。员工如果心情不好，或是对某位管理者心存不满，便可以拿起棍子，狠揍塑像进行发泄。这样，员工的不满情绪得到宣泄后，就能够避免把对管理者的不满转移到工作和人际关系中。

美国麦道公司为了理顺员工的情绪，专门成立了一个“谈心部”。他们说：“调动人的积极性的方法应多种多样，不能仅靠金钱，人总有不愉快的时候，总会遇到一些不顺心的事情，只要谈出来，得到理解，人就会变得愉快，工作积极性也会提高。”

事实上，任何一个有凝聚力、向心力强的企业，都能做到上下齐心、领导干部能做到体恤民心，而员工便能情绪稳定，勇敢向前、为企业努力奋斗。而也有一些管理者，他们总是以质问和责怪的语气与员工对话：我能做到的，你为什么不能？而这种“粗鲁”的管理方法只能让员工产生不满情绪，对于员工的不满，企业管理者采取的是打压政策，而长此以往，便带来了员工的牢骚满腹，敢怒不敢言，于是就当面一套，背后一套，工作效率随之降低，企业竞争力也会随之下降。

日本企业家松下幸之助被誉为“经营之神”，他曾说过：“客户抱怨时，我们一定要以礼相待，耐心倾听对方的心声，并尽量使他们满意而归。因为从某种角度上来说，他们会成为你产品免费的推销员。”作为销售员，我们应该理解客户，并建立客户“发泄机制”，认真倾听对方的抱怨，而只有这样才能为客户提供优质的服务，同客户建立长久的合作关系。

宣泄效应给生活中的我们一个启示：我们每天要面临很多烦琐的事物，也要与周围的人打交道。与人沟通中，我们应该做到密切关注，一旦发现交谈的对象有不良的情绪，就要适时采取措施，让他们把不良情绪宣泄出来，这样既能缓解对方的心理压力，又能了解对方的真实心理，以达到增进感情的目的。

那么，我们该怎样帮助对方将不良情绪宣泄出来呢？这要视对方的具体性格而定：如果他性格内向、孤僻、不善言谈，那么，你应该选择一个对方熟悉的环境进行心理开导，比如，家中、其工作地点等，这样做的好处在于让对方放松，从而能无拘无束地说出心里话。而如果此员工性格外向、易冲动、暴躁等，那么，你最好选择自己熟悉的环境，这既能使自己产生一定的优势心理效应，又能有效地抑制对方的情绪冲动，从而为谈心能取得好效果创造条件。

逻辑口才

负面情绪不利于人际沟通，为此，我们在与对方交谈之前，最好能先用语言帮对方进行心理疏导，使其将不良情绪宣泄出来。

自己人效应：是自己人就好说话

生活中的我们常常发现，同样一个观点，如果是自己喜欢的人说的，接受起来就比较快和容易。如果是自己讨厌的人说的，就可能本能地加以抵制。有道是："是自己人，什么都好说；不是自己人，一切按规矩来。"这在心理学上叫作"自己人效应"。

因此，社交生活中的人们，要与他人搞好人际关系，就不能不强化"自己人效应"。强化"自己人效应"，从自己角度而言，就是要使他人确认你是他们的"自己人"。

的确，通常来说，人们在接触到陌生人的时候，通常都是抱有防备心态的，如果我们在正式交往之前先做个"热身运动"，向对方表达与之共同的爱好、兴趣或者价值观等，那么，便能更容易获得他的好感，接下来的交流也就容易得多。

徐晓林在一家大银行任职。有一次，经理告诉她，让她准备一份有关某金融机构的秘密文件。徐晓林了解到，只有一个人掌握着她所急需的情报，这个人就是某大公司的总经理。于是，徐晓林前去拜访他。

当徐晓林好不容易说服了秘书，答应为其引见时，秘书却很为难地说："他正在收集邮票。可是今天他没收集到，他很沮丧。"

徐晓林说明了来意，开始提问。但那位总经理总显得心不在焉，根本无心对徐晓林透露半点情报。徐晓林愁眉苦脸地离开后，绞尽脑汁想如何能够得到那些情报，突然，她想起一件事，自己的儿子不是也在收集吗？要是拿新推出的某个玩具和他换，应该不是问题。

果然，她的儿子答应了和母亲的这笔"交易"。

第二天下午，徐晓林带着邮票去拜访那位总经理。总经理满脸喜悦地接待了徐晓林，接下来的一小时，他们都在谈论邮票。之后，总经理主动把他所知道的都告诉了徐晓林，并把自己拥有的文件资料都给了她。

这则故事中，徐晓林是怎么给这位总经理留下好印象的？很简单，因为邮票，徐晓林带着收集的邮票与其交谈，表明他们有共同的爱好——收集邮票，而且，对方必当也很感激徐晓林能忍痛割爱，自然也愿意帮助徐晓林。

与人交往之初，如果你能主动表明你和对方在价值观、态度、兴趣以及其他某些方面相近或者相同的话，那么，就会让对方感觉到你们是同一类人，进而能拉近彼此间的心理距离，最终形成良好的人际关系。

为此，与人交谈中，你可以这样制造“自己人效应”：

首先，善于观察，捕捉对方的信息，把握真实的态度，寻找其积极的、你可以接受的观点。

其次，寻找时机，恰到好处地向对方暗示你们是自己人：

（1）多强调你们之间的共同爱好和兴趣

若与对方有共同点，就算再细微的也要强调，人与人之间一旦有了共同点，就可以很快地消除彼此间的陌生感，产生亲近的感觉。这样不但可以使对方感到轻松，同时也具有使对方说出真心话的作用。

如果对方喜欢集邮，那么你可以对他说：“我对邮票也非常有兴趣，可是一直不知道如何收集和分类，您能给我一些好的建议么？”如果对方也是个时尚女性，那么，她对服饰和妆容也应该会感兴趣。如此一来，当你在跟对方沟通时就不怕没有话题，也比较容易拉近关系。

（2）多说“我”，少说“你”

为了能让对方觉得你和他是站在统一战线、是为了他好，你在说话的时候不要总说“你应该……”，而应常说“我会很担心的，如果你……”。

（3）分享对方的感受

无论对方是向你们报喜还是诉苦，你们最好暂停手边的工作，静心倾听。若边工作边听，也要及时作出反应，表示出自己的想法或感受，倘若只是敷衍了事，对方得不到积极的回应，他也就懒得与你交谈了。

（4）多关心对方，从细节入手

懂得关心他人的女人最容易获得好感。从另一个方面看，认同感的产生，表明你已经赢得了对方的好感。通常情况下，如果你将这种好感搁浅，你们会返回到陌生人的状态，因此，你不妨多关心对方，这种关系自然会深化。

逻辑口才

即使是刚认识的陌生人，彼此也会有许多相同的地方。或者是共同的兴趣爱好，或者是在籍贯、经历方面有相似的地方。总之，共同的话题可以有很多很多，只要你多花些心思，多一些锻炼，肯定能够找得到。只要找到共同话题，你们的交往就会变得顺畅。

权威效应：制造权威，让你的话有分量

生活中，我们往往对那些有权威机构保证的产品更放心。这就是权威效应。古人云："人微言轻、人贵言重"，这句话是有道理的，人们有这一心理，首先是由于人们有"安全心理"，即人们总认为权威人物往往是正确的楷模，服从他们会使自己具备安全感，增加不会出错的"保险系数"；其次是由于人们有"赞许心理"，即人们总认为权威人物的要求往往和社会规范相一致，按照权威人物的要求去做，会得到各方面的赞许和奖励。我们在说服别人的时候，也可以运用人们的这一心理，这样，他人接受起来也更容易。

从这一点出发，人际交往中，我们每个人若希望自己的言行有分量，希望能成功说服他人，就要学会以领导者和掌控者的姿态与人交谈，这样，你说的话就更有威信，也就更容易获得他人的支持。

下面我们以明朝的开国之君朱元璋为例，来看看什么是语言中的王者之气。

朱元璋当上皇帝后，经常微服出巡。

一次，他和一行人马来到一个渡口，正好，有一些正要上京赶考的举人们也在此等船。这些文人们到了一起，自然少不了要吟诗作赋。朱元璋对于舞文弄墨的事虽然不是很擅长，但对于此类文人切磋之事倒也十分感兴趣，于是，他便静静地站在一边，听他们做诗。

当日江边风景十分壮丽，江水滚滚东流，群山环绕。文人们也都有一番感慨。一个年轻举子凝视着眼前的壮美河山，吟道："采石矶兮一秤砣。"举子们听了都一致称赞道："这个比喻很是大气。"

朱元璋听了，也走过来评价一番："此句子的气魄如此之大，恐后难以为继啊！"大家听完后，也觉得有道理，把这么大的一座采石矶仅仅比做一个秤砣，那秤杆、秤钩是什么呀？即使勉强凑出这么大的秤，又去秤什么呢？大家面面相觑，不知如何作答。朱元璋见状大笑，说道："我来试一下。"说完，便高声朗诵起来：

采石矶兮一秤砣，长虹作杆又如何？
天边弯月为勾挂，秤我江山有几多。

举子们一听，能做出如此气吞山河之气势的只可能是当今万岁，于是，举子们纷纷高呼万岁，下跪拜见皇上。

这个故事中，我们可以看出一个领导很容易用语言表现出自己应有的气势来，而且这种表现在很多时候还是无意的。只要能树立威信，就会在语言中自然流露出领导者的气势。但要记住，有霸气并不是代表高高在上、盛气凌人。如果是那样的话很容易失去人心。

可见，无论是何种形式的说服目的，我们若想在对方心中树立自己的威信，就要懂得制造权威，就要懂得运用语言策略，让对方信服，这样他们就会自然地去支持你，这就是威信。具体来说，我们可以运用的心理策略有：

（1）语言干脆，当机立断

谈话时，要有决断力，比如，对某件事要明确“拍板”。以工作为例，如果下属向你请示某动员会议的布置及议程，你认为没有问题，就可以用鼓励的委婉语调表达：“知道了，你看着办就行了。”这种表述既给了下属支持与鼓励，也给了下属行动的权力。

（2）多用事实说话，制造“权威”

只有真的东西，才是人们最可信的。如果我们不是“权威”，就要善于制造“权威”。要使别人心服口服地接受你的观点、意见，就要让事实说话，事实充分交流法使你言重如山。在说服中，要善于运用事实充分交流法。这种说服方法根本的一点就是唯实、唯事，尊重客观事实，用事实说话。运用事实交流法进行说服最能打动人心，最能使人信服。

（3）沟通中适度拉开距离树立威信

要说服他人就免不了沟通，可能你会认为，多沟通、保持亲密的距离，自然会拉近双方的心理距离，这必当有利于沟通目的的实现。而事实上并非如此。

举个很简单的例子，如果你原本是个很让下属敬重的领导，因为和下属打得太火热，而使得自己的一些缺点暴露无遗，结果失去了一个领导者应有得权威，却让下属在无形中改变了对他的印象，甚至让下属觉得领导令人失望、讨厌。另外，和下属走得太近，也容易将工作和生活混为一谈，也容易丧失原则，在工作中出现失误。

实际上，与人沟通也是如此，尤其是那些希望树立威信以让他人信服的人，更应该与他人保持一定的距离。

（4）关心他人

与他人保持距离，并不是要我们矫揉造作、刻意与他人拉开距离。相反，我们更应该关心他人，无论是对方自己还是他所关心的人，你都应该关心。比如，当对方家中有事，你可以出面帮忙；当对方遇到了不幸的事，你一定要第一时间出现，帮助他渡过难关，甚至还要发动大家给予帮助，解除对方的后顾之忧。这样，无形中，对方必能感受到你的领导风范，进而信服于你。

总之，无论是谁，要想成功说出让他人信服的话，就要在说话时展现权威，真正做到有高度、有深度!

逻辑口才

谈话中，要想做到势在必得，就要“有板有眼”，就要懂得运用语言艺术树立威信，以获他人的支持。

亚佛斯德原则：善于引导别人的需求

我们都知道，一般而言，当人们的意见、观点一致时，彼此就会相互肯定、信任，反之，就会彼此否定，产生防备心理。所以，若能在他人心中激起一种急切的需求，并能引导这种需求，你便能无往不利。为此，德国人类学家W.S.亚佛斯德提出了著名的“亚佛斯德原则”，这一原理告诉我们，人类最大的愿望就是希望别人满足他的愿望。

可见，在人与人交流中，说话投其所好是一种高超的表达技巧。要想和他人顺利交往，首先你就要学会针对对方感兴趣的地方说话，用动听的语言打开对方的心房。

一个老太太在她所住居民楼下的市场买李子。她走到第一个小贩跟前，小贩问：“大娘，要不要买李子，我的李子全部又大又甜。”老奶奶没有回应他，她来到第二个小贩跟前，问：“李子怎么卖？”小贩说：“我这儿有两种李子，一种又大又甜，另一种酸酸的。请问你要哪一种？”老奶奶说：“那给我来一斤酸的吧。”老奶奶买了一斤酸的李子后，当她经过第三个小贩跟前的时候，第三个小贩问：“老奶奶，来买李子啊？”老奶奶回答说：“是啊，我来买酸李子。”小贩就问：“别人都喜欢买甜的李子，而您为什么要买酸李子呢？”老奶奶说：“我儿媳怀孕了，听说吃酸的东西比较好。”小贩笑着说：“您对儿媳真是细心啊。听说孕妇吃猕猴桃比较补身子，不如买一斤回去给儿媳尝尝啊。”老奶奶听了很高兴，就又买了一斤猕猴桃。小贩接着说：“我这儿也有酸李子，今后您可以长期到我这儿来买，我给您一个优惠。”老太太听了连连点头，乐呵呵地走了。

案例中，第一个小贩只是向老奶奶销售他想卖出去的甜李子，结果什么都没卖出去。第二个小贩询问到了老奶奶需要买酸的李子，结果他卖出了一斤李子。只有第三个小贩充分地了解到了老奶奶的需求，结果他卖出了一斤猕猴桃，还有获得了长远的销售机会。可见，客户需求在销售过程中的重要性。作为销售人员，必须先行一步，先了解准客户的现状，再了解准客户的期望，然后通过产品的卖点来满足准客户的需求。

从这个故事中，我们可以看到说话迎合他人心理需求的重要性。事实上，那些人际关系高手在与他人沟通之前总是先细细揣摩对方的喜好，然后尽量迎合他，满足他的欲望。事实也证明了这一点，沟通中，没有人会对自己不感兴趣的话题投入过多的热情，而如果遇到自己感兴趣的话题，他们常常会情绪激昂的参与进来。

一句话说得好不好是有技巧的，这并不是要我们巧舌如簧，而是要懂得把话说到对方心坎里去，这就是投其所好，对方高兴了，自然愿意听你的意见。而首先，我们必须要猜透对方心理。

所谓猜透对方心理，无外乎两个原则：

（1）饰其所矜

那些他认为骄傲的、值得夸赞的地方，你一定要渲染一下，以提高他的听话兴趣。

（2）减其所耻

他自认为不足的、过去所做过的亏心事等，你要会为其辩解，从而使其放心。

站在他人的立场上分析问题，能给他人一种为他着想的感觉，这种投其所好的技巧常常具有极强的说服力。要做到这一点，“知己知彼”十分重要。惟先知彼，而后方能从对方立场上考虑问题。

此外，在交流过程中，我们还要学会通过对方的手势、姿势、表情以及当时的整个反应，去分析对方的感情变化，体会对方的话语意义。要知道对方说话时的感受要比他的话语本身更重要。

总之，在说服他人的过程中，如果我们所谈论的话题迎合了对方的心理需求，他就会投入十二分的热情，但是如果他对所说的话题没有丝毫兴趣，即使场面再热闹，对方热情再高涨，他也会觉得寡淡无趣的。心理学家表明：每个人由于所处的位置以及性格、年龄的差别，内心的需求是不一样的。所以，如果你想说服他人，你最需要做的还是要彻底了解对方的心理需求，知己知彼，真正做到迎合对方，投其所好。

逻辑口才

卡耐基曾说，如果想要和他人顺利沟通，并成功地获得他人的好感和认同，最好的方法就是和对方谈论他感兴趣的话题。为此，在与对方谈话时，我们应深刻了解对方，并了解他人的心理需求，从而实现进一步的交流，最终达到我们的说服目的。

口才高手的必修课：掌握说话的基本原则

古语说："美玉藏于深山，人不知其美，黄金埋于地下，人不知其贵。"一个优秀的人，必当也是口才上的高手，如果不善于言辞，就会失去表现自己的机会，在交际场合中也不会受到别人的重视。一个沉默寡言的人即使满腹经纶、才高八斗，也会被别人淡忘。然而，要修炼好的口才，就要掌握最基本的说话原则。要知道，得体的谈吐不仅能够正确地表达信息，还能传递出一种吸引力、感染力，深深地吸引着身边的每一个人。

原则1：话要说到点子上

生活中，我们常提及口才一词，然而，一个人舌绽莲花的口才，并不是体现在表达内容上，而是表现在论战之中抓住对方致命的缺陷之处，予以狠狠地打击。在劝说别人的时候能够抓住事情的要害，就能够取得事半功倍的效果。从而既能达到你想要说的目的，又避免了白费口舌的结局。

然而，不少人说话都有一个明显的弊病，那就是非常啰唆，他们把一些极为简单的问题复杂化。本来可以三言两语就能说清楚的问题，非要重复无数遍，结果越说越离谱，自己也搞不懂在说什么。

所以，我们在说话的时候，一定要把话说到点子上。有话则说，长话短说，无话不说，这样才更准确传达你的思想。

周勃是汉朝的开国元勋，他在汉朝的建立中立下了汗马功劳，后来又在吕后死后铲除了吕氏的势力，迎立还是代王的汉文帝来到长安，维护了汉朝江山社稷的稳定。汉文帝登基之后，周勃因为年老体衰，就辞去了丞相的职务，回到自己的封地颐养天年。但是，朝廷中有一些小人对他怀恨在心，就趁机向汉文帝诬告周勃图谋造反。经过那帮小人的煽风点火，汉文帝竟然相信了他们的话，下令将周勃抓起来，准备经过审讯之后就将他正法。在汉朝，图谋造反是十恶不赦的大罪，按律应该诛灭九族。朝中很多正直的官员觉得周勃很冤枉，就纷纷上书为他鸣不平。但是，汉文帝却丝毫不为之所动，坚持要以谋反的罪名杀掉周勃。正在周勃将要人头落地的时候，汉文帝的母亲薄太后站了出来，她对汉文帝说："朝中的人都反了，周勃也不会造反。当年铲除诸吕势力之后，周勃大权在握，皇帝的玉玺也在他的手上，如果他想做皇帝的话，当时就做了。但是，他对汉室忠心耿耿，没有一点非分之想，将你从遥远的代国接来，让你登上了皇帝的宝座，掌管了汉朝的天下。当时先帝的儿子还有好几个，而他却偏偏选中了你，可以看出他对你是多么的看重。现在，他辞去了丞相的位子回到了自己的封地做了田舍翁，别说他有这个心，即使想这样做也没有实力了呀。他怎么会在这个时候想起来谋反呢？”

汉文帝听薄太后这么一说，觉得十分在理，于是就消除了内心的顾虑，下令立即赦免周勃。

薄太后的话不多，但是却切中了要害，让汉文帝明白了周勃的忠心，了解了他的冤情。不妨设想一下，假如薄太后只是一味地哭泣请求，说话抓不住重点，无法说明事实真相的话，恐怕周勃就无法逃脱灭顶之灾了。

说话要尽量做到有的放矢，切中要害。如果不懂得思考和观察，抓不住重点的乱说一气，恐怕说得再多也是徒劳。那些空洞无味、言之无物的谈吐，有百害而无一利，只会让人感到头痛，根本起不了任何的作用。

（1）观点鲜明

说话观点鲜明，显示着我们对一种理性认识的肯定，显示着我们对客观事物见解的透辟程度，能给人以可信性和可靠感。说话观点不鲜明，就缺乏说服力，就失去了谈话的作用。

（2）语言有力度

我们讲话应该注重简练的语言，太过烦琐的语言会让你所表达的意思不够准确，也会占用对方更多的时间，结果就是既没有讲明白你的意思，下面的人却是有苦说不出，强忍着听下去。简洁的几句话显得更有力度，也更容易被对方所接受。

（3）把话说到点子上

相传，墨子的学生曾经问墨子：“话是说得多好，还是说得少好？”墨子说：“你看田里的青蛙，整天叫个不停，却没有人理会它，而公鸡每天只在天快要亮的时候，才叫一两下，人们都很注意它。可见，话不在说得多而在说得有用。”

总之，我们陈述观点、传递信息的时候，要让所说的话有力度，能够让人听得进去，才是好的说话方式。我们讲话一定要做到一针见血、言简意赅，这样才能让对方明白你到底说的是什么。

逻辑口才

说话的目的是表达自己的意见，完成交流的任务。要想与别人做到畅通无阻的交流，需要的不是唾沫乱飞毫无重点地乱说一气，而是应该掌握问题的关键，把话说到点子上。只有抓住要害，有的放矢，才有可能让别人接受我们的意见和建议。

原则2：说话一定要让他人听明白

在生活中，你仔细观察就会发现，有的人说话言简意赅，句句说到点子上，能击中问题的要害，很快营造了强大的气场，控制了别人的思想。而有的人尽管表达了很多，但是让人听着云里雾里，根本没有涉及核心问题，被人轻视和不重视。事实上，不是他们的态度上有差异，而是因为他们表达的能力不一样。会表达的人往往能做到语言凝练、字字珠玑、绝不啰唆。所以，我们说话一定要让他人听明白。

1863年7月1日，对于美国人民来说是个非常有意义的日子，因为这天在美国发生了一件惊天动地的事，美国南北战争在华盛顿附近的葛底斯堡打响了。三天激战后，北方大获全胜。

战后，美国的宾西法尼亚等几个州商讨决定把战争中逝去的烈士合葬在国家烈士公墓。

公墓在1863年11月19日举行落成典礼，美国总统林肯也就理所应当地被邀请前去。除了林肯之外，演讲者还有美国的前国务卿埃弗雷特，而林肯只是因为总统的身份，才在埃弗雷特之后讲了几句形式上的话。这种情况下，林肯非常清楚自己的处境，在他前面是在美国历史上最有演说能力的人。而林肯如果说不好的话，无疑就会被在场的人笑话，会使得自己总统的颜面尽失。

在典礼上，埃弗雷特那长达两个小时的演讲，洋洋洒洒，确实非常精彩，也获得了听众的掌声。令人意想不到的是，林肯的演说居然只有十分钟，而就这十分钟的演讲，不仅仅赢得了当时在场一万多名听众的热烈欢迎，而且还在全国引起了轰动。

当时有报纸评论说："这篇短小精悍的演说简直就是无价之宝，感情深厚，思想集中，措辞精炼，字字句句都很朴实、优雅，行文毫无瑕疵，完全出乎人们的意料。"就连埃弗雷特本人第二天也写信给林肯："我用了两个小时总算接触到了你所阐明的那个中心思想，而你只用了十分钟就说得明明白白。"林肯这次出色演讲的手稿被收藏到了图书馆，演讲词被铸成金文，存入了牛津大学，作为英语演讲的最高典范。

林肯在这次演讲中靠什么取胜？那就是简洁的演讲，他那简短有力的演讲比长达两个小时的精彩演讲更深入人心。很多时候，言简意赅的讲话比那些长篇大论更容易被人们所接受，所谓"浓缩的就是精华"，因为简洁，所以它所阐明的思想会更有深度；因为简洁，它所表达的意思更加清晰；因为简洁，它所彰显的内容会更有力度。

我们说话要想清晰、明白，要注意以下几点要求：

（1）了解你要表达的中心、重心、要点

任何问题都有中心和重点，找到了这个中心和重点之后，说话的时候才能有的放矢，才能做到什么话该说，什么话不该说。所以，迅速找准谈论的中心是言简意赅的前提和基础。否则，眉毛胡子一把抓，只能惹人厌烦。

（2）懂得表达，语言表达清晰、稳重、不啰唆

说话时，语言表达的轻重缓急也是很有讲究的，该让对方听清的地方就要缓一些，不重要的信息就可以一句带过。如果张口结舌或连珠炮似的大讲一通，对方就会感到一种急迫感，从而心生不信任。

（3）简明扼要地表达脱稿讲话的重点

要想使说话不啰唆，其实只需拣重点说就行，其他次要的内容，要么不提，要么一言以蔽之，只有这样才能保证你的讲演在最短的时间之内收到最好的效果，否则，即使你滔滔不绝的谈论半天，听者也不知你发言的目的。

比如，如果你讲话的目的是希望对方去做什么，那么，你要简明扼要地告诉对方，你希望他们去做什么。所以，你也要先问自己，现在对方已经做好各种准备去行动了，那么，你是不是确实告诉他们该做什么。确定你说话的重点，应该精简文字，就像打电报一样，绝不啰唆，还要清楚、明白。

逻辑口才

就如同文章标题会很突出一样，我们说话的目的和重点也应该直接强调出来，说话不要含糊其辞、模棱两可，给他人造成听不明白的困扰。

原则3：说话有时要含蓄、迂回

在我们生活的社会中，总会遇到一些不平之事，而我们却无法直言不讳；总会遇到一些贪婪无耻之人，而我们又不可大胆批评；总会有一些我们左右为难的时候，让你话说也不是，不说也不是，该怎么办呢？此时最好在不会给自

己带来麻烦、也不会伤害别人的前提下，采用隐晦、含蓄的语言给别人提个醒，表达出自己的不满和意见，是非常好用而又富有智慧的说话方式。

其实，自古以来，中国人最欣赏和提倡的说话方式是委婉含蓄的。因为委婉含蓄既能表达出自己的意志，又能照顾听者的心情，做到点到为止的哲学范畴，达到曲径通幽的艺术效果。言者和听者的心情都是愉悦的，哪怕是无法达成相同的观点也不会丢了双方的面子，避免了争吵和反目成仇，有效地遏制了矛盾的扩大化，取得不可言传但能意会的效果。

雷特是美国《纽约日报》的总编辑，他身边缺少一位精明干练的助理，于是他把目光瞄向了年轻人约翰。他需要约翰帮助自己成名，帮助格里莱成为这家大报的成功出版家。而约翰当时刚从西班牙卸除外交官职，正打算回到家乡伊利诺州从事律师业。

雷特抓住了这个机会，请他到联盟俱乐部吃饭。饭后，他建议约翰到报社去玩玩，从许多电讯中间，雷特找到了一条重要消息。那时恰巧刚刚开始编辑国外新闻，于是他对约翰说："请坐下来，为明天的报纸写一段关于这消息的社论吧。"约翰自然无法拒绝，于是提起笔来就做。社论写得很棒，雷特看后很赞赏，于是又请他再帮忙顶缺一星期、一个月，渐渐地，干脆让他担任这一职务。约翰就这样在不知不觉中就放弃了回家乡做律师的打算，而留在纽约做了新闻记者。

约翰本身可能并没有想要从事新闻工作，他原本打算回家乡从事律师职业。雷特巧妙地抓住了机会，先是婉求"写一篇关于这个消息的社论"，之后又"请他帮忙顶缺一个星期"，接着是一个月，时间长了，约翰已经习惯了这份工作，放弃了自己之前的打算。在这整个过程中，约翰由"被人请求"而产生的行为转变为自觉自愿的行为，无疑，其中获利最大的人应该是雷特。由此可见，求人办事，央求不如婉求。

但是我们在运用委婉含蓄讲话风格的时候应该注意讲究技术的有效性，不能词不达意，让听者产生误解，要做到近似透明的若隐若现，正确地引导听者了解自己的意图，作出正确而又有价值的判断和有效的反应。

在美国经济大萧条时期，17岁的莉莎好不容易找到一份在高级珠宝店当售货员的工作。在圣诞节的前一天，店里来了一位三十岁左右的贫民顾客。他衣着破烂不堪，一脸的悲哀、愤怒。莉莎要去接电话，一不小心把一个碟子碰翻，六枚精美绝伦的钻石戒指落在地上，她慌忙捡起其中的五枚，但第六枚怎么也找不着。这时，她看到了那个三十岁左右的男子正向门口走去，顿时，她醒悟到了戒指在哪里。

当男子的手将要触及门柄时，莉莎柔声叫道："对不起，先生！"那男子转过身来，两人相视无言，足足有一分钟。"什么事？"他问，脸上的肌肉在抽搐。"什么事？"他再次问道。

"先生，我是头回工作，现在找个事做很难，是不是？"莉莎神色黯然地说。男子长久地审视着她，终于，一丝柔和的微笑浮现在他脸上。"是的，的确如此，"他回答说，"但是我能肯定，你在这里会干得不错。"停了一下，他向前一步，把手伸给她："我可以为您祝福吗？"莉莎立刻也伸出手，两只手紧紧地握在一起，她用柔和的声音说："也祝您好运！"他转过身，慢慢走向门口。莉莎目送着他的身影消失在门外，转身走向柜台，把手中握着的第六枚戒指放回原处。

本来是一起盗窃案，但莉莎却巧妙利用暗示的含蓄方式达到了自己的目的。"对不起，先生！"莉莎首先用了礼貌用语，向对方传递了友好的信息，如果口气过重就有可能造成男子逃跑。同时，莉莎也传达了两层言外之意：你有偷盗戒指的嫌疑；你放心，我不会用粗暴的方式对待你。"我是头回工作"，暗示我和你也一样"同是天涯沦落人"，借以引起情感上的共鸣；"现在找个事儿做很难"，言外之意是你把这枚戒指拿走，我可就丢了工作；"是不是"，通过非疑问句，借以男子进一步思考，同时扩大的暗示效果。在整个沟通过程中，莉莎都是通过委婉的语言引导男子按自己的思路走，最终说服了男子，也达到了自己的目的。

逻辑口才

无论是在人际交往中还是在商业谈判中，最有效的沟通方式莫过于迂回战术。很多情况下，直接的沟通方式完全不起作用，此时，温婉、迂回的说话方式不但能解决问题，也不会让对方失去面子。

原则4：说话要留有余地

世事沉浮，变化无常，很多的改变是我们无法预料的。在我们与别人进行交谈和做出承诺的时候要注意，万万不可把话说得太绝，没有回旋的余地，从而给双方带来一些巨大的伤害。把话说得太绝是幼稚的，让思维和言行朝着一个方向发展而不知转弯，从而走进极端。一个真正成熟的人，应该在每一个不同的发展过程中冷静地处理问题，从各个方面进行考虑，说出的每一句话能够有一个回旋的余地。

俗话说“水满必溢”，一个人的言谈和向杯子中倒水是一个道理。太满就会溢出来，造成一些不必要的麻烦。凡事都会出现意外，事情的变化我们又无法做到完全掌握，因此话就不能说得太满，免得没有容纳意外的空间。

三国时期，蜀国大将关羽有着万夫不当之勇。华雄、颜良、文丑等有名的战将都成为了他的刀下之鬼。在曹营中，为了前往刘备的驻地，过五关斩六将，所向披靡，使人闻风丧胆。别人形容他说：“百万军中取上将之首，如探囊取物耳”，故而，他也就有了骄傲自大、目中无人的毛病，觉得自己是天下无敌。后来刘备成为汉中王，封关、张、赵、马、黄为“五虎上将”，关羽居首。但是他听说黄忠竟然也在五虎上将之列，就觉得丢了自己的面子，气冲冲地说黄忠何等人，敢与吾同列，大丈夫终不与老卒为伍！好在，黄忠性格温厚，没有和他一般见识。

后来，关羽负责驻守荆州，与孙权成为邻居。孙权为了改善双方的关系，就派诸葛瑾前去提亲，想让孙权的儿子和关羽的女儿成为夫妻。这样就可以“结两家之好”“并力破曹”，巩固吴蜀的政治联盟。谁知道关于素来瞧不起孙权，听到诸葛瑾的话竟然大怒，骂道：“吾虎女安肯嫁犬子乎？”这下倒好，本来可以亲上加亲的事，现在成了反目成仇。孙权听说之后，气得牙根痒痒，决定除掉这个目中无人的家伙。没多久，就派吕蒙攻下荆州，关羽败走白城，最终身首异处。

子曰：“乱之所生也，则言语以为阶。君不密则失臣，臣不密则失身，机事不密则害成。是以君子缜密而不出也。”关羽的大舌头最终给自己带来了悲惨的结局，最终也让刘备兴复汉室的愿望因为失去了荆州这一兵家必争之地而夭折。如果关羽在对待东吴的问题上，语言能够谦和一些的话，绝不会让孙刘联盟破裂，说不定三国的历史还要重新改写。

古人一再告诫我们说话要注意分寸，反对不留余地的言论。比如给朋友帮忙的时候，可以说尽力而为，但是不能大包大揽乱拍胸脯，免得到时候无法兑现诺言，惹得双方都不愉快。“轻诺寡信”，轻易做出承诺的人，为人的可信度就自然降低。给自己留有余地，从而在任何时候都能够从容地对待发生的一切，才是智者的行为。无论是在朋友圈还是交际场，道理都是一样的。说话掌握分寸，才不会招致别人的记恨，自己也能有一个好的生存空间。

张娟是列车上的产品推销员，她这次推销的是一种新产品——螺旋状的袜子。为了表明这种袜子的透气性，张娟随手拿起一只袜子，对乘客们说：“来帮帮忙，拿住袜子一端，使劲儿拉。”说着，她就和一位乘客对拉起来，袜子的韧性的确很好。

接着，张娟又随手拿起一根长长的针，在拉得绷直的袜子上来回划动，袜子也没有损伤，说：“看一看，这种袜子不易抽丝。”紧接着她又拿起打火机，在袜子下面晃动，而袜子也未受到损伤。

在张娟一番介绍之后，袜子在乘客手中传看。一位乘客有意地拿起针，只是一划就在袜子上划了一个洞，原来如果顺着纹理划不易划破，并不是划不破。另一位顾客要用打火机烧，急得张娟赶忙补充说："袜子并不是烧不着，我只是证明它的透气性好。"最后大家终于明白怎么回事，但却没有乘客再买袜子了。

张娟的遭遇告诉我们，谈话时尽管是绝对有把握的事，也不要把话说得过于绝对，不留余地，这样容易引起他人的挑刺。与其给别人一个挑刺的借口，不如把话说得委婉一点。同时，如果不把话说得绝对，还可以为自己赢得更为广阔的空间与对方交流。

其实，生活中出现的许多尴尬，源于个人不加思考的言行。如果把话说得太绝，就难免会和发展的事实产生巨大的偏差，最终也会很容易给自己找来灾难。我们在说话的时候应该考虑一下日后事态的变化，尽最大努力给自己留有一定的后路。

逻辑口才

智慧的人懂得说话掌握分寸，从不会信口开河，以免带来日后的尴尬。我们在说话的过程中也应该学会给自己留有余地，只有这样才能取得事业上的成功和朋友们的尊重。

原则5：主动"说破"表明你很诚实

与人交谈中，为了展现我们最好的一面，也为了掌握交谈的主动权，很多时候，我们都是小心翼翼的和他人保持着距离。我们是这样的，别人也是这样的。其实，如果我们不想被别人牵着走，如果想拉近彼此的距离，其实可以主动暴露和说破一些事，而这能向对方表明你是诚实的，这样，对方的戒备心就会松懈。那么，对方也会对你坦白内心。

在新的工作环境上班的第一天，黄小美感觉到非常的不习惯，不仅仅是因为新的环境不适应，更主要的是和新的同事不熟悉。尽管随着时间的推移，她终究会和他们打成一片，但是黄小美可不想把主动权交给时间。

于是，这天中午，她利用午休的时间和同事玉环聊起了天。由于刚刚认识，玉环对她抱有很强的戒备心。双方聊了聊天气，聊了聊拥堵的路况，就没了话题。而且玉环表现得非常矜持，没有多发表意见。

这时候，黄小美说："我这人方向感特别不好，早上来的时候走错了地方，我还一个劲地敲门呢，结果走到了隔壁楼，幸亏一位大姐的热心帮助，我才找到这边来。你说我是不是太笨了啊？"

玉环笑着说："这不算什么，我当时直接坐反了车，还一直纳闷呢，怎么没有当时说的那个公交站点啊？直到车到了终点，我还疑惑呢，后来问了乘务员才知道原来自己坐反车了，当时好丢人啊。"

……

就这样，黄小美和玉环之间的话慢慢多了起来，玉环也不再那么矜持了，而是畅所欲言，再加上两人年龄相仿，聊的话越来越多。黄小美嗓门很大，玉环也不再装淑女了，没心没肺地开怀大笑起来。他们很快成为了无话不谈的朋友。

黄小美再也不觉得难受了，她在这个新环境里有了朋友，再也不孤独了。

故事中的黄小美和玉环由于刚认识，所以彼此之间都很有戒心，后来在暴露了彼此的不少缺点之后，双方的心理距离迅速拉近了。由此可见，暴露缺点，让他人感觉到你的真实，进而跟真实的自己进行比较之后觉得安全，彼此的心理距离会迅速拉近。

我们在与人交往之初，都希望双方能进一步了解，但出于防备心，人们都不愿意坦诚内心。此时，如果我们“坦白交代”，主动说破自己的一些小缺点，更能向对方暗示你的真诚与可爱，更有助于打消对方的心理防线，从而有利于你进一步了解别人。

具体说来，坦白内心，我们应注意以下几点要素：

（1）主动交代自己无伤大雅的往事

比如，闲暇时候，你可以和同事闲聊自己曾经失败的事，这比谈自己成功的事更易拉近彼此间的距离。因为老是炫耀自己成功的光荣事情，容易让人产生反感，而留下不好的印象。因为首先在态度上我们已经示弱并表示了友好，对方没有不接受的道理。

（2）把握好坦白的度

一些小错，要在不伤及大局的情况下进行坦白，对于这个度，我们要把握好。因为，“过多地暴露”或者“和盘托出”都会存在风险，过度地暴露自己，很可能会让对方顺着你的思路去思考和评价你，最终导致的结果是让对方远离你，因为和人们不喜欢“完美”的人一样，他们也不喜欢全身满是缺点的人。

因此，提倡“自我暴露”，并不是让你把自己的“老底”都揭给对方看，不分场合，不分对象地将自己“暴露无遗”，比如，在职场，我们不能因小失大，不能因为讨好同事或者领导，而让自己犯一些原则上的错误，比如账目问题、工作态度问题，我们不妨选择暴露那些不会影响到整体形象的“小事件”或者“小缺点”“小毛病”等，正因为这些小瑕疵的存在，我们会显得更真实，更可爱。

当然，我们在坦白一些事的时候，千万不能抱怨别人，否则会让别人感觉到你不会处理人际关系，而是在怨天尤人。如果和你接近出了问题，你也会抱怨他。因此，对你有了成见和看法。实际上，你的坦诚并没有换来别人的亲近，相反，导致别人的心理戒备加强，以致和你拉远了关系。

逻辑口才

人际交往，要想消除彼此的戒备心，最好的办法莫过于先主动坦白内心，暴露自己，这样也会促进对方对我们敞开心扉。

原则6：说话要注意表达方式

语言最重要的价值是为了表达某种意思，传递某种信息。而口才的最大价值就是既要让自己的态度和感情做到准确的表达，又给听者的心理上带来愉悦。在和别人交往的过程中，如何表达个人的意见和态度已经成为了最重要的社交研究课题。有很多人，并不是薄情寡义，也不是心胸险恶，但是在和别人的交往中会经常面临处处碰壁的悲惨下场。这和说话方式有着很的大关系。错误的表达方式，必然会让人不快。

在人际关系中，很多人都喜欢直接提出个人的思想和观点，而实际上，这种最直接的说话方式却是效率最低的。有时候不仅无法正确达到我们想要的结果，还会引起别人的误解和愤怒。这就要求我们在交际场合学会用心说话，注意表达方式，在无法证明提出观点的情况，就找到更为恰当的策略。

比如，有一对夫妻就是这样对话的：

有一个妻子准备为丈夫买一件衣服，但是又怕丈夫不同意。就对丈夫说："咱们的女儿就快要举行开学典礼了，可是孩子的衣服大部分都旧了，是不是应该去服装店里买上几件呀？"

丈夫听了之后，觉得妻子的话有道理，就很爽快地答应了，说："开学典礼不是一件小事，咱们应该好好对待。孩子穿什么样的衣服由你决定好了。"

妻子又说："你还是没有听明白我的意思，我说的并不仅是孩子的问题。"

"不就是女儿参加开学典礼的衣服吗？这个事你自己决定不就是了吗？"

"我知道。但是，孩子的开学典礼我也必须参加，我总该为自己准备一件衣服吧？你还是帮我参考一下吧。"

丈夫显得有些不耐烦了："你自己穿什么衣服还用问我吗，自己决定不就行了？"

妻子解释说："我整天在家里待着，都几乎忘记了怎样选衣服了。你还是帮我去看看哪一件合身吧。"

"哎，真拿你没办法，好吧！"丈夫不情愿地陪妻子来到衣橱前。

妻子一边挑选一边说："哪一件好看呢？虽然衣服不少，但好像全都过时了，你不觉得这些衣服的样式都太老气了吗？"

"是吗？我怎么不觉得？"丈夫敷衍着说。

"你看嘛，这件虽然是去年才买的，而且颜色、式样都不错，但现在已没人穿这种衣服了。再说这一件吧，这是去年秋天买的，但现在已经不流行这种款式了！难道你没有发觉吗？"妻子问道。

"嗯，听你这么一说，我好像也觉得过时了。"

"那么，在给孩子买衣服的时候也该给我置办一件了，你说是么？"

"你说我再买一件好吗？"

"真拿你没办法，你自己决定好了。"丈夫表示同意。

妻子乘胜追击，对丈夫说"其实你也该打扮打扮了，经常穿这一件衣服，显得很没面子。这次我还是帮你买一件衬衫吧！"

在日常生活中，总有一些不好直接提出来的话题，在这个时候我们就需要从另外的角度谈起，在双方进行交谈的时候，想办法一步步地朝着你想要的内容去过渡。有了一个缓冲带之后，对方就会比较容易接受一些平时比较敏感的话题，和你进行愉快地交谈。

有一个战略家在《战略术》一书说："无论是在政治、经济还是国际关系中，迂回战术都明显比直接攻击高出一筹。因为直接攻击只会激怒敌方，从而引起更加强大的反抗。迂回则不同，它是以间接的、不知不觉的方法使形势转变到有利于自己的一方。在商业竞争中，讨价还价也比直接求购强得多。”在交际场合，我们同样需要用迂回战术来表达个人的建议、获得别人的认同。只有懂得绕弯子，才会在办事的过程中少碰钉子。

逻辑口才

语言的表达方式多种多样，为此，要想为沟通带来好的结果，就要注意自己的表达方式是否合适，毕竟很多情况下，太过直接的话，对方接受起来更有难度。

原则7：说话要有情有理

我们都知道，一束塑料花是美丽的，但是却因为没有生命力而并不鲜活动人，无法在百花丛中争芳斗艳。同样，一泻千里，滔滔不绝的说话只是口才的一种表象，如果失去了真诚的因素，那种流畅优美的形式就会变得毫无意义，自然也不会具有吸引力。因此，在我们向别人传递个人思想信息的时候，就要注意把真情实感注入语言之中。只有充满了诚意，做到情理结合，听者才能消除内心的戒备，敞开胸怀，接受你所讲的内容，彼此之间才能够更好地去进行沟通，从而产生共鸣。

战国时期，墨子对一个叫耕柱的学生十分器重，但是却经常责骂他。有一次，墨子又因为一点小过失把耕柱骂了个狗血喷头。耕柱对此感到十分委屈。其他弟子犯错误的时候，墨子甚至连一句重话也不说，怎么偏偏就对他横挑鼻子竖挑眼的呢？难道是因为老师比较偏心吗？耕柱就对墨子说："老师，虽然我天资差，但是做每件事情都是尽心尽力的，为什么您总是要责骂我呢？"

墨子听后并没有发火，而是耐心地给他解释："假如我现在去太行山，依你看，我是应该用快马拉车还是用奔牛拖车呢？"耕柱回答说："当然是用快马拉车了。"墨子又问道："为什么不选择用老牛拖车呢？"耕柱回答说："这是因为山路比较崎岖，笨牛拖车只能耽误工夫，而快马却是可以担负重任，很快就能到达目的地的。"墨子语重心长地对耕柱说："你回答得很对。在这些弟子当中，你是最优秀的，而我却经常责骂你，并不是说我不器重你，而是因为你是一匹可以担当重任的快马，值得我去教导啊。"墨子一番感人肺腑的话，让耕柱听了备受感动，再也不抱怨师父的偏心了。

弟子对受责骂感到十分委屈和不解，墨子耐心地给他解释。在解释之中墨子并没有就干巴巴地去讲一些道理，强行灌输给耕柱，而是娓娓道来，层层分析，最终打动了耕柱，让他了解了师父对他的器重，从而放下了心理包袱。

毕竟，人的全部心理活动，都离不开情感的伴随，情感是沟通的桥梁。只有将对方的情感"俘获"才能达到让对方由衷地对你的意见表示赞同。我们常说的"通情达理"也正是这个意思。

"的姐"把一男青年送到指定地点时，对方掏出尖刀逼她把钱都交出来，她装作害怕的样子交给歹徒200元钱说："今天就挣这么点儿，要嫌少就把零钱也给你吧。"说完又拿出30元的零用的钱。见"的姐"如此爽快，歹徒有些发愣。"的姐"趁机说："你家在哪儿住？我送你回家吧。这么晚了，家人该等着急了。"见"的姐"是个女子又不反抗，歹徒便把刀收了起来，让"的姐"把他送到火车站去。见气氛缓和，"的姐"不失时机地启发歹徒："我家里原来也非常困难，咱又没啥技术，后来就跟人家学开车，干起这一行来。虽然挣钱不算多，可日子过得也不错。何况自食其力，穷点儿谁还能笑话我呢！"见歹徒沉默不语，"的姐"继续说："唉，男子汉四肢健全，干点儿啥都差不了，走上这条路一辈子就毁了。"火车站到了，见歹徒要下车，"的姐"又说："我的钱就算帮助你的，用它干点正事，以后别再干这种见不得人的事了。"一直不说话的歹徒听罢突然哭了，把200多元钱往"的姐"手里一塞说："大姐，我以后饿死也不干这事了。"说完，低着头走了。

在上面这个案例中，的姐的话语里充满了真情，感动了那个穷凶极恶的歹徒，最终达到了说服对方的目的。

晓之以理动之以情的就是要做到情理结合，以理服人，以情动人。为此，我们要做到三点：

（1）话语中注满真诚

谚语说："真诚贵于珠宝，信实乃人民之珍。"要想自己的话语能够打动对方，就需要在话语里注满真诚，只有真诚才能打动人。如果你仅仅是几句花言巧语或者虚情假意地表达，反而令对方厌恶。

（2）把话说到对方的心里

人都是有感情的，说话能做到动之以情、晓之以理，就是最完美的沟通。我们在说话时要注意对方的反应，学会从对方的反应中修正自己的话语，尽可能把话说到对方心里。把话说到对方心里，才能真正地打动人。

（3）站在对方的立场说话

如果你在说话时总是想着自己，光顾着自己，这样说出来的话是不会有感情的。因此，我们应该处处为他人着想，让自己站在对方的立场说话，这样说出的话才有感情，才能打动对方。

逻辑口才

"情感如同肥沃的土地，道理好比种子。没有情感的沃土，道理的种子再好，也发不了芽。"与人沟通，更需要以情动人，情理结合，否则，即使你说再多的道理，对方还是会不为所动。

原则8：说话注重遣词造句

语言是人类不可缺少的交流工具，人类的语言从最初的结绳记事发展到现在可以任意抒发自己的情感，记录一切想记录的事情是多么伟大的成就啊。然而，有些话说起来很简单，为什么人类却偏偏喜欢搞得很复杂呢？比如形容一个人漂亮，你只要说“你很漂亮”就已经能够把意思清楚地表达出来了，而很多人却喜欢把它说成“你比天上的月亮还要美”，“你真美，简直是天仙下凡啊”，其实每个人都看得出，这样的表达更动人、更精彩。所以说给我们的语言也穿上衣服修饰一番，还是很有必要的。

同样是形容一样东西，有些人会说：这个不丑；有些人就说：这个很漂亮嘛；如果是你，你会喜欢哪种说法？显而易见是第二种，这就是说，我们在说话时要注意遣词造句、选择恰当的表述方式也是很重要的，如果选择不慎，可能会越形容，结果越糟糕。

曾经有一位国王，梦到自己的牙齿都掉光了。他召来智者为其解梦。这个耿直的智者愁眉苦脸地对国王说：“陛下，每掉一颗牙齿，就意味着您将会失去一个亲人。”国王听后勃然大怒：“你竟敢信口开河胡说八道，给我滚出去！”

国王不甘心，下令找来另一位智者。这位智者一脸喜气地对国王说：“高贵的陛下，您真有福气呀！这梦意味着您会比所有的亲人都长寿。”国王听后大喜，奖赏第二位智者100个金币。

年轻的礼宾官很不理解地问：“您对梦的解释其实同第一位智者的解释在本质上是一样的，为什么他受到的是重罚，而您得到的却是重奖呢？”

智者先讲了一个简短的寓言故事：“有一位年轻貌美的姑娘，一丝不挂、满身污垢地去见国王。国王看后将她赶了出去。后来，这位姑娘把自己洗得干干净净，如出水芙蓉一般，穿上了漂亮的时装之后又去见国王。国王高兴地接见了她，并将其留在身边。这位姑娘的名字就叫‘真理’。”智者又说：“任何时候都要坚持讲真话，但人们听了赤裸裸的真理往往会觉得刺耳，所以，在说出真相的时候也要选择适当的方式。要学会给你的语言穿上华美的外衣”。

这两个智者对同一件事做解释，本质上的意义是一样的，只是因为表述方式的不同，就得到了大相径庭的结果。谁都喜欢听好话，喜欢别人把自己往好处说，如果你偏偏用晦气的语言讲出来，那也就只能自认倒霉了。

我们说遣词造句，并不是不切实际的修饰，更不是无限的夸张和瞎编，而是在实事求是的基础上注意使用美好的词汇，把不好的意义用别人能够接受的句子表达出来。

语言的巧妙让很多人受益匪浅，在困境中选择合适的言辞，能够使你转危为安并凸显出自己的才华。

当然，语言的美并不是说在遣词造句上一定要用华丽的辞藻，简单平实的语言加上不卑不亢的内涵也能够变得美好，关键还是要看你如何巧妙地运用它。

逻辑口才

赤裸裸的语言就像是赤裸裸的人，怎样都是不雅，再丑的女人穿上漂亮衣服打扮一下也是美的；语言也是一样，再难听的语言稍加修饰，也可以给人如沐春风般舒服的感觉。

解析对话过程：不同环节的逻辑要求

生活中，我们常常提到“对话”一词，对话的含义很广，通俗上的对话指的是在两人之间进行的，这是言语交际的基本形式，一场完整的对话是由发话、听话和答话组成的，这三个环节缺一不可，并且，我们对这三个环节都有不同的方法和逻辑要求，本章我们一一进行分析。

对话中发话的方法及逻辑要求

我们都知道，人与人之间的交流是双向的，也就是说，一方先开始提出话题或者问题，而另外一方将话题进行下去或者回答的过程，所以，发话也就成了沟通中的钥匙。无论是正式场合的沟通还是日常中进行交流，发话都少不了。而能否成功地开启话题，是一场谈话能否正常地交流思想、达成沟通目的的前提。为此，我们有必要分析一下对话中发话的方法和逻辑要求。

我们可以将发话分为问句发话法和非问句发话法两种类型。

1.问句发话法

顾名思义，发话的句式是由问句组成的。而我们还可以对问句进行三个分类：

①填充式问句

②联系式问句

③选择式问句

接下来，我们可以对这三种问句发问法进行解析：

（1）填充式发问法

填充式发问法就是以一种填充式问句发问的方法。比如：

①电脑是什么？

②林肯是谁？

③下周末你去哪？

填充式问句，我们也能将其总结为“问句”，类型多种多样，上面我们举出的三个例子则属于“是什么”类型。

通常来说，这一问句类型的表达形式是特指疑问句，经常会使用一些代词，比如“谁”“什么”等。

在生活中，填充式发问法随处可见，比如见面时我们会问对方：“很长时间没见面了，你最近忙什么呢？”“现在几点了？”与陌生人见面，你会问：“您从事什么职业？”“您今年高寿？”

这一发问法要求发问者在提出的问句中，主项和谓项所指的对象必须真实地存在，否则，我们发出的话题就是没意义的。比如，“什么药能长生不老？”想必我们都知道，让我们长生不老的药并不存在，这是违背自然规律的，对方也不可能回答出来，所以，这一问话是无效的。

填充式发问法由于提出的话题和回答的话题都很简单，因此更适用于教学活动，尤其适用于是初级阶段的教育。

（2）联系式发问法

很容易理解，联系式发问法是以联系式问句发问的方法，当然，我们所说的联系，指的是主谓之间的联系。比如：

①秦始皇是中国的第一个皇帝吗？

②你是不是教师？

这里，联系式问句“是……吗？”或“是不是”型为基本类型，它的表达形式为非疑问句。

我们对联系式发问法提出的要求是发问者要明确提出主项和谓项。并且，答话者的回答要在主项和谓项之间的联系上。按照上面我们举出的两个例子，回答者只需要回答“是”或者“不是”即可。

（3）选择式发问法

选择式发问法是以选择疑问句发问的方法。比如：

①黄瓜是水果还是蔬菜？

②你是记者还是老师？

③你是喜欢黄色还是绿色?

这里，选择式问句是以“是……还是……”为基本类型，它的表达形式是选择疑问句。

我们对选择发问法提出的要求是，对于问句中提出的选择的情况，要做出肯定的回答，而不是否定的。另外，还要求我们区别两种不同的选择问题，一种是相容的，一种是不相容的，顾名思义，相容的就是两者能并存，而不相容的就是两者不能并存。

运用选择式发问法的好处是能使听者扩大思考范围，让其在两者或者更多选项中选择其中的一种。

2.非问句发问法

非问句发问法，顾名思义，就是由各种非问句构成的发问方法，包括陈述式发问法、祈使式发问法、感叹式发问法三种。我们一一进行分析：

（1）陈述式发问法

这一发问方法是由发话者提出的某种陈述，内容涉及对事物的现象、性质、状态、关系或者存在等各个方面。

比如，“我以为你已经三十几岁了。”“现在我们来谈谈数学教学的问题。”这都属于陈述式发问法。

这一发问方法要求我们说话时态度诚恳，不可没话找话、无病呻吟，比如，“今天天气……”之类的话题。

（2）祈使式发问法

这一发问方法是由发话者提出的关于自己的某种想法、愿望、请求等。比如：“麻烦你了。”“希望你能开心每一天。”

这种发问的方法使句式有请求或指令的语气。我们对祈使式发问法提出的要求是：表示要明确，其中提到的某些事项必须是真实的，如果不恰当，我们提出的祈使也就失去了意义。

（3）感叹式发问法

这一发问方法是由发话者提出的感叹的语句，感叹的内容多半是发话者自己的感受。这一发问方法在恋爱中常见。

逻辑口才

掌握对话中发话的方法和要求，能帮助我们更好地开启沟通之门，做到在沟通中有的放矢，更好更快地帮助我们达到沟通目的。

对话中听话的方法及逻辑要求

一场顺利的沟通是由发话者和听者构成的，只有人发话，而没有听话者，就构不成对话。在一场谈话中，听话者只有善于倾听，才能明白发话者的含义，也才能回答出恰当和机智的话，如果听错了，答话就会失败。

刘华在一家大型图书卖场工作，她很热爱这份工作，她不仅在没事的时候可以看各种图书，还为很多读者推荐了适合他们的书籍。

有一天，卖场来了一位30岁左右的男人，他的脚步停留在一堆心理学书旁。这时候刘华走了过去，打招呼："您好，先生，您是要购买关于心理学的书啊？"

客户回答说："我随便看看。"刘华知道客户不愿意跟自己说话，于是，她站在一旁，并没有多说什么。这位先生又在心理学书籍书架旁翻阅了很久，不知道究竟买哪一本好，显得左右为难的样子。此时，刘华觉得时机已经成熟，于是，他再次走过去，对那位先生说："先生，请问你想购买什么样的书呢？"

客户："我想买一些心理学的书看看，但是我不知道该买哪一本好。"

刘华："是啊，现在的心理学书太多了，不知道您购买心理学书籍是出于爱好，还是其他原因呢？"

客户："其实，我购买心理学书籍有很多因素，我本就比较喜欢这类的书，以前读书的时候错过了很多好书，现在想再买点这方面的书看，另外，我现在的工作也需要掌握一些心理学基础知识。但我对心理学知识是一窍不通。"

刘华："要是这样的话，我建议你买一些心理学基础知识，先了解一下，这本《心理学基础》就很不错。等你了解了基础再买别的吧，因为心理学非常难，买的书太难了，根本看不懂，还会给自己造成心理阴影。"

最终，客户选了一本《心理学基础》离开了。

我们发现，案例中的图书销售员刘华是个懂得"听话"的人，刚开始，在客户刚刚光临的时候，她热情地帮助客户反而被拒绝后，并没有继续"纠缠"客户，而是等客户真正需要帮助的时候再"出现"，在得到客户肯定的回答后，她开始一边倾听，一边引导客户继续说，进而逐渐让客户主动说出自己想购买的书籍类型，从而帮助顾客做了决定，完成了销售。

中国的语言表达自古以来就不是直来直往的，而是充满了含蓄和间接，带有不少的哲学意味。因此，在我们听别人说话的时候，更要注意其表面语言下涵盖着的真实意思。假设你的车子停在路边，一只轮胎走了气，正当你在拼命地想办法的时候，一位好心肠的青年走过来，问："轮胎走气了？"此刻心急火燎的你如果单从字面意思来理解的话，很可能就会气急败坏地回答："你的眼睛瞎啦？这都看不出来？"如果这样回答，恐怕就真的是"狗咬吕洞宾，不识好人心了"。那个热心人也会对我们的困难采取一种"事不关己高高挂起"的态度。

那么，在对话中，我们该如何听呢？

（1）听语气

在各个场合，"听话听音"，一个人即使不和你说真话，他的语气同样可能暴露出他的性格、愿望、生活状况甚至他的意图。潜藏在人内心的冲动、欲望等，总是会通过某个方面体现出来，所以要了解对方意图可借语气来了解。

（2）听语速语调变化

生活中，我们能从别人的语气来看出一个人与你交谈时候的情绪，而留意了他的语调语速变化，你就留意到了他的内心变化。有些语调变化是故意的，那是他想向你传达某些信息。而某些语调变化是潜意识的，你则可以发现他的情绪变化，以便随时调整你的说话内容。

（3）鼓励对方多说

任何人在谈话的时候，都希望自己的意见和观点得到认同、理解。因此，如果你能表示出对对方的理解，那么，他是很愿意继续说下去的。对此，你可以在倾听后适当地加入一些简短的词汇，比如，“对的”“是这样”“你说得对”等。也可以点头微笑表示理解。当然，你还需要做到专心倾听，并与对方偶尔进行眼神交流，切不可心不在焉。

逻辑口才

对话中，我们一定带着心去听他人的话，不能只听表面，只有听出他人的想法、意图、话语里的真正含义，才能给出最恰当的回答。

对话中答话的方法及逻辑要求

一场完整的对话是由发话、听话和答话构成的。可能不少人认为自己不会发话，更坚信自己懂得听话，而事实上，人际沟通中的倾听远不止如同听广播和音乐般随性，高质量的沟通是需要达到一个观点和意见的交流，也就是说，我们除了听话之外，还要懂得答话技巧，只是漫不经心地倾听是一种不尊重和无礼的表现。

周小姐大学毕业后，并没有和其他同龄女孩一样找工作，而是自己创业，在创业的过程中，她遇到了一些资金问题，手底下几名员工也要发工资，为此，她准备向银行贷款，以解燃眉之急。但她听说，她所要拜访的张行长很难对付。

这天，她终于等到了张行长，但没想到，一到办公室的张行长就开始发牢骚："今天这球我输得太惨了，我的球技一直很好的，要不是刘局长……"原来，张行长刚从网球场回来，败兴而归。

听完张行长的一顿抱怨后，周小姐才开始慢条斯理地说："您好，张行长，我知道这个时间在这儿一定能等到您，因为打完网球您一般都会到办公室来先休息一下。"

张行长："哈哈，周小姐对网球也有浓厚兴趣？"

周小姐："'小女子'也不提当年勇喽。大学时候，我还参加过网赛呢，可惜第一回合就被淘汰了。"

张行长："哦，原来是这样……"

两人自然扯到网球球星的许多轶事来，这让张行长觉得两人十分投缘，大有相见恨晚之感。最后，周小姐如愿以偿，与银行达成了利率优惠的贷款协议。

周小姐之所以能从银行顺利贷到款，取决于他与张行长之间良性的沟通。这个沟通的过程中，面对张行长的牢骚，周小姐并没有打退堂鼓，而是等张行长说完后，采取了积极的回应，说明自己上学时也曾在网球场上失败过，于是，二人就网球这一共同嗜好将沟通进行下去，下面的业务问题就自然好谈得多。

可能有些人会产生疑问，我们该怎样答话呢？具体说，有以下方法：

（1）确定

确定意味着把你所听到对方的话用你自己的语言复述一遍。同时，确定也可以指通过提问来确保你理解了对方想要表达的意思，或者通过提问来寻求更多的信息以帮助你理解对方的意思。

最高效的倾听者非常善于在谈话过程中进行这种确认。即便他们已经充分掌握了对方所说的意思，仍然想要不时地向对方确认，以便让对方知道自己正在全神贯注地倾听。

（2）附和

附和能帮助人们建立支持与信任的关系。我们通过这样的方式让发言者知道自己得到了认可。它告诉发言者，我们非常积极地在听。当我们表示附和时，实际是在扮演扩音器的角色，鼓励对方尽情表达自己的想法、计划、观点以及感受。在附和的时候，我们不能带有任何评论、审判或以自我为中心的倾向。

附和的时候你可以使用非常简洁的语言，比如："我听见了""我知道了""继续说下去""我正听着呢""好的""没错""啊""有意思"以及"啊哈"。同时我们也可以用非语言性的方式表示附和，比如面部表情、肢体语言，或者手势，它们包括：

扬起眉毛（表示你不太确定，或没听明白，需要对方告诉你更多的信息）；

微笑（表示你同意对方的观点）；

与对方靠得更近一点儿（表示你对对方正在说的内容非常感兴趣）。

点头（表示认可）；

保持目光接触（让发言者知道你正在听着）；

把手举起来，掌心朝向发言者（让对方停下来，告诉发言者你没跟上他/她所说的话）。

（3）避免无效的回应

这类无效回应包括：

不赞同对方："你怎么能这么说人家呢，他人不错的嘛。"

表示不赞同的体态语言：摇头、摆手、面部表情不屑、身体姿势等；

陈述你个人的观点："之所以行不通的原因是……"

发生争论："不对，你简直在胡说！"

曲解对方的观点："我觉得这样说，是因为你认为自己没有与她对抗的自信。"

同意对方的观点："没错，你说得太对了，那人就是个蠢货"。

表示赞同的体态语言：点头、手势、面部表情等；

引导对方做出某种特定的反应："我觉得你确实想报复他们。"

操纵对方，使其做出特定的反应："他不能再这样贬低别人了，下次你应该狠狠回击才对。"

以异样的语气显示偏见："难道没人教过你如何使用这台机器吗？"

总之，从以上三个方面努力，你也就大致掌握了回应他人谈话的要领了。

逻辑口才

有发话、听话就应该有答话，但答话并不是乱说一气，而是要从逻辑的角度，根据说话时候的具体情境进行回应，这样的答话才是有效的。

对话中概念要明确

在任何一场沟通中，对话双方所叙述的语句都是由表达概念的词语组成的，为此，如果我们希望双方在沟通中能互相理解，就要清晰、明确地表达，否则，很容易出现混淆和误解。我们来看下面一段对话：

A：这些天你怎么样？

B：别说了，又失恋了。

A：我不是问你感情的事。

B：哦，我身体最近还好。

A：天哪，你怎么了，我是想问问你最近工作的事。

B：你还问怎么了，明明是你问得不清不楚。

在生活中，大概我们经常会听到这样的对话，显然，这种对话是没什么效果的，两人弄了很久才明确到底彼此在说什么。原因就是因为A问得不清楚，要知道，“最近怎么样”这句话包含的内容很多，比如感情、工作、学习、生活或者身体等，如果他能就其中的一个点进行提问，或许就不会让B丈二和尚摸不着头脑了。

接下来，我们看看一个中国人和美国人的对话。

“您爱人身体好吗？”

这位美国人马上变了脸说：“你说什么？”

“我是问您夫人身体好吗？”

“呃，你想问这个，我都七十几岁了，今天我儿子也在，你怎么突然问起我女友来了。”

为什么这名美国人会不高兴呢？这是因为他与对方的文化没有达成一致的理解，在中国，我们认为爱人指的就是“妻子”“夫人”，而出于文化的差异，美国人则认为是“女友”“情人”等，也难怪他会生气了。

当然，在一些对话中，我们要注意防止对方偷换概念，这是故意违反逻辑，目的是为了误导我们。

某报载小品文一则，讽刺一些恋人的“向钱看”：

小伙子：“您老是要这要那，不怕人家说你是高价姑娘吗？”

姑娘：“怕什么？！裴多菲都说了，‘生命诚可贵，爱情价更高’嘛，价钱低了行吗？”

显然，这位答话的姑娘故意偷换概念。我们知道，所谓“高价姑娘”的

“价”，是“价格”的“价”——人们是用“高价姑娘”来贬斥那些把爱情当商品加以买卖的姑娘。而裴多菲诗中“爱情价更高”的“价”是“价值”的“价”——它赞美真正的爱情比生命还要宝贵。因此，同一个语词（“价”）表达的是不同的概念，但姑娘的上述答话却故意将它们混同起来，用前者偷换后者，这是一种明显的违反同一律要求的逻辑错误。

那么，也许你会产生疑问，谈话中如何做到明确概念呢？为此，我们要从以下几点要求出发：

（1）重点简明扼要

人们都只会去做自己清楚的事，所以你要简明扼要地告诉对方你希望对方接受什么，希望对方做什么。

所以，在开口前，你不妨先问问自己，如果我是听话者，我能听明白自己在说什么吗？我是不是确实告诉他们该做什么。

确定你说的重点，就应该精简文字，就像打电报一样，绝不啰唆，还要清楚、明白。

最重要的一点是，你的请求必须是让对方一听就能明白的实际行动，而不是猜来猜去的心理活动。

“经常想想你的祖父母吧！”这样说太含糊了，也不知如何去行动，而如果你这样说：“本周末就去看望祖父母吧！”还比如说，与其说“要爱国”，还不如说“下星期二就请投下你神圣的一票”。

（2）重点简单易行

无论你谈的话题是什么，你都应该把自己的重点能让对方听起来可以理解和接受。所以，最好的方法就是明确，比如，假如你希望对方增长记忆人名的能力，千万别说：“从现在便开始增加你对人名的记忆次数。”这样说未免太笼统了，也让听众不明就里。为此，你还不如说：“从你遇到的下一个陌生人开始，在五分钟之内就重复他的姓名五次。”

你可能会问，到底是肯定的方式叙述好还是否定的方式好？这一点取决于对方的观点，二者之间并没有明确的好坏之分。比如，如果你提醒对方应该避免某东西，以否定的方式说明就比肯定陈述更有说服力。在几年前，一句“不要做个摘灯泡的人”广告词就取得了很好效果。

逻辑口才

相对于那些概略的言辞来说，明确的概念更能让对方听明白，也能引导对方接纳我们的想法，按照我们的建议去行动。

对话中判断要恰当

在任何一场谈话中，对话双方表达的媒介都是语句，也是靠语句表达判断的，有些情况下，不是直接表达判断的，但也是隐含在对话之中的。而且，很多时候，听者答话也是通过判断来表达的。因此，我们可以说，对话中的判断是否合适、贴切、准确，关系到一场谈话的成败。

所以，我们对整个对话提出的基本要求之一是判断要恰当。在前面一节中，我们已提及，对话中，如果概念不明确就会造成听者无法会意，也可能造成逻辑错误。其实，对话不仅是由概念组成的，也是由组成概念之间的判断组成。即使某些对话看似只是说了一个概念，但其实判断是隐含在其中的。为此，对话中的联系，说白了就是判断之间的联系。

总的来说，不但判断要恰当，而且各个判断之间是必须要符合相应的逻辑规则，只有这样，才能符合逻辑要求。

为此，我们需要注意以下几个方面：

（1）注意发话中的不当判断

我们举出两个例子：

①A：你这么笨，简直是不可救药！

B：笨就是不可救药吗？

②A：你一定是要相亲才化妆。

B：化妆一定要去相亲吗？

①和②中的发话者提出的判断是不恰当的，在①中提出“笨”并不能构成不可救药的条件，犯了强加条件的错误，对话者提出的反对是正确的。而②中提出的“去相亲”是化妆的必要条件，其实，“不相亲”也可以“化妆”，两者之间不才存在必然关系，所以，发话者提出的判断也是不恰当的，而对话者的反问是对的。

（2）注意对话中的不当判断

①A：小李怎么又溜出去玩了？

B：溜出去算什么事！

②A：你可不能考试作弊！

B：考试作弊的又不是我一个人！

在以上两句话中，B的对话都是不恰当的判断。在①中，对话者的话很明显是答非所问，“出去玩”和“算什么事”之间完全没任何逻辑关系。而在②中的对话对发话者的批评做出了错误的反驳，这里，我们很容易看出一个内容错误的判断：“大家都干的错事我也可以干。”

（3）注意判断范围

A（母）：“我早说不许你抽烟，你又在客厅里抽烟了。”

B（子）：“好吧，我以后一定不在客厅抽烟。”

在这一对话中，我们发现，父子所作的判断其实都是不恰当的，本来，他是希望儿子不要再抽烟了，但却借用“客厅里不能抽烟”来限制“抽烟”，无疑就把概念缩小了。而对于儿子来说，他本来是明白父亲的本意，但是巧借了父亲的判断错误，故意缩小了概念来回答。

（4）对话中不应包括自相矛盾的判断

我们再来看下面一段对话：

甲："很好，按照你的理解，也就是说，你没有什么信念之类的东西了。"

乙："是的，没有。"

甲："这是你的信念吧？"

乙："是的。"

甲："那为何刚才你说自己没有信念呢？"

乙："……"

这一段对话中，很明显，甲巧妙地用自己的语言将对方引入到自相矛盾的境地，从而否定了他的观点。

在一些谈话场合，揭露对方言谈中的自相矛盾是一种常用的反驳对方的手段。

有一个人声称自己发明了一种万能电脑，然后让推销员为自己推销。某科技公司展出了这台电脑。然后放在一个电脑公司公开展览。该电脑公司的教授安德森很好奇，就去参观。

展览会上，推销员声称这台超级电脑可以回答任何问题。

教授写下了他的问题："我爸爸在哪里？"

然后，推销员将这句话输入电脑，一会儿答案就出来了："你爸爸在海上钓鱼。"

"胡说！"安德森教授说，"我父亲在几年前就去世了。"

"电脑是不会出故障的，这个问题一定在某些方面是对的。"推销员坚持说，"不信你换种提问方式再问一遍。"

于是教授再问："我妈妈的丈夫在哪里？"

超级电脑回答说："他去世十年了，但你爸爸在海边钓鱼。"

乍一听，这是个幽默故事，但却暗含了一个逻辑学上的自相矛盾的错误，聪明的教授正是通过语言试探法让推销员陷入了自相矛盾的境地，拆穿了其

"万能电脑"的谎言。

（5）对话中不应包含有歧义的判断

①A：昨天下午你去干吗了？

B：昨天下午我去拜访了突然患病的同事的父亲。

②A：周末，是不是有两个小朋友找不到老师特别着急？

B：我真的没办法理解您的话！

上面这两则对话中，在对话①中，B的话可以理解是"同事"突然患病，也可以理解为同事的父亲突然患病。而在②中，A的话既可以理解为"小朋友找不到了"，也可以理解为"老师找不到小朋友了"，以上两种情况都是含有歧义的判断。

逻辑口才

在对话中，真正构成对话的除了概念外，就是判断，为此，只有在判断恰当的情况下，发话者和听话者之间的信息才能沟通起来，才能起到应有的沟通效果。

精通讲话技巧：培养演说逻辑

我们都知道，现代社会，出于很多原因，我们都要在公共场合发表讲话，也就是演说。所谓演说，是以有声语言为主、无声语言（态势语）为辅进行思想交流和宣传的有力工具。它的形式是丰富多彩、无限多样的。演说中，我们的话能否达到成功打动听众的效果，就必须要具有逻辑性，混乱的演说风格是无法深入人心的。所以，我们在精通讲话和沟通技巧的同时，应自觉培养自己的逻辑思维能力。

逻辑是演说中的命脉

生活中，我们常提到“演说”一词，顾名思义，演说最重要的就是“说”，也就是语言的艺术，可以说，任何一个在公共场合参与演说的人，都希望自己在演说的时候能妙语连珠、口若悬河，这也是演说大师制胜的法宝，是我们讲出魅力的根基。但照本宣科、照稿念，是无法达到这一效果的，任何一个演说大师都懂得要想让听众接受我们的观点，就要让自己的演说逻辑思维缜密、天衣无缝，因为任何漏洞都可能被听众听出来，而让我们的努力前功尽弃，为此，我们可以说，逻辑是演说中的命脉。

对演说的逻辑把握，最重要的还是要从整体局势上把控，其次是语言上的推敲。

的确，任何一个人在建造房屋前，如果他是理智的，他绝不会在毫无准备的情况下就动手，那既然如此，演说中，为何你要在自己的目的都没有明确的情况下却要妄想开口呢?

我们要把任何一场演说都看成是有目的的旅程，必须要在事先先绘一张行程图，如果你随便就从某个地方开始，那么，你很有可能就在此处结束了。一个人随便从某处开始，通常也就终止于某处了。

卡耐基一直想把拿破仑曾经说过的一句话——“战争是门科学，未经计划、思考，休想成功。”漆成浅红色的，然后挂在眼睑课堂的大门门口。

其实，这一道理同样能放置到演说中来。一些演说者明白这一点，一些演说者不明白，但明白的演说是否曾付诸实践呢？对此，我们就不敢肯定了，但不少演说者在演说准备工作中花的时间绝对不会比烹煮一碗爱尔兰炖菜多。

一些初学的人更少花时间去进行演说前的规划，因为规划需要花费时间和我们的精力去准备、思考，也需要我们的意志力，思考毕竟是一个不怎么快乐的过程。发明大王爱迪生曾把雷诺德爵士的一段名言放到了他工厂的墙壁上：

“成功之道，唯有用心思考，别无捷径。”

那么，怎样的安排才是最好和最有效的呢？我们在没有对其进行分析和研究之前我是无法给出定论的。它永远是个新问题，是需要每个演说人进行深层次探索和追寻的问题，我们不能给出规则性的答案，但是对于长时间演说的来说，有三个方面是绝对重要的：引起注意、正文和结论。这三个阶段，都各有历久弥新的方法可供参考。

那么，具体来说，我们要注意三点：

（1）“厚积”才能“薄发”

做好演说，不仅需要我们的嘴上功夫，更需要平时的积累。因此，必须注重知识的积累，语言的积累，经验的积累。茶壶里有饺子才能倒得出来，有深厚的积累和扎实的根底才能做到言之有物，言之有据，言之有理，言之有效。心虚气短、心浮气躁的人是无论如何也讲不到“点子”上的。

（2）带着真诚讲话，用真诚感染听众

福胜·J. 辛主教在他的《此生不虚》一书里有这样的片段：

“我被选出参加学院里的辩论队。就在圣母玛丽亚辩论的头一天晚上，我被我们的辩论教授叫到了他的办公室内，然后我就被训斥了一顿。

“‘你就是个名副其实的饭桶！自从我们学院创办以来，还没见过你这么糟糕的演说者！’

“‘那，’我说，我想为自己辩护，‘我既是这样的饭桶，为什么还要我进入辩论队？’

“‘因为你会思想，而不是因为你会演说，去，到那边去，把演说稿中的一段抽出来，然后再讲一遍。’于是，我按照教授的话，把一段话反反复复地讲了一个钟头，然后他问我：‘看出其中的错误了吧？’‘没有。’于是，接下来，又是一个半钟头，最后，我实在没力气了，教授问：‘还看不出错在哪里吗？’

“过了这两个半钟头，我找到了问题的关键。我说：‘现在我知道了，我的演说没有诚意，我只是纯粹地背诵演说词，我心不在焉，没有表达自己的情感。’”

经过这一件事，福胜·J. 辛主教学得了永生难忘的一课：要让自己沉浸在讲演中。因此，他开始让自己对题材热心起来。直到这时，博学的教授才说：“现在，你可以讲了！”

（3）善思考，要有逻辑思维

人是思考的动物。善思考，才能出观点、出新意。不思考，就会人云亦云，没有真知灼见；就会老生常谈，提不出新思路、新见解。同样，演说过程中，如果你多加思考，那么，那些生硬的问题，自然就能找到通俗易懂的表达方式。

逻辑口才

演说是门语言艺术，演说过程中，如果我们希望自己的讲话引人入胜，就要注重讲话的逻辑，将逻辑思维推理融入到演说过程中，进而带动听众的热情，达成我们的讲话目的。

演说前充足的准备有助于梳理逻辑思维

现实生活中，我们发现，不少人一到公众面前说话就紧张得不得了，要么说话语无伦次，要么说话含糊其辞："我们研发部门花了半年的心血研究的产品，要是我给介绍砸了就全完了，怎么对得起他们呀。"事实上，他们没有意识到自己说话缺乏逻辑的一个关键原因是因为他们没有做足准备工作。

我们无论出席什么会议，参加什么活动，都有被邀请讲话的可能，所以应该随时做好讲话的准备。美国著名的口才学专家卡耐基说："没有准备的讲话是信口漫话或叫信口开河。"

卡耐基曾经历一件事，当时他在纽约的扶轮社，有一位显赫的官员是主持人，大家都在等着他开口演讲，想了解一下他所在的部里的情形。

卡耐基很快发现这位官员在事前并没有做准备，他原本想做即兴演讲，但却发现没有什么可谈的，然后他又从自己的口袋里找出一些记录的零散的笔记，实在太杂乱了，他手忙脚乱地翻来翻去，却找不到有利于演讲的东西，他表现得越来越尴尬，时间就这么过去了，他还是不知道该说什么，然后反复道歉，还是不断地去翻那些笔记，再然后，他端起手边的水，然后颤颤巍巍地凑到嘴边，也许他一辈子都不会忘记那样尴尬的场景，他完全被恐惧击败了，所有的问题都是因为他没有在演讲前做一点准备。

因为工作的关系，从1912年开始，卡耐基每年都要对五千次以上的演讲做评析，无论什么样的演讲都让卡耐基明白一点，只有准备充分的演讲才能产生完全的自信，这就好比上战场打战，不准备一点儿弹药，怎么有信心击退敌人呢？林肯也曾说："我若是无话可说时，就算年纪一大把经验一大堆，也免不了要为此难为情的。"

同样，生活中的人们，如果你也想说话时自信大方、娓娓道来，那么，为何不多做点准备、以此给自己增添一些安全感呢？为此，你可以从以下几个方面努力：

（1）选择合适的话题

我们在主持会议、宴会的时候，应该处处留心，及时了解和掌握会议和活动的主题、议程安排、参加人员，这样才能在主持会议的时候做好即席发言。你可以选择与主题相关的话题，或是自己比较熟悉的话题，或是听众喜欢的话题。

（2）预先整理你的意念

查尔斯·雷诺·柏朗博士曾在耶鲁大学演讲时说过："深思你的题目，酝酿成熟，漫溢思想的馨香……再把所有这些意念写下，简单得只要能表达清楚概念就可以……把它们写在纸片上……通过这样的整理，零散的片段就容易安排和组织起来。"听起来并不难吧？实际上也真的不难，只需要你做到有一点的专注和思考。

（3）简单构思

平时的即席发言准备时间不多，但是无论如何，也应该围绕话题，迅速在脑海里构思一个简单的讲话提纲。开头怎么开，讲什么；说明的主题分讲几个观点，把观点概括好，用关键词、关键句把它列出来；结尾怎么结，有点、有线、有骨架，那么简单即席发言就有了。

（4）常在朋友面前预讲

杰出的历史学家艾兰·尼文斯对作家也有类似的忠告："找一个对你的题材有兴趣的朋友，详尽地把你的想法讲给他听。这种方式可以帮你发现你可能遗漏的见解、事先无法预料的争论以及找到最适合讲述这个故事的形式。"

预讲是一个确保你的演说更成功的方法，你可以将你的想法、见解都告诉你的朋友，你可以告诉他你是在预讲，也可以不说，你可以听他的想法，也许他有更新奇的主意，那样对你的演说就更有价值了。

另外，开始演说之前，你可以深呼吸三十秒，增加的氧气供应可以提神，给你勇气。然后请站直你的身体，看着听众的眼睛，开始信心十足地讲话。

逻辑口才

克服当众说话的障碍，对于每个人做任何事都有潜移默化的积极作用，如果你是个在公众面前都能将话说得头头是道、富有逻辑性，会使你脱胎换骨，从而进入更丰富、更圆满的人生。

如何做好演说思路与环节的构思

我们都知道，演说是一门语言的艺术。好的演说能激发听众情绪、赢得听众的好感，要做到这一点，需要演说者做到内容思想丰富、深刻，见解精辟，有独到之处，发人深省，语言表达要形象、生动，富有感染力。事实上，任何熟练的演说者都会做足准备工作，在开口前，他们一定会在头脑中事先进行逻辑推理，从而理清思绪，因为他们明白，如果演说时语言平淡无味，观点毫无新意，即使在现场“演”得再卖力，效果也不会好，甚至相反。

对讲话进行构思就是预先对演说进行总体设计，顾名思义，是对讲话方式、过程、意图等进行的组织和整理，这是对演说进行逻辑架构的重要部分。我们先来看看下面的故事：

三十岁的陈先生最近刚刚获得一份在商场担任楼层主管的工作，上级领导交给他的第一个任务是：做一次就职演说。这对于学历不高、木讷的陈先生来说可是个难题，他花了将近十天的时间来准备这次演说。

这一天很快就来了，走上公司的会议大厅，他对所有同事和领导说：

“尊敬的各位领导、各位同仁！

虽然我到××的时间不长，但这在这简短的半个月里，但我已深深地感受到××这个大家庭的温暖，看到了××的发展前景。我也坚信我能做好这份工作，感谢公司给了我这样一个实现自我价值的舞台，在未来的日子里，我将继续努力，在原有的工作岗位上更加努力地工作，更加刻苦学习，做一个合格的××人。假如大家相信我、信任我，能够给我一次机会，我将在新的岗位上勤勤恳恳工作，认认真真做事，不辜负领导和同志们的希望和重托，将自己的每一份光和热都融化到××的事业中去，脚踏实地地干出一番事业。

今后，我希望能用你们的信任和我的努力作支撑，共铸××商场明天的辉煌！谢谢大家！”

这番演说里，表达了一个职场新人对做好未来工作的坚定决心，可谓至真至诚，自然能打动人心，获得同事和领导的支持。

那么，具体来说，我们该如何构思演说的环节和内容呢？这需要我们从三个方面努力：

（1）整体内容的构思

要做到构思，首先就要从整体把握。这就要我们根据要演说的目的和场景，然后确定演说的主题，并搜罗那些能验证我们观点的材料。在构思的过程中，对材料进行分析与加工，你要确定哪些材料可以用，哪些不可用，以及哪些在加工后才能用，从而使自己讲话的主题建立在充分证据的基础上。这样不但会让讲话内容更充实，也会让自己在讲话时心境更放松，更有自信。

（2）对讲话的结构与过程进行构思

一场好的演说，必定是气势磅礴的，也就是说，内容好只是其中一个好的方面而已，还需要有好的形式，我们不难发现，即便同样的演说内容，被不同的演说者叙述，也会产生完全不同的效果，这是为什么呢？

就是因为他们处理讲话结构的方式不同。一场绝妙的演说包括开场白、中间部分和收尾，人们常常将这三个部分形象地描述为“凤头、猪肚、豹尾”的式样。

在构思这三个部分时，你需要注意的是，对于第一部分，你不可操之过急，而应该先将听众的注意力吸引过来，然后再展开内容，这一部分要求语言设计巧妙，有吸引人的强烈效果。中间部分则应该层层递进，不断制造高潮，控制听众的思绪，同时语言要充实、舒展，能将要表达的内容完整准确地表达出来。结尾部分则应该用简洁有力的话语迅速收住，不拖泥带水。

（3）关键环节的构思

讲话要引人入胜，还必须巧妙设计一些关键环节。

那么，什么是关键环节呢？要么是对观众兴趣的激扬，要么是对话语内容的强调。幽默、悬念、流辩等话语是能够让观众高兴、为观众提神的话语，这类话语在整个讲话进程中合理布局，可以让观众处于持续的兴奋状态。而需要观众认真去听的某些内容，则可以通过重音，通过敲击声、向观众提问来提醒他们注意。

逻辑口才

讲话是否经过逻辑上的认真构思，将直接影响讲话的水平与效果。构思详细准确，讲话将更流畅、更充实，否则难免在讲话中出现各种纰漏。

开放性的提问能带动听众热情

前面我们谈到，沟通是相互的，是双向的，演说中，与听众的互动也是如此，一些人在演说中如鱼得水、尽得听众掌声，而有些人却被听众冷落、一个人唱独角戏，其中一个重要原因就是听众对你的话不感兴趣。一个真正的演说高手似乎总是能营造出愉快的沟通氛围，而其实，这与他们善于提问来挖掘听众的兴趣有关，听众一旦愿意听你说话，便会认同你，接受你。但事实上，提问也并非一件易事，因为我们的提问只有在发挥积极的作用下，对方才愿意回答。而这就要求我们多提积极的、开放的问题。因为通常来说，只有开放性的问题才能让听众回答的范围越来越广，也才能产生积极的效果。

一个刚来到澳大利亚的中国留学生遇到了这样一件事。

一天，他在街上闲逛，走过来一个金发小姐 ，并对他说：“您是中国人？”

“嗯，”他他下意识地回答了一声。

“那么，我能问您几个问题吗？”

“但是我并不懂英语。”他打着手势，装作并不懂的样子。

“请放心吧，只是四个问题。”金发小姐对他微笑了一下，然后问了一连串的问题：“您是学生还是参加工作了？您最想做的事是什么？将来想从事什么工作？对未来有何打算？”

听到金发小姐这些问题，他所有的疑问都消除了，他心想，在这样陌生的一个城市中，竟然还有人关心他，关心他的工作、生活，甚至未来等，于是，他也很诚恳地回答了金发小姐的问题：“我还是学生，但我同时也在打工，每天我都感到很压抑，我没有朋友，因此，我希望和别人交往。在未来嘛，我当然希望从事我喜欢的工作并取得一定的成就。”

“您渴望交朋友、渴望让自己的生活丰富起来，也渴望成功，那么，您想过没，你可以选择一个媒介去帮您实现，对于这一点，我就能告诉您。”

他感到十分惊奇，“她怎样帮助我实现？”于是，他在金发小姐的带领下，来到了她的办公室。接下来，金发小姐告诉他，她的工作是帮助那些有困难的人，根据他们的具体情况，为他们推荐他们需要的书籍，并且，这里的书籍还可以享受九折优惠，于是，这位留学生在最后不得不买了金发小姐推荐的一本书。

在这个案例中，金发小姐成功推销出自己的书，就是因为她善于提问，而这些问题，是丝毫没有涉及推销的，并且是从关心留学生的角度提出的，因此，很快便使留学生消除了心理障碍。然后，她再适时地引入销售问题，让留学生产生一种继续想知道的愿望，随后，金发小姐成功推销出书。

同样，这一方法也可以被运用到演说中。的确，开放性的问题因为具有很大的回答空间，所以能激发听众的说话欲望，进而让听众参与到谈话中，在听众感受到轻松、自由的说话氛围后，便会对你的演说产生兴趣。

通常来说，开放性的提问方式，有一些的典型问法，比如，“为什么……”“……怎（么）样”或者“如何……”“什么……”“哪些……”

等。具体的问法就像案例中一样，需要我们认真琢磨和多实践才能运用自如。

当然，在提开放性问题的时候，我们还需要注意以下几点：

（1）以轻松的问题发问

以轻松的话题开头，最好不要直接涉及演说的主题。当然，以这种问法开头，要求我们掌握在交谈中的主动地位，这样问的目的在于一步步引导对方，在对方肯定了我们所有的问题后，自然会得出积极的结论。

（2）对于听众的回答，千万不要否定

演说中，如果当你提出某个开放性问题后，听众的回答你不认同，你甚至特别想说服他接受你的观点，此时，你最好不要一上来就否定他的观点，说他的观点是错误的、荒谬的，这样一定不会获得你想要的结果。相反，如果你能机智、委婉地说出你的观点，然后将听众引导到其他话题上来，从而让他们忘记自己原来的观点，这是能将话题继续下去的明智之举。

（3）避开听众的忌讳

事实上，每个人都有自己的忌讳，人人也都讨厌别人提及自己的忌讳。我们在提开放性问题的时候，最好要避开这类话题，把握分寸，不要伤害到别人的自尊心。

逻辑口才

人们都喜欢在轻松、和谐的环境中沟通，听众也是如此，我们是否能达到自己的演说目的，也与听众是否愿意互动有直接的关系，我们多提开放性的问题，能使听众产生回答的兴趣，从而愿意继续听下去，何乐而不为呢？

演说者的语言表达基本要求

我们都知道，语言是交流的重要工具，语言表达是一个人能力的重要体现，也是一个人应具备的重要素质。相对于一般的谈话来说，演说的难度大得多，其中一个重要的方面就是遣词造句。演说要求我们有更高的语言表达能力，做到用词准确、一针见血，而不是在那泛泛而谈也说不出个所以然来。

所以，对于演说是有一定语言要求的，因为我们讲话的目的同样是为了向听众传达思想、表达观点，如果我们连语言表达都不清楚，那所造成的结果有可能是你在那里讲了大半天，但听众却未必能明白其中的真意。如此，我们讲话不就等于白讲了。

因此，我们在演说的时候一定要句句达意，针对某个问题，要把其中的利害关系说清楚，把怎么办说清楚，并且使下面的人听了会完全意会，切忌在半空中论过去、议过来，主题散乱而不清晰。表达是否清晰将在很大程度上体现一个人的口才水平，而且，还能够直接体现我们的思想理论功底、政策水平、逻辑思维能力，卓越的演说者就能够清晰地表达自己的思想及观点，他们往往能透过现象看本质，一针见血地指出问题，然后清楚地指出解决问题的办法。

在一次会议上，某市委书记在谈到民生问题时说："这几年我们市改善民生工作富有成效，但对照人民群众的期望还存在不小差距。我听说现在有一句顺口溜，是这样说的：'生不起，剖腹一刀五千几；读不起，选个学校三万起；住不起，一万多元一平方米；娶不起，没房没车谁跟你；病不起，药费让人脱层皮；死不起，火化下葬一万几。'这句顺口溜可能不够准确全面，但也说明部分老百姓生活压力很大。只有提高居民收入，才能解决这些问题。"

在这次会上，市委书记的讲话可谓是“句句达意”，他开口并没有讲一些空洞的大道理，而是用群众中流传的一句“顺口溜”来谈民生问题，把问题说得深刻却不深奥，能够让人一听就能明白群众面临的具体困难，并且知道应该从哪些方面着手处理问题。这在当时给与会者留下了深刻而难忘的印象，以至于后来被不少媒体撰文来表达对这种讲话方式的肯定。

其实，我们演说是否达到了预期的目标，就看它是否被听众所理解、所接受了。当然，要想听众能够准确理解话中的含义，首要条件是需要我们具备良好的语言表达力，即清晰地表达自己的思想及观点。相反，如果我们的语言表述不够清楚，那么，听众就会听得一头雾水，似懂非懂，最后，他们自然不能配合我们采取相应的行动了。

很多时候，一个人之所以能用寥寥数语就能够赢得民心，重要的原因不在于他有多么好的口才、有多么好的语言表达能力，而是在于他的语言朴实无华，情深意切，打动人心。

要达到这一效果，演说中，我们要在语言上达到这样的要求：

（1）准确运用语言

我们讲话要注意语言运用的准确性，要做到“两通”“一短”。

两通，一是通俗。讲话往往是靠听者的听觉接受的，所以，要让听者听清楚、听明白，语言就要恰当、通俗易懂。我们不要自以为是地追求一些华丽的辞藻，说一些生僻怪异、晦涩难懂的词语和术语。讲话时，引用的古语典故也要准确，要注意听众和语言环境，要使人能够理解。

二是通顺，我们讲话要语言表达清楚，不要模拟两可，你说起来朗朗上口，听起来也要悦耳动听，千万不要用那些拗口、听起来别扭的语言。“一短”就是要句子要短，我们在讲话中尽可能用短句子，有的句子太长了，就会让人听不清，容易让人产生误解。

（2）切合语境

演说中，我们一定要切合语境，就是指你要根据你说话的客观现场环境，包括时间、地点、目的以及讲话的内容等来开始发表你的讲话，这样才能更准确地表达自己的想法。有些人不管语境，而是自顾自地说，结果他在台上面说了大半天，台下面的听众还是不知道他所表达的意思到底是什么。

另外，我们讲话的内容一定要与你讲话的时间、地点与场合相对应，否则就有可能让下面的人摸不着头脑。

逻辑口才

要想成功演说，就要提高自己的语言表现力，讲话要句句含真意，你的表述足够清晰，听众才会真正领悟到其中的真意。有效表达的首要条件是知道什么时候说什么话，表达要清晰、准确地反应你的思想、情感、情绪。

演说要注重表达技巧

在我们的现实生活中，我们也听过他人的演说，我们发现，一些演说者无论什么场合说话都照本宣科，又长又空，结果往往是说者口干舌燥，而台下的听众昏昏欲睡。这样的情况，往往是因为演说者的演说内容枯燥无味，且太空，此时如果我们结合实际来一段入情入理的即兴演说，既有利于活跃气氛，更能凸显出演说者杰出的口才、渊博的知识，有利于增添演说者的个人魅力，收到一举两得的效果。

当然，要想让演说达到预期效果，最好还要掌握一些表达技巧。

（1）注重知识积累并善于选择运用

一次，据说某高官挺胸凸肚出现在某大学校庆演讲台上。未开口倒也威风凛凛，大有学界泰斗之状；口一张，原形毕露，信口雌黄，粗俗不堪。搞得满座师生愕然。内容大致有："诸位，各位，在齐位：今天是什么天气？今天是演讲的天气。开会的人来齐了没有？看样子大概有个五分之八啦，没来的举手吧！很好，都到齐了。敝人认为……"

这位高官一开口便原形毕露，露出其"不学无术"的本来面目，在大学校庆上出丑，就是其语言知识的匮乏导致的。假设其是个腹有诗书之人，估计也不会闹出如此笑话。

的确，不积跬步，无以至千里，不积小流，无以成江海。我们部要想在演说时胸有成竹，就必须从点滴积累，在平日里充实自己的头脑，另外，我们在演说时要善于筛选信息，要从我们获得的知识中选择出那些有新意的知识点和那些真实有效的信息。

（2）内容充实，条理清楚，重点突出

不管什么样的讲话，最忌讳的就是空话连篇、废话连篇。在演说中，很多时候，台上的讲话者滔滔不绝说了半天，而听众听不明白他要讲什么。这样的讲话自然是无效的。因此，我们在开口之前就要梳理自己的讲话内容，这样在讲话时候才能做到内容充实，条理清楚，重点突出。

条理清楚，就是要明白先说什么，后说什么。就是说你讲话时的思路要非常清楚，一层意思一层意思地讲。不要东扯葫芦西扯瓜，语无伦次。

演说要层次分明，听众一听就懂，力戒"以其昏昏、使人昭昭"。如，现场会介绍引进的重点项目，重点介绍一下项目引进、建设、生产及效益等，不必过多纠缠项目辉煌历史、远景宏大规划等，让听讲人心中清楚即可。

重点突出，就是在发言时确定详说什么、略说什么。当然，这要根据具体的情境需要而定。

（3）力求言简意赅、言之有物。要突出主题

演说要结合场合，紧紧围绕一个中心，所有论据、论证都围绕中心服务。如演说的场合是表彰大会，那么，最重要的讲话内容自然围绕"成绩如何取

得”这一主旨，不论从主客观等各项因素分析论证，但最终的归宿都是围绕“成绩如何取得”开展。

（4）配合肢体语言

成功的演说家大都是富有活力和精神抖擞的人，他们具有爆发力，可把内心的情绪迸发出来。因此，如果你想让你的演说更精彩，就不要忽视肢体语言的力量，在演说的时候就不应该单是报告一些事实，还该把自己的肢体语言注入你的演说中，只有这样，才会真正打动听众。这要求我们在表达的时候要做到仪态得体，要站有站相，坐有坐相，落落大方，给人一种冷静沉着、气度不凡的感觉，于细微处展现干练。

其次，我们还要注重与听众进行眼神交流。

看着听众说话的好处在于：能使听众看到你的目光，看到你内心的真情实感。一个优秀的讲话者，绝不忘和听众的眼神交流。而实际上，一些演说者在说话的时候，或为了显示自己的领导地位，或因紧张所致，他们或仰视天棚，或俯视地板，或左顾右盼，东张西望，躲避听众的目光，显得很不庄重，很不礼貌。

另外，我们要善用手势。手势是我们在演说时的个人情感的自然流露，不过我们需要注意的是，无论是手势的部位、幅度、方向、力度应与讲话的有声语言、面部表情、身体姿态密切配合，协调一致，不可生搬硬套，勉强凑手势。另外，在运用手势的过程中，切忌一成不变只做一种手势，避免单调呆板。

逻辑口才

演说中，我们在陈述观点和传递信息的时候，只有注重表达，才能让说出的话有力度，才能让听众听进去，才是好的说话方式。

会“说”还要会“演”，演说中肢体语言的运用

提到演说，我们常常把关注点放到“说”中，而忽视了“演”，其实，人们使用最频繁的是非语言的交谈方式，这就是人们常说的“肢体语言”，它通常是在说话之前就已经表达出了我们的感觉和态度，反映了我们对他人的接受度。演说中也是如此，我们一定要注意肢体动作的利用。善用肢体语言，能拉近我们与听众的距离。

体态语，顾名思义，就是借用身体表达出来的语言，也称为身体语言，肢体语言，无声语言。体态语包括动和静两种。动态语包括手、脚、头等所作出的姿势，站姿、坐姿、服饰等就属于静态语了。体态语在演说中的使用范围极广，使用频率也极高。在演说中，我们一登台亮相，还未开口便已经用体态语给听众留下第一印象。鉴于此，你若能在演说中恰当灵活地运用体态语言，可以辅助口语以更好地表情达意。

心理学研究表明：人感觉印象的77%来自眼睛，14%来自耳朵，视觉印象在头脑中保持时间超过其他器官。英国有一句古老的格言说：“你说话内容的有无并不重要，重要的是你的表达方式。”有的心理学家认为：无声语言所显示的意义要比有声音语言丰富得多，而且也深刻得多。 由此可见，体态语言有多么重要。像演说这样集中的情感表达，怎么可能少得了体态、姿势、表情等体态语言的参与呢？

事实上，任何一位成功的演说家，大都是富有活力和精神抖擞的人，他们具有爆发力，可把内心的情绪迸发出来。因此，如果你想让你的讲话更精彩，就不要忽视肢体语言的力量，在演说的时候就不应该单是报告一些事实，还该把自己的肢体语言注入你的演说中，只有这样，才会真正打动听众。

美国第40任总统里根演员出身，拥有高超的表演技巧，每次演说都能充分运用目光语，他的眼睛有时像聚光灯，把目光聚集到全场的某一点上；有

时则像探照灯，目光扫遍全场。因此有人评价他的目光语是一台“征服一切的戏”。

可见，演说的确需要懂得一定的表演艺术，否则你便不能自然从容、潇洒大方地走上讲台。即使走到台前，也不知道怎样才能站得挺拔潇洒，让人看着舒服。也许你还会感到别扭，不知道手该往哪儿放，眼该往哪儿看，以及怎样配合自己的声音做表情，打手势。

另外，我们都知道。站在台上讲话与在台下讲话毕竟不是一回事，站着讲与坐着讲，感觉又不一样。站在台上，你的一举一动都会对听众产生重要影响。可能一些人会认为，只要尽力控制住自己，在台上不哭不笑，不走不动就不会出现什么问题了。其实不然，这样你就成了一具会说话的木偶，这样的演说只能让听众觉得可笑。

在演说中，具体来说，我们可以尝试使用这些肢体动作：

（1）偶尔张开你的双臂

这是一个热情的动作。可以想象，当你遇到某人的时候，如果他交叉双臂站着或坐着，说明他很冷漠，一点也不高兴。因此，当你交叉双臂站着或坐着时，你给他人的感觉是：你不愿意交谈，你有防备心，你将自己封闭起来。手捂着嘴（或手捂着嘴笑）或支着下巴的动作表明你正在思考。反过来，你也可以想象一下，如果是你，可能也不会打扰一个正在深思的人吧。另外，如果你双臂交叉，那么，你自身也会显得局促不安，从而让他人也不愿意靠近你，因为在与你交谈的时候，他们也会感到不自在。

所以，演说中，如果你想向听众表达出你的热情，就张开你的双臂，即便看起来有点夸张，也比交叉抱着双臂要好得多。

（2）讲话时身体微向前倾

当你站在讲台上讲话的时候，身体微微前倾，这表明你热衷于你所演说的话题，也是对听众的尊重。

（3）带着笑脸讲话

美国前总统里根的演说便发挥了微笑的作用。演说开始之前，里根总是先微笑示人，让人倍感亲切，给大家留下一个极好的印象，演说过程中也处处让人感动到平易和善，而非高高在上。这样的总统作风自然受人欢迎。拉近与他人距离最有效的方法莫过于以微笑示人。

除了以上三点外，我们在演说台上该怎样站，怎么看，甚至细化到一个眼神、一个动作都是重要的问题。懂得恰当地运用体态语，熟悉一些表演艺术，是使演说者能在台上轻松自然地演说的必要前提。

逻辑口才

体态语是演说中重要的表达方式之一，它不仅有效地帮助你传情达意，使你站在台上不至于太呆板，还能塑造你的形象，给听众留下深刻印象。

防止言辞混乱：谈话中应用逻辑规律

生活中，我们常听到这样一句话："你的话不符合逻辑。"这是由于违反逻辑规律造成的。所谓的逻辑规律，不是人们想象出来的，而是人们在长期的推理和思维实践中总结出来的。如果违反了它，就会造成思维和语言上的混乱。为此，我们在谈话中一定要遵守，这些逻辑定律有矛盾律、同一律、排中律和充足理由律。

谈话中要明确概念本义

前面我们谈到，在对话中，发话者和听话者提出的概念必须是明确的，这一情况适用于任何交谈和辩论。的确，在谈话中，为了减少误解，让沟通更顺畅，有时对使用的概念必须要明确其本义，否则就犯了偷换概念的错误。我们先来看下面几则例子：

例子一：

张某喜欢打麻将，隔壁李某上门劝说："你们打麻将打搅别人休息。"

李某回说："你说我们打搅的是别人，又没有打搅你。"

例子二：

A：你有烧水的水壶吗？

B：有。

A：那借给我烧下开水。

B：你烧开水还用借水壶吗？水是开的用不着烧了。

A：那我烧冷水好了吧？

B：不行啊，我水壶是烧开水的。

A：那我烧开水好吗？

B：开水还用烧吗？

……

以上两则例子是常见的偷换概念，在例子一中，张某话语里说的"别人"泛指的是除了里面以外的所有人，当然也包括张某自己，但是李某却缩小了张某的概念，所以才说出了“又没有打扰你”的话。

而在例子二中，面对A来向自己借水壶，B反复几次偷换概念，“开水”是“开”的，自然是不用烧了，而他又说自己的水壶是用来烧开水的，如此反复，其实，对于A来说，面对B故意偷换概念，他可以回答：“把你的水壶借给我烧下水。”避开“开水”与“冷水”的话题，也就避免了对方偷换概念了。

逻辑学上的偷换概念，指的是将一些似乎一样的概念进行偷换，实际上改变了概念的修饰语、适用范围、所指对象等具体内涵。

偷换概念是一个歪曲对手言论的逻辑谬误。犯下这谬误者会把对方的言论重新塑造成一个容易推翻的立场，然后再对这立场加以攻击。偷换概念可以是修辞学的技巧，也可以用来对人们作出游说，但事实上，这只是误导人的谬误，因为对方真正的论据并没有被推翻。

偷换概念就是把一件事物的本来意义用狡辩的手法换成另外一种看起来也能成立的解释，混淆是非，把假的搞成了真的，转移对方的注意力，以达到某种目的。中国的成语“偷梁换柱”“以假乱真”“浑水摸鱼”“顾左右而言他”似乎都多少表现了偷换概念的那种意境。

以下是一些偷换概念的表现：

①把对方言论作出曲解，把它推翻，再假装已经推翻了对方真正的言论；

②断章取义——从对方真正的言论中选取有误导性的段落；

③选取其他与对方拥有相同立场的人，把他们支持该立场的软弱论据推翻，再假装已经辩倒“所有”拥有该立场的人，以推翻该立场；

④虚构一个行为和信念遭受批评的人物，再声称该人物为对方言论不可或缺的一部分；

当然，此处我们要强调的依然是谈话中要避免出现概念偷换的情况，就要明确概念，这样，才能让听者明确本义，加强彼此沟通。我们再来看看下面几则谈话中概念不明确的语句：

①“你说，读完北京大学用多少时间？”

②“你相信吗？我会用黑墨水写出红字来。”

③“把冰变成水最快的办法是什么？”

④“早晨醒来每个人都要做的事是什么？”

我们对这四句话进行分析：

按正常人的思维，读完北京大学，就会想到读完本科，整个过程当然要四年，要是读研究生还要更长时间。偷换概念后就成了把“北京大学”四个字读完用多少时间，当然只要一秒钟。这是平常思维的人都想不到的。

用黑墨水怎么会写出红色的字来，打死都不会相信。偷换概念后，就变成我能用黑墨水写出“红”这个字来，不是写出红色的字。

同样，用偷换概念方法，把冰变成水，只要把“冰”这个字，抹掉两点水的偏旁，不就成了“水”字。

早晨醒来先做什么？而且是大家都要做的事。其实很简单，就是睁开眼睛。出题的人故意偷换概念，让大家往正常的思维方向去想，当然就不会得出理想的答案来。

当然，把对方的论点小心地描述和推翻并非经常是个谬误。这手法可以限制对方论点的范畴，使其离题，或者作出穷举法论证的一步。

比如，德国大文豪歌德曾经在路上遭遇一名不友善的人。这个人认识歌德，但竟然当面对歌德说：“我不会让路给傻瓜。”

歌德说：“我正好相反。”然后给那个人让开一条路。

总之，在谈话中，我们要明确概念和本义，以避免出现沟通中的误解，但是处于反驳他人的目的，就另当别论了。

逻辑口才

谈话中，如果表达的概念不清晰、不明确的话，不但会导致误解，还会造成事与愿违的结果。

谈话中，语失时该如何补救

“人有失足，马有失蹄”。在交谈中，无论凡人名人，都免不了发生言语失误，尤其是在犯了逻辑错误的情况下，很容易造成贻笑大方，或纠纷四起，有时甚至不堪收场。

经验不足的人碰到这种情况往往懊恼不已，心慌意乱，越发紧张，接下去的表现更为糟糕。如果我们能来个将错就错，借题发挥，把错话说“圆”，则可以轻松地摆脱窘境。言多语失时，最重要的就是要镇定自若、处变不惊，飞速地转动大脑，思考弥补口误的方法。

在实际谈话中，遇到失言的情况，有四个补救的小技巧可供参考：

（1）改义法

这种方法就是在错话出口之后，能巧妙地将错话续接下去，最后达到纠错的目的。其高妙之外在于，能够不动声色地改变说话的情境，使听者不由自主地转移原先的思路，不自觉地顺着自己的思维走，随着自己的语言表达而产生情感波动。

在一次婚宴上，来宾争着向新人祝福。有一位女士激动地说道：“走过了恋爱的季节，就步入了婚姻的漫漫旅途，你们现在就好比是一对旧机车……”其实她本想说“新机车”，却一时口误，霎时举座哗然。这对新人的不满更是溢于言表，因为他们都是各自离异，历尽波折才成眷属的，自然以为刚才之语隐含讥讽。那位女士发觉言语出错，连忙住口。她的本来意思是要将一对新人比作新机车，希望他们能够少些摩擦，多些谅解。但语既出口，若硬改过来，反而不美。她马上镇定下来，不慌不忙地补充了一句：“你们现在就好比是一对旧机车装上了新的发动机。”此言一出，举座称妙。继而，她又深情地说道：“愿你们以甜美的爱情为润滑油，开足马力，朝着幸福美满的生活飞奔吧！”餐厅顿时掌声雷动。

（2）引申法

迅速将错误言辞引开，避免在错中纠缠。比如可以接着那句话之后说："我刚才那句话还应作如下补充……"然后根据当时的情境，做出相应的发挥，这样就可将错话抹掉。

（3）移植法

就是把错话移植到他人头上。如说："这是某些人的观点，我认为正确的说法应该是……"这就把自己已出口的某句错误纠正过来了。对方虽有某种感觉，但是无法认定是你说错了。

赵峰是上海人，就读于复旦大学，本科毕业直读硕士，硕士毕业以后找到了一个很不错的工作。一次，赵峰和小刘一起去吃饭，席间说到上海的交通问题，在上海土生土长的赵峰顺口发表评论："上海这几年交通恶化实在是因为外地来的大学生太多，都说应该好好严格户口制度，二三流大学的家伙就不要再给他们机会了。"说完之后，他立刻意识到，小刘本人就是二流学校毕业，从四川到上海来发展的，于是他连忙补救道："当然，这是少数人的说法，这种说法太片面了，任何学校都有优秀的毕业生，而上海市的建设与发展，也离不开在上海的各地人的共同努力。"

（4）转移法

巧妙地转移话题和分散别人的注意力

说错了话，要学会巧妙地转移话题，化解尴尬场面。比如用幽默或玩笑的方式转移目标，把紧张的话题变成轻松的玩笑等，也可以巧妙地运用"挪移"手法，把别人的注意力吸引到其他方面。

一位老师普通话不过关，有一次上语文课，讲到某一问题要举例说明时，把"我有四个比方"说成了"我有四个屁放"，一时教室里像炸开了锅，学生笑得不可收拾。老师灵机一动，吟出一首打油诗："四个屁放，大出洋相，各位同学，莫学我样，早日练好普通话，年轻潇洒又漂亮。"老师的机智幽默赢得了学生的热烈掌声。

这位老师四两拨千斤，一首打油诗，就把自己的口误变成了对同学的激励，同学们在反思之余，自然就不会再把“四个屁放”当乐子了。

当然，能否快速将自己从失语中解救出来，关键是要看一个人的应变能力，应变能力反映一个人的机智和修养。当然，应变能力是以人生经验为基础的，只有多次实践，并总结经验，才能变得聪明老练。

逻辑口才

谈话中，发生口误在所难免，此时不管你是一味发窘还是拼命掩饰，都会使事情更为糟糕。这时候要稳住心神，寻找补救的方法。

谈话中要避免双双否定

在前面的章节中我们提到，谈话中的概念必须要明确，这也是为了保证思想的明确性，更能保证谈话的顺畅，这是思维正确的前提。在逻辑的三大基本定律中，我们已经分析多矛盾律和同一律，另外还有排中律。

所谓排中律，指的是在同一思维过程中，两个互相矛盾的思想不能同假，必有一真。排中律的公式是：“A或者非A”。

排中律的逻辑要求是：对于两个互相矛盾的判断，必须明确地肯定其中之一是真的，不能对两者同时都加以否定。对于两个互相矛盾的命题，如果有人既不承认前者是真的，又不承认后者是真的，或者说，如果有人既认为前者是假的，又认为后者也是假的，那么此人的思想就陷入了我们习惯所说的“模棱两可”之中（实际上应该叫作“模棱两不可”）。

模棱两可是一种常见的违反排中律要求的逻辑错误。所谓模棱两可，就是在两个互相矛盾的命题之间，回避作出明确的选择，不作明确肯定的回答，既不肯定，也不否定。我们来看看下面这一则故事：

有一块空地可以种庄稼，甲、乙两人讨论这块地种什么庄稼好。甲一会儿说应该种小麦，一会儿又说不应该种小麦。针对甲的说法，乙说：“你的两种意见我都不同意”。试分析甲、乙两人犯了什么逻辑错误。

这里，甲的说法违反了矛盾律的要求，犯了“自相矛盾”的错误，因为他同时断定了这块空地“应该种小麦”和“不应该种小麦”这两个相互矛盾的判断。针对甲的说法，乙的说法违反了排中律的要求，因为排中律认为两个互相矛盾的判断不能同假，而乙恰好断定上述两个判断都是假的。

违反排中律的原因，往往是由于在“是”与“非”之间含糊其辞的，持骑墙居中的态度；或者由于认识模糊，把具有矛盾关系的思想混为一谈。

所以，我们可以说，在同一思维过程中，如果对两个互相矛盾的思想，既不承认这个，又不承认那个，那就违反了排中律的要求，双双否定的情况也是不存在的，为此，我们在说话中也要尽量避免这一逻辑错误，这样才能正确地反映客观事物，也才能达到沟通目的。

不过，在现实的沟通中，有些情况下，违反排中律的情况并不是单独出现的，而是掺杂着其他的情况，需要我们一一分析。比如，

和平中学的四位老师在高考前对某理科毕业班学生的前景进行推测，他们特别关注班里的两个尖子生。

张老师说：“如果陈勇能考上北大，那么方林也能考上北大。”

李老师说：“依我看这个班没有人能考上北大。”

王老师说：“不管方林能否考上北大，陈勇考不上北大。”

赵老师说：“我看方林考不上北大，但陈勇能考上北大。”

高考的结果证明，四位老师中只有一人的推测成立。

如果上述断定是真的，则以下哪项也一定是真的?

A.李老师的推测成立。

B.王老师的推测成立。

C.赵老师的推测成立。

D.如果方林考不上北大，则张老师的推测成立。

E.如果方林考上了北大，则张老师的推测成立。

正确答案：E。

题干中张老师和赵老师的推测形式分别是“如果P则Q”和“P并且非Q”，互相矛盾，根据矛盾律和排中律，其中必有一个推测成立且只有一个成立，另一个不成立。又由条件，四人中只有一人的推测成立，因此，李老师和王老师的推测均不成立，即事实上陈勇考上了北大。因此，如果方林考上了北大，则张老师的推测成立，即E项为真。

可能你会产生疑问，谈话中如何揭露“骑墙居中”“模棱两可”的逻辑错误呢？

在同一思维的过程中，两个互相否定的思想必有一个是真的。所以，交谈中，双双否定的情况是不存在的，我们应尽量避免。

开口说话必须有据可依切忌虚假

说话要诚实、有据可依，这是人尽皆知的道理，并且，从逻辑学的角度考虑，这是符合逻辑定律中的充足理由律的。充足理由律的内容是：在同一思维和论证过程中，一个思想被确定为真，总是有充足理由的。

这里所说的思想通常是指其真实性需要确定的判断，因此充足理由律可以表述为：p真，因为q真，并且由q能推出p。

也可以用符号公式表示为：

$[q \land (q \rightarrow p)] \rightarrow p$

在上述表达式中，“p”代表其真实性需要加以确定的判断，我们称它为推断。“q”代表用来确定“p”真的判断（也可以是一组判断），我们称之为理由。因此“$[q \land (q \rightarrow p)] \rightarrow p$”的意思是说：一个判断“p”所以被确定为真，是因为“q”真，并且由“q”真可以推出“p”真。在这里“q”就是“p”的充足理由。

充足理由律的逻辑要求主要有两条：

第一，理由必须真实；

第二，理由与推断之间要有逻辑联系。

但必须指出，充足理由律本身并不能为人们提供真实理由。因为在一个论证中，理由究竟是真是假，这不能由充足理由律来确定。这样的问题只能由实践和各门具体科学来解决。

违反充足理由律的要求，就会犯“理由虚假”或“推不出”的逻辑错误。

（1）理由虚假

以主观臆造的理由为依据进行论证，就要犯“理由虚假”的逻辑错误。

（2）推不出

有时，理由孤立地来看是真实的，但它同推断没有必然联系，理由推不出推断。

充足理由律主要是用来保证思维的论证性。说话、写文章或著书立说只有具有论证性，才能具有真正的说服力。

同样，我们在谈话中，按照这一逻辑要求来说话，也会让话语更有说服力。

“狼来了”的故事，我们都听过：

从前，有个放羊娃，每天都去山上放羊。

一天，他觉得十分无聊，就想了个捉弄大家寻开心的主意。他向着山下正在种田的农夫们大声喊：“狼来了！狼来了！救命啊！”

农夫们听到喊声急忙拿着锄头和镰刀往山上跑，他们边跑边喊：“不要怕，孩子，我们来帮你打恶狼！”

农夫们气喘吁吁地赶到山上一看，连狼的影子也没有！放羊娃哈哈大笑：“真有意思，你们上当了！”农夫们生气地走了。

第二天，放羊娃故伎重演，善良的农夫们又冲上来帮他打狼，可还是没有见到狼的影子。

放羊娃笑得直不起腰：“哈哈！你们又上当了！哈哈！”

大伙儿对放羊娃一而再再而三地说谎十分生气，从此再也不相信他的话了。

过了几天，狼真的来了，一下子闯进了羊群。放羊娃害怕极了，拼命地向农夫们喊：“狼来了！狼来了！快救命呀！狼真的来了！”

农夫们听到他的喊声，以为他又在说谎，大家都不理睬他，没有人去帮他，结果放羊娃的许多羊都被狼咬死了。

从这个故事中，说话要真实是取得信任的前提条件，没有谁喜欢听谎言。另外，沟通中，如果我们发现对方的话站不住脚，也要懂得利用口才技巧击破谎言。

逻辑口才

在任何形式的谈话中，我们都要求概念必须是真实可信的，是有据可依的，这样才能经得起逻辑的推敲，才更有说服力。

说话以偏概全无法让人信服

根据充足理由定律，我们能得出，任何结论的得出必须要有充足的理由，没有理由就不能成立，理由虚假也不能成立，即便是理由真实，在理据不充足的情况下依然不成立。这里，我们要指出说话中一个常见的思维毛病，是以偏概全，乱作归纳推理，把个别的、一时的现象当作普遍的和永恒的。

据说，俄国著名的大文豪普希金狂热地爱上了被称为“莫斯科第一美人”的娜坦丽，并且和她结了婚。娜坦丽容貌惊人，但与普希金志不同道不合。当普希金每次把写好的诗读给她听时。她总是捂着耳朵说：“不要听！不要听！”相反，她总是要普希金陪她游乐，出席一些豪华的晚会、舞会，普希金为此丢下创作，弄得债台高筑，最后还为她决斗而死，使一颗文学巨星过早地陨落。

在普希金看来，一个漂亮的女人也必然有非凡的智慧和高贵的品格，然而事实并非如此，普希金在思维上犯的错就是以偏概全。人身上本没有光环，光环是被周围人加上的，光环加足了，平凡人也成为神。

其实，说话中也是如此，缺乏科学的头脑和逻辑思维的推理，便匆忙给出结论，也是以偏概全的表现。

曾经有一个英国人，他第一次来到法国的加来登，看到两个长着红色头发的法国人，便认为原来法国人都是长着红头发的。

再比如，生活中一些人在和某个人打交道（此人是某个地方的）中被骗，就认为这个地方的人都是骗子。

我们对一个人或一件事过分执着，就会在无意识中只关注甚至扩大对方的优点，以至于看不清事物的本质。在晕轮效应的影响下，我们的判断一般都是非理智的，常常让我们发生以貌取人、以偏概全的错误行为，因而产生事后的困惑、后悔。所以，要避免它的发生，就一定要确保自己深入地去了解对方，且不宜轻易下论断。

20世纪20年代美国著名心理学家爱德华·桑戴克提出了著名的“晕轮效应”，这一概念的含义是，人们对人的认知和判断往往只从局部出发，扩散而得出整体印象，也即常常以偏概全。一个人如果被标明是好的，他就会被一种积极肯定的光环笼罩，并被赋予一切都好的品质；如果一个人被标明是坏的，他就被一种消极否定的光环所笼罩，并被认为具有各种坏品质。

心理学家桑戴克还做了这样一个实验。他让被试者看一些照片，照片上的人有的很有魅力，有的无魅力，有的中等。然后让被试者在与魅力无关的特点方面评定这些人。结果表明，被试者对有魅力的人比对无魅力的赋予更多理想的人格特征，如和蔼、沉着、好交际等。

最典型的例子就是当我们看到某个明星在媒体上爆出一些丑闻时总是很惊讶，而事实上我们心中这个明星的形象根本就是她在银幕或媒体上展现给我们的那圈“光晕”，它真实是人格我们是不得而知的，仅仅是推断的。

以偏概全的逻辑错误可以增强人们对未知事物认识的可信度和说服力，因此，人们在认识这一事物的过程中会达到“好者越好，差者越差”的效果。很明显，这一逻辑错误会造成一些误区，比如：

（1）容易抓住事物的个别特征，习惯以个别推及一般，就像盲人摸象一样，以点代面；

（2）说好就全都肯定，说坏就全部否定，这是一种受主观偏见支配的绝对化倾向。

（3）把并无内在联系的一些个性或外貌特征联系在一起，断言有这种特征必然会有另一种特征。

正如歌德所说：“人们见到的，正是他们知道的。”日常生活中，很多时候我们对人的知觉、评价都受到我们自身认识的影响，我们喜爱一个人的某个特征，就喜欢整个人，进而泛化到喜爱一切与他有关的事物。这就是所谓“爱屋及乌”。相反，如果不喜欢某个人某个事，负面看法就会波及他的周围。为此，我们在谈话时，最好避免以偏概全，应从多角度和多渠道了解。

逻辑口才

以偏概全的逻辑错误不但常表现在以貌取人上，而且还常表现在以服装定地位、性格，以初次言谈定人的才能与品德等方面。在对不太熟悉的人或事进行评价时，我们很容易以偏概全，实际上，这是我们应该避免的。

主观臆断，不足为据

生活中，人们常说："没有调查就没有发言权""实践才是检验真理的唯一标准"。我们在与人交谈的过程中，要想让自己的话更有说服力，也绝不能信口开河、仅凭自己主观臆断。然而，我们发现，确实有一些人在谈话时以自己先"入"的主观认识为理由，这些理由都是没有接受过检验的，而这一点是违反充足理由律的。

所以，人们对于事物的看法必须要接受客观事实的检验，不能随心所欲地谈话，希望以此来证明自己的观点是错误的。

要避免这一点，我们最好能做一些有针对性的调查工作，不仅能帮助我们找到说话时受用的材料，让我们的话更有说服力，也能帮助我们选择适宜的讲话方式，改进讲话效果。

我们先来看下面的案例：

在钱锺书先生的小说《围城》中，有个主人公叫方鸿渐，他留洋回国后，家乡的一所学校请他去给学生们做次演讲。而这位方先生实际上肚中并没多少墨水，只是挂个留学生的虚名而已，但却因为面子问题而不好推辞。

演讲前的头一天晚上，他准备查找一些资料的，但却因为看书时睡着了。就这样，第二天演讲时，为了应付，便大谈自己熟悉的有关鸦片与妓女的话题，弄得在场的人都很尴尬，他自己也因此而臭名远扬。

这里，方鸿渐为什么出尽了洋相？很明显是准备不充分，不但没有做好充分的调查工作，甚至连基本的主题都没有确定，临时发挥时只好胡说一气。

谈话中，一个观点你要想说清楚、透彻，一件事情要想说得可信，你都必须对有关事实进行调查研究，掌握充分的事实材料。这些事实材料，不但使得你的讲话内容有保证，还能增强你在说话时候的底气，而如果你不准备材料，或者缺少材料，那么，说话时你只能勉强说，甚至根本不知从何说起，这样，你自己说得痛苦，对方也听得无趣。

事实上，那些善于说话者从不说空话和大话，而是极善于调查研究的，都是经过很长时间深入基层、深入群众调查后才发表的。

我们先来看下面一个领导者的管理教训：

刘洋是一名海归，现在在一家网络公司担任财务总监，在他上任半年后，公司上司让他代表中层管理者做一次演讲。

该怎样确定演讲主题呢？想来想去，他还是决定谈自己的老本行。于是，他决定对公司的账目进行一次大审查，经过调查，刘洋发现，这一年来，居然根本没有盈利。到底是哪里出了问题？

他找来财务人员才知道，原来一直以来，他忽视了一个问题，网络公司在网站维护上的成本投入太多。而造成这一问题的原因就在于公司在这一方面人员的多余，很多工作，同一个员工就可以解决，但却安置了太多的闲余人员。

在找到这些原因后，刘洋在公司的演讲大会上还提出了一些更细致的解决方案，比如，公司员工的奖金制度应该加以调整并细化；员工的考勤制度也应该明确化……

公司的高层领导对刘洋的演讲表现很满意，并采取了他的方案，在经过一系列的调整后，第二年的第一个月，这家公司就呈现出一片大好的发展趋势。

与第一个案例中方鸿渐的做法不同，财务总监刘洋为这次演讲进行了全方位的调查，找到了公司的财务问题，并在演讲中提出了具体的措施，自然会赢得领导的认同。

的确，在谈话中，说者和听者其实都有自己的想法，都是理智的，如果你希望对方能接受你的想法和观点，最好出示有力的证明、有说服力的调查数据等，而完全凭自己的主观看法是无法打动对方的。

逻辑口才

谈话中，你的观点是否可信，在于你的证据是否可信，你的论证是否符合逻辑。这需要你列举出一些有说服力的证据，通过论证的方式将各种观点的优劣、长短逐一比较分析，而这都需要你做好调查工作。

运用逻辑技巧：获得谈判优势

在我们的生活中，无处不存在人与人之间的沟通、谈话，比如谈判、辩论等，与人交谈，我们都希望达到自己的目的，而彼此都希望争夺主动权，谁能掌控好情势，谁就会是最后的赢家！如何让谈话结果更利于我们？这就需要我们懂得运用一些逻辑技巧，以此带领对方进入到我们的圈套中，才能获得优势，达成目的。

展现现实例证，让语言更可信

生活中，我们与人交谈、辩论、谈判目的都是让对方接受我们的观点，但有些情况下，出于利益的对立，大多数时候对方对你都持怀疑态度，对你心存戒备。以商务谈判为例，要达成交易，就要让对方对你深信不疑，但有时候你使出浑身解数，向客户展示产品的众多优点，可对方似乎却不吃你那一套，但如果换种推销的方式，比如说，向客户展示一些真实案例或摆出数字，那么，便能消除客户怀疑的态度，自然就会加快客户购买的脚步。可以说，这种逻辑策略同样适用于任何交谈活动，只要我们加以巧妙运用。

第二次世界大战初期，美国一些科学家得知德国正在试制原子弹，请爱因斯坦写了一封信，托罗斯福的私人秘书萨克斯转交总统，希望罗斯福同意试制原子弹。但罗斯福断然拒绝。萨克斯就讲述了一段历史，说：英法战争期间，在欧洲大陆上不可一世的拿破仑，在海上却屡遭失败。美国发明家富尔顿劝他撤去船上的风帆，装上蒸汽机，把木板换上钢板，这样可提高战斗力。可拿破仑固执地认为船没风帆不能航行，木板换成钢板会下沉，未予理睬。当时，如果他多动一下脑筋，18世纪的历史就得改写了。听了萨克斯的话，罗斯福若有所思，终于同意了科学家们的建议。

在这个故事中，萨克斯巧借历史知识成功地说服了总统。古今中外，此类事例不胜枚举。让别人接受自己的观点、意见、办法等，是一种复杂而困难的行为。而要想成功说服对方，展现现实例证是最有力的方法。

宾州州立学校婚姻顾问处处长克里夫·R.亚当斯曾在《读者文摘》上发

表了一篇名为《如何挑选配偶》的文章，他是通过展开事实论述的方法来开头的——仅仅是这些事实都能立即抓住你的注意力，让你想一探究竟。

“现代社会，我们的青年从婚姻当中获得快乐的概率实在是太微小了。如果是1940年，六桩婚姻中会触礁的大概可能是一桩，但是到了1946年——短短的6年时间，四桩婚姻中就可能有一桩婚姻会触礁。按照这样的速度增长下去，如果这种迹象长期继续下去，到50年代就将是50%了。”

接下来几个例子也是此类以“真实事件”开头的：

“按照军事部门预测的，原子战争的头一夜，在美国会有两千万人遇害。”

“在几年前，史哥利·霍华德报纸花费176000美元做了一项关于零售商店的哪一方面是顾客们所不喜欢的，到现在为止，这大概是做的最科学、费用最昂贵的一项数字调查了，这项问卷被送往了16个不同城市的54047个家庭。这项调查中的某个问题就是：‘你不喜欢本镇商店的什么地方？’

“在这一问题中的答案中，大概有快过半的答案都是一样的：无礼的店员！”

可见，真实的事例是一种具有说服力的论据。比起那些空洞的承诺、抽象的产品质量报告，具体真实的事例显得更加形象生动。如果你告诉对方：“我们是奥运合作伙伴，这是我们的合作标识。”那么对方不仅欣然接受，也会深信不疑。再如：“某某500强企业一直在用我们的产品，到现在为止，已经和我们公司建立了5年零8个月的良好合作关系。”在说明的同时，用一些图片或是资料进行辅助证明，就能发挥出最好的效果。

虽然用事实例证来说服对方和很多谈判技巧一样，虽然具有很好的作用，增强语言的可信度，但是如果使用不当，同样会造成极为不利的后果。因此，我们在用事实证实的时候，可以从以下方面入手：

（1）用影响力较大的人物或事件说明

比如：“好莱坞明星××从××年开始就一直使用我们公司的护发产品，

到现在为止，她已经和我们公司建立了5年零6个月的良好合作关系。”

（2）拿出权威机构的证实结果

比如，你可以说：本产品经过××协会的严格认证，在经过了连续9个月的调查之后，××协会认为我们公司的产品完全符合国家标准……”

另外，你给对方所举的案例一定要真实，否则就是搬起石头砸自己的脚，造成信任危机。

逻辑口才

任何形式的谈话中，最忌毫无事实证据的论述。若你的言谈没有事实依据，对方就会心存疑虑，而如果我们能展现现实例证，给对方吃一颗定心丸，自然会让你的语言更有说服力。

物喻术让你的表达更生动

我们都知道，言谈的力量是巨大的，它可以把两个人由陌生变为熟悉，由熟悉变成知己或亲密的朋友。而中国是一个语言文化知识底蕴丰厚的国家，自古以来，人们就善于将平淡无奇或晦涩难懂的语言经过修饰后变得形象生动或易于理解等。

然而，我们发现，那些不会说话的人，通常在说话的时候，语言干涩无味，让人听之昏昏欲睡，更没有继续交谈的欲望。而如果我们能巧妙运用比喻的修辞手法的话，就能立刻让你的表达炫丽起来，这也就是物喻术。

假如你要对暗恋多年的心上人表白一种咫尺天涯的感觉，有两种说法：

第一种说法：我每天都跟你在一起，却从来不敢向你表白，我好痛苦啊……

第二种说法：我每天都跟你在一起，却不敢向你表白，就像在大海里漂流，口渴得要命，四周都是水，偏偏却一口都不能喝！今天，我终于鼓足了勇气，把海水变成了淡水。所以……

你觉得哪种更有效？肯定是第二种！那么，什么是比喻修辞呢？

著名文学理论家乔纳森·卡勒的定义：比喻是认知的一种基本方式，通过把一种事物看成另一种事物而认识了它。也就是说找到甲事物和乙事物的共同点，发现甲事物暗含在乙事物身上不为人所熟知的特征，而对甲事物有一个不同于往常的重新认识。

例如，在莫里哀的喜剧《太太学堂》里，阿南解释人为什么“吃醋”，为什么生气阿南说：“我给你打个比喻你就清楚了。你端着一碗汤，来了一个饿鬼要喝掉你那碗汤。女人确实就是男人的汤。一个男人看见别人有时候想尝尝他的汤，马上就大发雷霆。”

佛说法，经常妙用比喻。佛教有《百喻经》传世。可见，比喻在语言中的运用。我们先来看下面一个演讲故事：

成健在一家建材公司工作，他来公司不到一年，就已经升职为采购主管。在公司的年会上，当大家谈到工作辛苦时，他开口说：“今天我们已经算幸运的了，可以在这个豪华的酒店里享用美酒美食，而平时呢，我们的情况是：出门是兔子，办事是孙子，回来是骆驼。”

在场的所有同事听完后哈哈大笑。

很明显，我们发现，故事中的成健在演讲时之所以能博得同事们一笑，是因为他那句颇有意蕴的比喻句：“出门是兔子，办事是孙子，回来是骆驼”。“兔子”是指出门为了抢时间赶车赶船跑得快；“孙子”是指为了买到所需货物不惜请客送礼，低头哈腰地向人家求情；“骆驼”是指回来的时候不仅要办好货物托运还要给老婆孩子买东西，负载很重。他用形象的比喻说明采购工作是个吃苦受累的活，让同事们产生了共鸣。

那么，说话中我们该怎样运用物喻这一修辞手法呢？

（1）解放思维，要充分发挥我们的想象力

的确，我们在说话时的语言之所以会平淡无奇，是因为我们束缚了自己的思维。而假如我们能在语言的训练中转换角度分析，比如可以从意义方面入手，也可以从形式方面入手；可以着眼于词语，也可以着眼于句式。这样，我们会发现，同样一句话就会出现完全不同的表达效果。比如，讲话时，我们原本想赞美某个听众年轻美丽，通常我们会说："您皮肤真好……"但如果我们转换一种说法："我终于知道为什么人们会有'剥了壳的鸡蛋'这一说法了，原本还以为是夸张呢，今天算是见识到了。"这里运用的就是比喻的修辞手法，这样表达更显得动听。当然，我们表达之前最好作一番铺垫，否则则显得唐突。

（2）灵活运用，随机应变

生活中，有些人个性害羞内向，在公共场合而不敢开口，更别说灵活运用语言的艺术。一句话在普通的场合和演讲场合所产生的效果是不同的，如果不能妥善运用，仍然无法发挥比喻修辞的妙处。

逻辑口才

我们在表达的时候，若能正确运用比喻的修辞手法，一句干涩的语言就会顿时形象、生动起来！

故纵术让对方自动上钩

生活中，可能很多恋爱高手都会使用这样的一招：想要抓住你，却故意装出一副不理睬的样子，这样更加吸引了你的注意，他使用的就是逻辑技巧上的故纵术，也就是欲擒故纵，欲擒故纵中的“擒”和“纵”是一对矛盾。军事上，“擒”是目的，“纵”是方法。古人有“穷寇莫追”的说法。实际上，不是不追，而是看怎样去追。把敌人逼急了，它只得集中全力，拼命反扑。不如暂时放松一步，使敌人丧失警惕，斗志松懈，然后再伺机而动，歼灭敌人。这一逻辑技巧还能运用到说话中，比如在讨价还价中，当对方不同意你希望成交的价格时，你就可以掌握时机，正确地发挥“谈不成就走”的优势，使对方不得不接受你的还价。接下来的谈判，对你就会更有力了。

美国一家大航空公司要在纽约建立大的航空站，想要求爱迪生电力公司优惠电价，而遭到电力公司的拒绝，推托说这是公共服务委员会不批准，因此，谈判陷入僵局。

后来，航空公司索性不谈判了，声称自己建立发电厂划得来，不想再依靠电力公司，决定自己建发电厂。电力公司听到这一消息，立即改变了态度，请求公共服务委员会从中说情，表示给予这类用户优惠价格。

这个谈判，开始时谈判的主动权掌握在电力公司一方，因为航空公司有求于电力公司。当要求被拒绝后，航空公司便要了一个花招，给电力公司施加压力，因为若失去给这家航空公司供电，就意味着电力公司损失一大笔金钱，所以电力公司急忙改变原来的态度，表示愿意以优惠价格供电。这时，谈判的主动权又转移到航空公司一方了，迫使电力公司再降低供电价格。这样，航空公司先退一步，然后前进两步，生意反而谈成了。

想要“擒住”他，不妨先“放纵”他，这就是故纵术，表面上用与目标相反的行为，却达到目标的心理效应。通过顺从被擒者的意愿的方式，让其遭受挫折、碰壁，纠正其认知，从而使其自觉接受自己的意图。我们常说的“欲将取之，必先予之”也有这层意思。

生活中的谈话，可以运用这一方法进行的案例有很多。当你以正面的、积极的方式去劝服或者遏制对方向你所希望的方向谈判时，你越是劝服甚至采取激烈的言辞，谈判结果越是事与愿违，对方的对抗性会更加强烈地喷发出来。

你越是遏制，他人就会越反抗，后果只会越严重。遏制绝不是解决问题的最好方法。如果换为欲擒故纵的方式，效果会更好。

当然，采取这一语言策略，还需要你注意：

（1）洞悉对方的底牌

以商业谈判为例，如果你是销售方，那么，要想让销售结果利于自己，就必须首先洞悉客户的底牌，只有这样，才能在于客户交谈的时候更好地把握“纵”与“退让”的度，当然，这并非易事，需要我们做足准备工作，通过各种途径来获知。

（2）制造假象

我们知道，“故纵”的根本目的在于“擒”，因此，在使用这一方法时，一定要应积极地“纵”，更要注意手法的巧妙运用，一旦让对方看出我们的真实意图，那么，这一方法就毫无作用了， 甚至会弄巧成拙，为此，我们必须要注意以下两点：

首先，要注意自己的态度。你最好保持不紧不慢、不温不火的态度，只有隐藏好自己的情绪，才能真正擒住对方。例如，在与对方交涉的日常安排上就不可急切。

其次，通过非正常渠道把信息透露给对方。因为人们通常有一种心理：越是偷偷得来的信息，其真实性越不容置疑。借他人之口传达你要表达的信息对于对方来说显得更真实。

（3）注意言谈与分寸

讲话要掌握火候，在擒对方的时候要注意态度，不可伤害和羞辱，否则，会转移谈判焦点，使纵失控，甚至会引起争论。

逻辑口才

故纵术即对于志在必得的一些谈话场合故意通过各种措施，让对方感到自己是满不在乎的态度，从而调动对方的胃口，让对方自动上钩。

隐指术让选择和接受悄然进行

生活中，与人谈话时经常会遇到一些不便直言的问题，比如拒绝别人、指责对方等，如果不顾对方感受和情绪，把自己的想法强加给别人，不仅起不到我们预想的效果，还会恶化彼此之间的关系。此时，我们不妨尝试一下隐指术，委婉地暗示对方，让对手接受我们提供的选择和建议时也就会轻松得多。

曾经有一个关于A箱和B箱的实验。“A箱和B箱”是曾经在电视或研讨会上所做的表演，演示者目的是让大家更理解潜意识在沟通上的重要性。

“请你想象一下，这里有两个箱子，A箱和B箱。”演示者用手势指示了两个想象的箱子的位置。

“请你凭直觉立刻想象其中一个箱子。”

被要求的人会立刻回答说：“嗯，A箱。”

“为什么选择 A箱？”

“没什么，就是觉得……”演示者带着微笑，非常理解地点头。“你以为是自己选择了A箱，其实不然——是‘我’叫你‘选择’A箱的。”

“你叫我选的？什么意思呢？”

后来，很多演示者都做过这样的心理控制实验，总是有很多自愿者参加。其实我们也可以轻易让对方选择你所指定的箱子，秘密就在于你用手势指示箱子位置的时候。我们可以先用左手指示“这里有A箱”，再用右手指示“这里是B箱”。然后放下双手。接着问：“如果要立刻选择的话，你会选择哪一个？”而在说到“立刻”时，要大胆举起左手指示A箱的位置。如此，“A箱”的印象就会跳进对方的潜意识里，被迫用直觉选择时，“A箱”较容易浮现在脑海。当然，对方在意识上完全不会察觉，所以会以为是自己无意中的选择。

另外，在人际关系中，出于各种原因，有时我们会驳别人的面子，这种事情如处理不当，轻则伤害对方，让对方难以接受，疏远彼此间的关系，重则得罪人，结仇家。对此，我们要学会旁敲侧击，既表达了自己的意思，又让对方轻松接受。利用话里藏话暗示他人是时刻离不开的社交技巧。

在宋朝时期，有一个叫孙山的人和一个同乡一起上京赶考。到了发榜的那一天，孙山考中了进士，不过是最后一名，而他的同乡却落榜了。后来，他的同乡感觉脸上无光，就留在了京城，而孙山则回到了家里。回到家后，那位同乡的父亲急切地向他打听儿子是否考中。孙山觉得，如果直言相告的话，同乡的父亲可能难以接受，自己也可能会落一个得意忘形的评价，于是他就随口念了两句诗给那位同乡的父亲听："解名尽处是孙山，贤郎更在孙山外。"那位同乡的父亲听后明白了他的意思，就转身走了。

委婉暗示，让对方接受，我们还必须掌握三个基本功：

（1）会把握局势

首先是会听出对方话中话，然后加以揣摩，这其中会观察的能力很重要。毕竟，交际生活中，很多人都喜欢用隐晦的语言、含沙射影地表达自己的弦外之音，即便是恶毒之意也不容易听出来。再者，你必须学会掌控交际局势，让对方接受你的暗示，你就必须得站在有理的一边。

（2）要委婉含蓄地表达自己

话说得讲艺术，又让听话之人心领神会，明白你话中的锋芒所在。无论你遇到的是针对你的敌人还是帮助你的友人，你都必须具备会暗示和说话含蓄的能力。

（3）尽量在善意的氛围中旁敲侧击

有些人虽然接受了我们的委婉暗示，但却是在逼不得已的情况下接受的，这种人一般会和我们"老死不相往来"，这不是社交的最终目的，为此，我们要懂得不伤感情的、在善意的氛围中暗示对方，让他既能接受，还感激我们"口下留情"。

总之，使用隐指术的目的是为了调动潜意识的力量，因此，暗示的语言首先要精炼，不能用复杂的语言进行描述，因为人的潜意识一般不懂得逻辑，喜欢直来直去。其次，一定要使用积极、肯定的语言，用肯定句进行暗示，尤其是在批评对方的时候，消极的语言暗示恐怕只会适得其反。

逻辑口才

与人交谈时，我们就可以采用隐指术，委婉地表达我们的想法，这是必备的说话能力。

出奇制胜的"返击法"让对方心服口服

我们在参加某些重要的谈话场合中会发现，对方在言语中对我们百般刁难，肆意制造各种难题来向你施加压力，意在置你于弱势地位，此时，你最好的应变办法就是"以其人之道，还治其人之身"，即所谓的"返击法"，这里的"返击"并非"反击"，而重在"返"，也就是把问题重新"踢"给对方。

在一次集体活动中，当大家风尘仆仆地赶到事先预定的旅馆时，却被告知当晚因工作失误，原来订好的套房（有单独浴室）中竟没有热水。为了此事，领队约见了旅馆经理。

领队："对不起，这么晚还把您从家里请来。但大家满身是汗，不洗洗澡怎么行呢？何况我们预定时说好供应热水的呀！这事只有请您来解决了。"

经理："这事我也没有办法。锅炉工回家了，他忘了放水，我已叫他们开了集体浴室，你们可以去洗。"

领队："是的，我们大家可以到集体浴室去洗澡，不过话要讲清，套房一人５０元一晚，是有单独浴室的。现在到集体浴室洗澡，那就等于降低到普通水平，我们只能照普通标准，一人降到１５元付费了。"

经理："那不行，那不行的！"

领队："那只有供应套房浴室热水。"

经理："我没有办法。"

领队："您有办法！"

经理："你说有什么办法？"

领队："您有两个办法：一是把失职的锅炉工招回来；二是您可以给每个房间拎两桶热水。当然我会配合您劝大家耐心等待。"

这次交涉的结果是经理派人找回了锅炉工，40分钟后每间套房的浴室都有了热水。

上文中，领导的谈判水平是令人佩服的。针对对方始终拒绝的态度，他找出了对方言语间的漏洞：要么为他们提供热水，要么让收费降低普通水平，显然，后者是不可能的。然后，他便乘胜追击，提出了另外一条建议。而旅馆经理权衡之下，自然会选择后者。

的确，我们发现，那些口才好的人不管在何种场合遇到什么样的对手，都能唇枪舌剑，以超人的智慧应付自如，对手别想占到便宜。这是因为他们总是能洞察对手的心机，即使对方采取恶意的攻击，也能适时采取各种语言策略加以反击，而"巧设问题发问对方"就是他们常用的手法之一。

而要做到这一点，很多时候就必须推翻对方现在的观点和借口，对此，你需要做到：

（1）保持警觉，察觉出对方的攻击意味

这里需提醒你的是，一个猎手如果只知道带枪，而不知道如何瞄准、等待时机扣扳机，那么，他永远也捕捉不到猎物。同样，"返击"之前，一定先要把对方的话语听明白，以便把握目标，瞄准靶子再放箭。这样才能既不滥杀无辜，也不放过小人。

这种应变对策还贵在我们预先发现对手的攻击倾向，这就要求机变睿智，能够及时判断出对手下一步所要玩弄的手段，抢先给对手设置拦路板，使他所要施展的手段失去用武之地。

一旦听懂了对方的用意，发现对方有明显的攻击意味，你就要提高警觉，及时作出判断：一是具有反击的针对性，如果对方发动的是侮辱性攻击，那么反击也是侮辱性的；如果对方发动的是讽刺性攻击，那么反击也是讽刺性的。二是后发制人，迅速而巧妙地把耻辱的标签贴到挑衅者的脸上，正如《圣经》上所说："把上帝的还给上帝。"三是在方法上，他们往往捡起对方扔过来的石头，扔回对方，或顺水推舟巧妙地将矛头转向对方。

（2）把问题再"踢"给对方

当然，你不可能对任何对手所要玩弄的花招都防患于未然，"返击"的应变对策也适用于事后补救。如果对手提出的要求极不合理，你也可以以极苛刻或不切实际的提法要求对方，如此一来，对方不得不收敛起他那盛气凌人的态度。

逻辑口才

了解"返击"这一语言策略，不仅可以在沟通中适时施展以克敌制胜，还可以识破对方伎俩不至于处于被动，而这一策略在实际谈判中应用较为复杂，谈判时，谈判者也要根据实际情况因人而异、因时而异，灵活变动。

转移术助你摆脱谈判中的僵局

人们参加谈判，都希望谈判能在自己的掌控下进行，但实际上，谈判中总是充满了变数。进行谈判时，因为谈判各方利益点的冲突或因为谈判某方语言方式让人接受不了等，谈判陷入僵局也是毫不意外的。每一位谈判者或早或晚都将面对谈判的困境。分歧的确令双方都非常难堪，但又很难避免其发生。双方要么沉默相对，要么索性终止谈判。这是双方都不愿发生的局面，也会给各自代表的利益方带来损失，对谈判个人来讲是时间上的浪费。那么如何能够化解矛盾、摆脱谈判僵局呢？

许多经验欠佳的谈判手在困境面前不知所措，认为谈判即将破裂，没有办法扭转局面，完全丧失了继续下去的信心。其实在实际谈判中真正的僵局少之又少，很多困境都是有办法解决的。

1991年，美国试图让以色列再次回到和平谈判桌前与巴勒斯坦解放组织进行谈判，埃及国务卿詹姆斯·贝克再次遭到了以色列的强硬抵制。以色列人起初坚持认为，只要一进行谈判，对方就会提出要以色列从巴勒斯坦定居点撤军，而在以色列看来，撤军是绝对不可能的，所以他们干脆拒绝与自己的敌人坐到谈判桌前。詹姆斯·贝克是一个非常聪明的谈判高手，他知道，要想让以色列重新坐到谈判桌前，他必须把僵局问题放到一边，首先解决一些小问题。

于是他说："好的，我也意识到你们并不准备和巴勒斯坦人举行和平会谈，可我们不妨先把这个问题放到一边。设想一下，如果真的举行和平会谈的话，你们希望会谈的地点在哪儿？是在华盛顿，或者是中东，还是在一个中立城市，比如马德里呢？"

通过讨论这些看起来微不足道的问题，埃及国务卿詹姆斯·贝克一步一步地把谈判推向前进。然后他提出了巴勒斯坦谈判代表的问题。如果巴勒斯坦解放组织派出代表参加谈判，以色列方面希望谁来代表该组织？解决完这些小问题之后，再和以色列讨论和平问题已经变得很容易了，而他们最终同意和巴勒斯坦解放组织举行和平会谈。

从这个经典的谈判案例中我们发现一个谈判技巧：当谈判双方陷入僵局后，恰逢时机地转换话题是缓解气氛、解决问题的关键。从心理角度看，此时双方的心情都是压抑的，如果我们再纠结在原本无法解决的问题上，那么势必会让气氛更加沉重，更不利于谈判的进行，而如果我们能转换话题，则能转移对方的注意力，从而缓和气氛，进入再度谈判的过程。

谈判专家指出，谈判僵局一旦处理不好，就有可能把谈判推向死胡同；相反，如果能够恰当地应用策略和方法，还是可以“起死回生”的。面对谈判僵局，“只剩下一小部分，放弃了多可惜”“已经解决了这么问题，让我们再继续努力吧”这些说话技巧外并不一定能起到打破僵局的作用。

具体来说，你可以这转变话题：

（1）先在小问题上赢得对方的共识

可能你会问：“如果谈判不能在重要问题上达成共识，为什么还要浪费时间讨论那些微不足道的问题呢？”可那些谈判高手却认为，一旦双方在那些看似微不足道的小问题上达成共识，对方就会变得更加容易被说服。

“我们先把这个问题放一放，讨论其他问题，可以吗？”“我知道这对你很重要，但我们不妨把这个问题先放一放，讨论一些其他问题。比如说我们可以讨论一下这项工作的细节问题，你们希望我们使用工会员工吗？关于付款，你有什么建议？”

这样，你可以首先解决谈判中的许多小问题，并在最终讨论真正的重要问题之前为谈判积聚足够的能量。

（2）兜兜圈子

谈判过程中，各自都有自己的立场，在运用兜圈子这一心理策略的时候你需要记住，使谈判绕了一个圈子、多走了一些弯路无伤大雅，但一定要成功地到达了终点，达成双方都能接受的协议。也就是说，兜圈子的话题主旨也不能变，虽然不涉及正题，但必须与正题有关，不管绕多少圈子，牛鼻子始终不能放，做到“形散神不散”。

另外，话题的转移有相当的难度存在，需要我们有一定的语言技巧。转移术如果运用得不好，有时虽然能暂时缓和一下紧张的气氛，但对于大局并没有什么益处。转移的话题必须视具体情况和对象因地制宜，就近转移，不能不着边际，随心所欲，风马牛不相及。

逻辑口才

当谈判陷入僵局时，双方都“不敢越雷池半步”，因为谁先表态，就可能意味着放弃谈判立场，此时，正体现了谈判者的说话水准。而如果你能巧妙转变话题，是能舒缓谈判气氛而重新赢得谈判主动权的。

修炼逻辑口才：让你更高明地说话

我们都知道，好的口才是一种力量，更是一种资产。一个拥有好口才的人，也就拥有了一份独特的魅力，最终也将会形成一种气质和风度。然而，如何更高明地说话，我们还要培养自己的逻辑推理能力，提升自己的口才，这样才能避免出现一些逻辑语言错误，让自己说出的话更值得推敲，从而彰显说服力。

如何避免矛盾突出的对立面

在前面逻辑定律的分析中我们已经得出，在说话中，无论是发话者还是听话者，都要有明确的概念，否则容易出现前后矛盾，而使得谈话无法进行。然而，我们发现，不少人在说话时还是会犯这样的逻辑错误。要避免出现这样的情况，我们首先就要搞清楚为何会出现语言中的矛盾对立，很明显，从语言方面看，这是因为他们在遣词造句时，如果把反义词同时赋予同一主语，那就会发生文字上的矛盾。这种文字上的矛盾也必然会导致思想上的逻辑矛盾。

比如，会场上人声鼎沸，笑声轰鸣。主持者振臂高呼："都不要讲话！"其实，他忘掉了自己也在讲。

再比如，新刷的黑板上醒目地写着四个大字："不准涂画。"那这四个字又是什么呢?

另外，我们发现，在对话中，交谈双方从各自的角度说话也容易出现对立，比如：

晏子是春秋后期一位重要的政治家、思想家、外交家，晏子身材不高，其貌不扬，但颇具智慧。

景公时，有三个勇士，名叫公孙捷、田开疆、古冶子。他们都为齐国立有很大的功劳，不把晏子这样的小矮人放在眼里。晏子便去见齐景公说："我听说贤明的君主收养有勇力的武士，对上讲究君臣的礼仪，对下讲究长幼的人伦道理，对内可以防止强暴，对外可以威慑敌国，君主得益于他的功劳，百姓佩服他的英勇，所以使他们地位尊贵，俸禄优厚。现在君主所养的勇士，对上没有君臣的礼仪，对下不讲长幼的人伦道理，对内不能够禁止强暴，对外不能够威服敌国，这三个人是危害国家的祸害啊，不如除掉他们。”景公说：“这三个人武艺高强，要擒擒不了，要刺刺不中，如何是好？”晏子说：“这三个人都是凭自己的力量攻击强敌的，不懂长幼的礼仪。”于是请求景公派人给他们三人送去两只桃子，让他们论功而食。景公使人馈二桃，因三人分食缺一便说：“三位为什么不计算各自的功劳而吃桃子呢？”

公孙捷仰天长叹道：“晏子真是个聪明的人！他让景公用这种办法来比量我们的功劳大小。不接受桃子是没有勇气，接受吧，人多桃少，我何不说说自己的功劳来吃桃子呢？我曾有一次空手击杀一只大野猪，一次徒手打死一只母老虎，像我这样的功劳，完全可以独吃一只桃子了。” 说完拿过桃子站了起来。

田开疆说：“我手持武器曾两次打败敌人三军，像我这样的功劳，也可以独吃一只桃子。”说完也拿过桃子站了起来。

古冶子说：“我曾随从国君渡黄河，一头大鼋叼走左骖潜入砥柱山下的激流中。我就一头潜入水底，逆水潜行百步，又顺流而行九里，终于捉住大鼋，把它杀死了。我左手握住马的尾巴，右手提着鼋头，像鹤一样跃出水面，船夫们都说：这是河神！像这样的功劳，也可以独吃一只桃子吧。二位何不把桃子还回来。”说着抽出宝剑就站立起来。公孙捷、田开疆齐道：“我们的功劳不及您，拿走桃子而不谦让，这是贪心；既然这样而又不敢一死，这是没有勇气。”二人都还回手中的桃子，自刎而死。古冶子说：“二位都死了，我独自活着，这是不仁；拿话羞辱别人，而夸耀自己的功劳，这是不义，行为违背了仁义，不死，就是怕死鬼。”说完也把桃子交了回来，自刎而死。

孔子在评价晏子这一具体行为时就毫不留情地说“晏子，小人也！”晏婴“二桃杀三士”的故事更是说明晏婴其人不光喜欢作秀，而且还很阴险毒辣。但从另一方面，我们也不得不佩服晏子的智慧，因为他利用了三人的关系——相互制衡，相互矛盾，所以只要抓住他们的矛盾点，就很容易攻破，故而采取用二桃来离间他们之间的关系。

当然，在具体的生活中，要想避免这样的矛盾，就要懂得从他人的角度说话，真正为他人考虑。尤其是在一些精密的合作中，也是需要有人做出牺牲的，需要我们放下暂时的利益争端，凡事让一步。

逻辑口才

无论是在任何形式的谈话中，我们都要注重自己语言的表达，一方面要注重逻辑推理思维，避免出现前后矛盾；另外也要注重从对方的角度说话，应该学会妥协和退让，斤斤计较、太过精明，最终是无法获得人际合作的。

如何运用说话里的反证法

反证法（又称归谬法、背理法），是一种论证方式，他首先假设某命题不成立（即在原命题的条件下，结论不成立），然后推理出明显矛盾的结果，从而下结论说原假设不成立，原命题得证。

反证法的证题可以简要概括为“否定→得出矛盾→否定”。即从否定结论开始，得出矛盾，达到新的否定，可以认为反证法的基本思想就是辩证的“否定之否定”。应用反证法的是：欲证“若P则Q”为真命题，从相反结论出发，得出矛盾，从而原命题为真命题。

反证法的证明主要用到“一个命题与其逆否命题同真假”的结论，为什么？这个结论可以用穷举法证明：

某命题：若A则B，则此命题有4种情况：

1 当A为真，B为真，则A→B为真，¬B→¬A为真；

2 当A为真，B为假，则A→B为假，¬B→¬A为假；

3 当A为假，B为真，则A→B为真，¬B→¬A为真；

4 当A为假，B为假，则A→B为真，¬B→¬A为真；

所以，一个命题与其逆否命题同真假。

同样，生活中，为了提高我们的逻辑说话能力，我们有必要学习运用反证法。

看下面几则故事：

故事一：

齐景公喜欢射鸟，使烛邹掌管那些鸟，但鸟跑掉了。景公大怒，诏告官吏杀掉他。晏子说："烛邹的罪有三条，我请求列出他的罪过再杀掉他。"景公说："可以。"于是召来烛邹并在景公面前列出这些罪过，晏子说："烛邹，你为国君掌管鸟而丢失了，是第一条罪；使我们的国君因为丢鸟的事情而杀人，是第二条罪；使诸侯们知道这件事了，以为我们的国君重视鸟而轻视士人，是第三条罪。"把烛邹的罪状列完了，晏子请示杀了烛邹。景公说："不要杀了，我明白你的指教了。"

故事二：

在秦始皇嬴政时期，有一个12岁就被拜为上卿的少年，明叫甘罗。

相传在他七八岁的时候，有一天看见他当朝为官的外公，回家后长吁短叹，闷闷不乐。于是就向外公打听到底发生了什么事。原来皇上听信谗言，给甘罗的外公出了个难题：找一枚公鸡下的蛋。甘罗听后说：这事情好解决，我替你去办。第二天，甘罗叫外公在家休息，他穿着外公宽大的官服上朝去了。皇上及大臣看到他这身打扮，既感到好笑又觉得好奇。于是问甘罗：你外公不来上朝，他到哪里去了？甘罗不紧不慢地说：外公生孩子了。皇上听了大笑着说：小家伙骗人也不讲点技术含量，男人会生小孩子吗？甘罗马上接上去说：既然男人不会生小孩子，那么公鸡又怎么会下蛋呢？皇上只好收回成命。

故事三：

有个病人对住院处的护士说：“请把我安排在三等病房，我很穷。”“没有人能帮助您吗？”“没有，我只有一个姐姐，她是修女，也很穷。”

护士听了生气地说：“修女富得很，因为她和上帝结婚。”“好，您就把我安排在一等病房吧，以后把账单寄给我姐夫就行了。”

故事四：

秦始皇曾经计议要扩大射猎的区域，东到函谷关，西到雍县和陈仓。优旃（zhān）说：“好。多养些禽兽在里面，敌人从东面来侵犯，让麋鹿用角去抵触他们就足以应付了。”秦始皇听了这话，就停止了扩大猎场的计划。

秦二世皇帝即位，又想用漆涂饰城墙。优旃说：“好，皇上即使不讲，我本来也要请您这样做的。漆城墙虽然给百姓带来愁苦和耗费，可是很美呀！城墙漆得漂漂亮亮的，敌人来了也爬不上来。要想成就这件事，涂漆倒是容易的，但是难办的是要找一所大房子，把漆过的城墙搁进去，使它阴干。”二世皇帝听后笑了起来，因而取消了这个计划。

故事一中，面对齐景公要杀烛邹这件事，晏子并没有直言反对，而是先引导齐景公说出原因，然后让齐景公自己得出结论——“重视鸟而轻视士人”，从而让其收回成命。

故事二中，聪明的甘罗知道皇帝是刁难自己的外公，于是，他便利用相同的思维，将“男人不会生孩子”和“公鸡不会下蛋”归谬，让皇帝也收回成命。

故事三中，面对无理取闹的护士的要求——让其做修女的姐姐来结账，这名病人顺着其思维进行引导，得出让“上帝结账”的谬论，从而堵住了护士的嘴。

故事四中，优旃是个聪明人，在秦始皇和秦二世在位期间的几次修筑计划，他并没有提出反对意见，而是巧妙引导，最终得出涉猎区域和城墙都无法修筑的结论。

逻辑口才

当我们要论证一个论点是错误的时候，先假定这个论点是正确的，然后作合乎逻辑的引申，推出一个非常明显的荒谬结论来，这样，这个论点便会不攻自破。

学会从提问者和应答者的角度来分解问题

生活中，人们常说 “物以类聚”，能聚就能分，很多事物都能将其分解，在逻辑上也是如此，我们可以将大类分为若干小类。

在辩论和交谈中，经常会谈及一些事物，假如我们对事物的类属关系分不清，就会造成概念不清晰，就会造成混乱。比如，我们在提及“马”的时候，就会对“马”的属性进行划分，比如可以以“马”的颜色进行划分，笼统地谈 “马”，岂不是很混乱？

为此，在谈话中，无论你是提问者还是应答者，都要学会将问题分解，将大类分成小类。我们先来看下面的故事：

齐宣王问有关卿大夫的事。

孟子说：“大王问的哪一类公卿？”

齐宣王说：“卿大夫还有不同吗？”

孟子说：“有不同。有王室同宗族的；还有异姓的卿大夫。”

齐宣王说：“那我请问王室同宗族的公卿该如何。”

孟子说：“君王有过失就劝谏；反复劝谏还不听从，他们便改立他王。”

宣王听了勃然变色。

孟子说："大王不要怪罪。您问我，我不敢不说真话。"

稍许，宣王脸色正常了，又问非王族的异姓卿大夫。

孟子说："君王有过错，他们便加以劝谏；反复劝谏还不听，他们便辞职离开。"

这段对话中，齐宣王所说的"卿"概念比较笼统，所以孟子无法笼统地给出答案，所以才对"卿"进行了划分："有王室同宗族的；还有异姓的卿大夫"，以达到明确"卿"这个概念、便于阐述自己观点的目的。

在晏子使楚中，晏子与楚王有这样一段对话：

晏子出使楚国。楚人知道晏子身材矮小，在大门的旁边开一个小门请晏子进去。晏子不进去，说"出使到狗国的人从狗洞进去，现在我出使到楚国来，不应该从这个洞进去。"迎接宾客的人带晏子改从大门进去。晏子拜见楚王。

楚王说："齐国难道没有人了吗？怎么派你来呢。"

晏子严肃地回答说："齐国的都城临淄有七千五百户人家，人们一起张开袖子，天就阴暗下来；一起挥洒汗水，就会汇成大雨；街上行人肩膀靠着肩膀，脚尖碰脚后跟，怎么能说没有人呢？"

楚王说："既然这样，那么为什么会打发你来呢？"

晏子回答说："齐国派遣使臣，要根据不同的对象，贤能的人被派遣出使到贤能的国王那里去，不贤能的人被派遣出使到不贤能的国王那里去。我晏婴是最没有才能的人，所以当然出使到楚国来了。"

对于楚王的"攻击"，晏子将齐国的使者分为了"贤能的人"和"没有才能的人"，这样，在受辱的情况下，他对楚王进行了巧妙的回击。

1902年元旦，蔡元培在杭州举办了他一生中的第二次婚礼。婚礼前，蔡元培与黄仲玉就议定，婚礼要节约、免俗，而且要中西合璧。婚礼上，夫唱妇随，不循浙江风俗挂三星图，而用大红幛绣孔子二字悬于中堂，以示尊崇文明和教育。午后，又以召开演讲会的形式来代替闹洞房。演讲会上，有的来宾引经据典，论述男女平等。有的则认为不然，并举例："倘黄夫人学行高于蔡先生，则蔡先生应以师礼视之，何以平等？倘黄夫人学行不及蔡先生，则蔡先生以弟子视之，又何以平等？”

蔡元培则含笑回驳：“就学行言，固有先后，就人格言，总是平等。”妙语惊座，无不赞赏。蔡元培与黄仲玉的婚礼，开一代新风，一直为友人传为佳话。

蔡元培的婚礼上，大家谈谈及的是总体的“夫妻关系”，而这一关系很难笼统地回答，所以此处蔡元培运用分解法，将“夫妻关系”划分为“学行关系”和“人格关系”，从两个角度说，不得不让人佩服。

逻辑口才

谈话中，任何情况下我们都要明确概念，而对于提问者和应答者双方来讲，说话时都有可能出现一些大的概念，此时我们要进行分解，以此来更清晰地阐明观点。

如何避免惯性思维逻辑错误

在讨论这个问题之前，我们先来思考一下，假如我们挂一个漂亮的鸟笼在房间里最显眼的地方，过不了几天，主人一定会做出下面两个选择之一：把鸟笼扔掉，或者买一只鸟回来放在鸟笼里。过程很简单，设想你是这房间的主人，只要有人走进房间，看到鸟笼，就会忍不住问你：“鸟呢？是不是死了？”当你回答：“我从来都没有养过鸟。”人们会问：“那么，你要一个鸟笼干什么？”最后你不得不在两个选择中二选一，因为这比无休止地解释要容易得多。

为什么会出现这样的现象？人们绝大部分的时候是采取惯性思维而不是逻辑思维。

那么，什么是惯性思维呢？思维定式（Thinking Set），也称“惯性思维”，是由先前的活动而造成的一种对活动的特殊的心理准备状态，或活动的倾向性。在环境不变的条件下，定势使人能够应用已掌握的方法迅速解决问题。而在情境发生变化时，它则会妨碍人采用新的方法。消极的思维定式是束缚创造性思维的枷锁。

看似是在借助于概念、判断、推理，以反映现实的逻辑思维，实际却往往只是习惯性地因循以往思路来进行思考的惯性思维。

有一个学者给他的学徒们讲了一个故事：五金店里面来了一个哑巴，他想买一个钉子。他对着服务员左手做拿钉子状，右手做握锤状，用右手锤左手。服务员给了他一把锤子。哑巴摇摇头，用右手指左手。服务员给了他一枚钉子，哑巴很满意，就离开了。这时五金店又来了一个盲人，他想买一把剪刀。这时，学者就问：这个盲人怎样以最快捷的方式买到剪刀呢？一个学徒说，他只要用手作剪东西状就可以了。其他学徒也纷纷表示赞成。学者笑着说，你们都错了，盲人只要开口讲一声就行。学徒们一想，发现自己的确是错了，因为他们都用惯性思维思考问题。

惯性思维不仅会导致错误判断，更大的危害是因身处险境却浑然不觉。

有一天张先生独自在家，突然“咚咚咚”有人敲门，张先生去开门，发现没有人；再过一会，“咚咚咚”有人敲门，张先生去开门，发现没有人；再过一会，“咚咚咚”有人敲门，张先生去开门，发现没有人；如此反复了四五次，当门上再次响起“咚咚咚”的时候，张先生已经上床准备睡觉了，于是他便没有起来开门，而是自顾自地睡着了

于是，第二天发现房间被偷空了……

故事中的张先生犯的就是惯性思维的错误。同样，我们在说话中如果被惯性思维束缚的话，也会出现逻辑混乱、啼笑皆非的情况。那么，我们该如何在

说话时候破除惯性思维呢？

清朝时期，通山县有个叫谭振兆的人，小时候因为家里比较宽裕，父亲给他定了亲，亲家是同村的乐进士。后来，谭父死了，谭家渐渐衰退，经济条件远不如以前，乐进士便想赖婚。

一天，谭振兆卖菜路过岳父家，就进去拜见岳父。乐进士对他说："我做了两个阄，一个写着'婚'字，另一个写着'罢'字。你拿到'婚'，就把女儿嫁给你；拿到'罢'字，咱们就退婚，从此谭乐两家既不沾亲也不带故。不过，两个阄你只看一个就行了。"说完就把阄摆出来。谭振兆心想：这两个阄分明都是"罢"字，我不能上他的当。想到这，他立刻拿了一个阄吞在腹中，指着另一个对乐进士说："你把那个阄打开看看，如果是'婚'字，我马上就离开这，咱们退婚；若是'罢'字，那就说明我吞下的是'婚'字，这门亲事算定了。"乐进士煞费苦心制造骗局却被谭振兆识破，没办法只好把女儿嫁给谭振兆。

能够把人限制住的只有自己。人的思维空间是无限的，像曲别针一样，至少有亿万种可能的变化。故事中的谭振兆是个聪明人，他一反常规的思维和说话方式，最终如愿以偿。

逻辑口才

说话中，或许你正处于看似走投无路的境地，也许我们正囿于一种两难选择之间，这时一定要明白，这种境遇只是因为我们固执的定势思维所致，破除思维定式，就能跳出困境，找到出路。

“强盗逻辑”其实很可怕

我们在与人沟通的过程中，会发现有这样一些人，无论我们怎么讲道理、摆事实，都无法改变他们的想法和观点，其实这类人就是运用了“强盗逻辑”，所谓强盗逻辑是指逻辑上根本讲不通，强词夺理的思维方式。

比如，我们会听到一些上司对下属说：“若你不想被解雇，你必须认同公司的制度。”

这就是以工作机会强迫员工认同制度，员工不是依据制度好坏来决定认同与否，是典型的强盗逻辑。

再比如，有的父母对孩子说：“你不听话，我就把你关起来。”

这也是强盗逻辑，为了让孩子听话，以孩子的自由相威胁，这是极不可取的。

《理想国》中的色拉叙马霍斯即是强盗逻辑的典型代表。

通过以下的文章具体解释：

据说，天地间有这样的逻辑：

“只因为你们的土地太广大了，所以我们要来占领，居住。土地是人类共同的财产，不能让你们独占。”

“只因为你们的江河太多太长了，所以我们的轮船要来自由航行。江河是人类共同拥有的财产，不能让你们独自占有。”

“只因为你们的矿产太丰富了，所以我们要来开采，运走。矿产是大自然赋予人类共同拥有的财产，你们不能独自占有。”

“只因为你们的人民大众多了，不利于资源平均分配，所以要分一部分去替我们劳役。”

“只因为你们的文物古董太有价值了，我们要把你们的文化传播到更远的地方，所以我们要带走一部分。”

“只因为你们太……所以我们要……”

“我们并不愿意这样做，但这是我们的责任，神圣的责任，我们承担着维护世界和平的使命！”

我们再来看看下面的一则小故事：

从前，一伙强盗占领了一块地盘，那地盘自然也就成了强盗们的天下，对地盘上的人征苛捐杂税，对路过的人一律抢劫。

有年冬天，这伙强盗又抢劫了一群路过的人，照例是把他们抢得精光，连身上的衣服也不例外，看到在寒风里瑟瑟发抖的人群，几个头目商量了一下，在赃物里挑了些衣物扔给遭劫的人群。眼下，对遭劫的人来说，这些衣物确实是雪中送炭，好几个遭劫的人对强盗千恩万谢。

有个遭劫的人壮着胆子对强盗说：“大王，您给的全是我们自己的东西啊，他们还感谢你们，世上哪有这样的天理国法啊？”

强盗头子说：“你好大胆子，居然敢说这些东西是你们的。老实告诉你，老子们千辛万苦打下这块地盘，在这里占山为王，为的就是有今日，为的就是把这片地世代相传，为的就是这些东西。在这里，不要说东西，就是你们的人，你们脚下的地，你们头上的天，你们呼吸的空气，你们喝的水，全都是我们的，我们想怎么样就要怎么样。你信不信，我们马上杀了你们。你这小子不知死活，居然同老子讲起天理，讲起国法来！老实告诉你，天理也好，国法也罢，在老子这里就是条变色龙，黑的可变白，白的可变黑，老子的话就是天理，就是国法！”

其他遭劫的人慌忙说：“大王说得对，说得对，这些东西是大王的，是大王的，不是我们的，不是我们的。是大王施舍给我们的。大王能留我们一条命，就是给我们的最大恩赐。我们谢恩，谢恩。”

强盗说：“这才是话，这才是理。想活命的就该这样说。你们若是要同我们作对，就是死路一条。”

这就是典型的“强盗逻辑”。“强盗逻辑”是“左之右之，无不宜之”

的。他们的道理就是武力、势力等，他们之所以能说出这样冠冕堂皇的大道理是因为他们手上持有充足的、威力强大的“武器”。面对强盗逻辑，我们不必多费口舌，因为就算再有道理，也拗不过强盗逻辑。

逻辑口才

生活中，我们总会遇到一些强词夺理、不讲道理的人，他们总是试图以强盗逻辑来压倒我们，面对这样的人，我们尽量不与之交涉，无需多费唇舌。

善于在说话中运用提问和反问句式

我们都知道，在语言表达上，我们说话的句式有很多种，但相对来说，提问、反问等比平铺直叙更能产生积极的语言效果。因为如果我们平淡地对其陈述一件事，那么，是没有加入说者的个人情感的，而提问和反问，则表示了自己的疑问和质疑等，也更能让听者了解我们的想法和情感。当然，反问和提问在具体的语言运用中是有不同策略的：

（1）反问

所谓“反问”，就是用否定的形式来表达肯定的意思，答案已寓于问句之中，它比正面发问更有力量。反问还有一个妙用，就是在有些问题不便答复又不便回绝时，就可以用反问挡驾。

有一个记者问美国国务卿基辛格：“美国有多少导弹在配置分导式多弹头？”基辛格风趣地说：“我的苦处是数目是知道的，但不知道是否保密？”那记者赶紧说：“不是保密的。”基辛格就反问说：“那你说是多少呢？”

一个反问巧妙地踢回了皮球。由此可见，善于运用反问，可以使自己的说话更有力量。

民间有这样一个故事：

有一个地主待长工很刻薄，半夜里就催长工去干活。长工说：“等我缝完了衣服就去。”地主冷笑说：“天这么黑，你怎么看得见缝衣服？”长工立刻反问道：“既然天这么黑，又怎么能干活呢？”一句反问，驳得地主哑口无言。

据说，某工厂举行“振兴中华读书演讲会”，演讲者方婷婷一出场就说：“我给大家演讲的题目是《论坚守岗位》。”说完就朝会场外走去，台下顿时哗然。过了约两分钟，她又回到讲台上，面对听众说：“如果我在演讲时离开讲台是令人不能容忍的话，那么工作时间擅离生产岗位，难道不应该受谴责吗？”听众沉默片刻，随即报以一片掌声。

一个反问，简明而有力地说清了“坚守岗位”的重要。以上二例，无论是阐述自己的观点或反驳对方的谬误，都巧妙地运用反问，效果比陈述句更加强烈。

（2）提问

当然，除了反问这一预言策略外，还有提问。有问，有答；问什么，答什么；怎么问，怎么答，这是一般规律。作为言语策略，提问和答问在言语交际中又不是这么简单，往往变化无穷。

唐庄宗李存勋是一个昏庸无道的君主，他极爱打猎。

有一次，他带领人马杀气腾腾来到中牟县打猎。中牟县令闻讯赶忙前去迎驾。县令跪在庄宗马前，为民请命，希望在打猎时不要践踏农民的庄稼。庄宗大怒，呵斥县令道：“你给我滚开！”

伶官敬新磨见势不妙，便带领他的演唱人员把县令捉至庄宗面前，斥责他说：“你身为县令，难道不知道我们的天子爱打猎吗？”

县令低着头说：“知道。”伶官道：“既然知道，你为何要放纵你的百姓种田来向皇上交纳赋税？为什么不让你的百姓饿着肚子把田让出来给君王打猎？你说，该当何罪？”说完，便恳请庄宗杀掉县令。其他伶人也一齐唱和道：“请君王让我们把他杀掉！”

庄宗听后置之一笑，要大家放了县令。

这则故事中的伶官是个智者，面对昏庸无道的皇帝即将杀害忠臣良将，他并没有直接阻止，因为这样做的结果只能是让自己也招致杀身之祸，此时，他选择了反问式的幽默，从反面提问：“你为何要放纵你的百姓种田来向皇上交纳赋税？为什么不让你的百姓饿着肚子把田让出来给君王打猎？”很明显，这个问题的答案是利于这位县令的，于是，唐庄宗自己得出了正确的结论，放了县令。

逻辑口才

与人沟通的过程中，提问和反问能把本来已确定的思想表现得更加鲜明、强烈。它不但比一般陈述句语气更为有力，而且感情色彩更为鲜明，同时，它还能通过加深的语言内容和语气增强说话者的气场，从而起到最终加深听者对所叙事物的认识，有言简意赅、引人入目的效果。

顺利达成请求：让他人为你办事的说话逻辑

人是社会的人，任何人的一生，都不可能不求助于人，真正成大事者，往往懂得借助他人的力量。而世上没有办不成的事，只有不会办事的人。一个会办事的人，可以在纷繁复杂的环境中轻松自如地驾驭人生局面，凡事逢凶化吉，把不可能的事变为可能，最后达到自己的目的。然而，怎样去求人，求什么人，也是大有学问的，为此，我们有必要学习一些求人办事的口才逻辑。

求人办事，首先要放下所谓的面子

一个人从踏入社会那一刻起，就意味着你必须学会如何说话，如何办事。办事、说话的能力怎样，也决定了这个人未来的人际关系和生存状况，世上没有办不成的事，只有不会办事的人。一个会办事的人，无论遇到什么困难，总会逢凶化吉，把不可能的事变为可能，最后达到自己的目的；一个会办事的人，总能通过自己的“手段”，能够把各种各样的事情协调得尽善尽美。人的一生，就是由各种大事小事组成的。因此，我们作为一个社会人，就必须明白，没有谁活在自己的世界里，你更要明白一个道理，社会是一个集体，没有谁能做到不求人，要求人办事，你就必须得舍得下面子，如果你抱着“不为五斗米折腰”的态度，恐怕，你的人生路会越来越窄。

的确，日常生活中有太多无奈，你不得不去求人。假如你是一个下属，希望能升职加薪；假如你是一名病人，希望能找到一个医术高超的医生解除你的病痛；假如你还为工作发愁，希望能找到一份如意的工作；假如你急需用钱，希望能筹借到这笔钱……这许许多多、大大小小的希望便构成了生活。生活会迫使你不得不去求助于别人，但有些人一提到求人就皱眉头，甚至羞于告人，他们对求人怀有一定的偏见，认为那一定是卑躬屈膝、低三下四的。其实不然，人身为社会人，就不可能做到万事靠自己，寻求帮助是一种生存方式，而且，向别人求取帮助是以自尊、自重、自爱为前提的，是要做到求而不卑、求而不倚，也没有什么丢脸的，但求人办事，一定要舍得下面子。

因此，生活中的人们，当你求人办事的时候，你就必须得放下面子，而是否能得到别人的“搀扶”，在很大程度上又取决于你有没有求人的技巧和策略，对此，我们应该从以下四个方面努力：

（1）过心理这一关

这里的心理关，指的是，年轻人既然不能不求人，不如收敛一下自己的个性，大大方方地去求人，既不要贬低自己，也不要摆架子、虚张声势，摆正好心态，才能真正做到姿态上的不偏不倚，将自己真正融入到社会中。

（2）放低姿态，适当请求

求人办事，虽然说不能低三下四，但毕竟是求人，肯定是要放低姿态的，但还是给足对方余地，不能把求人的话说死，我们可以用商量的口吻向对方说出自己要办的事，比如说：“这件事我办起来很困难，你试试如何？”，这是一种巧妙的办法。

（3）要礼貌客气，让对方乐于接受

礼貌待人，这是求人成功的先决条件。一般人际交往，即使不求人，都要客客气气、待人以礼。如果有求于人，就更应该多些礼貌，这样人家才能对你所求给予考虑，求人如果不懂得讲究礼貌，人家即使有能力帮你的忙，也会因为你的自以为是拒绝你，年轻人切勿自以为是。

（4）有耐心

生活中无论做什么事，都存在一定的难度，求人办事更是如此。我们求助于别人，就要做好被拒绝的准备。一旦对方有意拒绝，也不要就此放弃，一定要有耐心，只有这样，才有可能求人成功。

（5）豁达大度，不抱成见

求人办事，谁都希望事情能顺利办成，但我们也要知足，如果别人因为有难处或者其他原因不能为你办事或者没有办好事，你都应了解。并且，如果你被人拒绝，也不可过分追究原因，也不可过分坚持自己的请求，别人拒绝，肯定有原因，你过分坚持，别人为难，你自己也陷入了被动。同时，你也不必问太多被拒的原因，因为这样必会破坏双方感情。因此，年轻人，当你被人拒绝后要做到豁达大度，不抱成见。

逻辑口才

人生在世，既有风雨也有晴天，所以谁都需要别人的“搀扶”，年轻人在求人办事的时候，要适当放下面子，但同时要做到求而不卑、求而不倚！

开口前巧妙铺垫，让请求顺其自然

生活中，人们都有这样的心理，对于那些关系一般或者不熟识的人都是心怀戒备的，并且，也觉得没有必要答应对方的请求，而一旦对对方产生好感，并愿意与之结交后，对于对方提出的请求也就欣然答应了。因此，在求人办事时，倘若向特别要好和熟悉的人求助，可以直截了当。但有时求助于关系一般的人、生人或社会地位较高的人时，则常常需要一个“导入”的过程。这个导入过程可长可短，视情况而定。

王小姐是一大型企业的总裁秘书，总裁的一切行程都由她安排，所以，谁要想见总裁，必须先过她那一关。在工作的几年中，她受到很多保险、地产业务员的骚扰，这不，又有三个业务员来了。

第一个业务员对王小姐她说：“王小姐，你的衣服挺好看的。”此时，王小姐心里特想听听她的衣服好看哪儿，结果，那位业务员不再说了，王小姐心想，巴结我也不真诚，令人失望。

第二个业务员说：“王小姐，你的衣服挺漂亮的。主要是衣服搭配的好。”王小姐立刻想听自己的衣服哪里搭配得漂亮，结果也没有了下文，话还是没有说到位。

第三个业务员说："王小姐，你的衣服挺漂亮的，总体看起来真的很有个性。"事实上，王小姐已经没有了耐性，但还是想听听自己有什么样的个性。他接着说："你看，一般的白领穿衣服都很讲究衣服的职业性，但你不一样，你的衣服是定制的吧，在追求个性的同时又不失职业性……"王小姐一听，还真觉得自己有点与众不同，心里挺高兴的，于是就让他见了老总，结果签了一个十万元的单子。

第三个业务员之所以能打动王小姐，见到了总裁，是因为"他踩在了前面两个人的肩膀上"，前面两个人已经对王小姐的服饰夸赞了一番，但没有让王小姐满意，而他在前两个人的基础上，说出了独到的意见，自然会有与众不同的效果。

求人办事时，对方能不能答应你的要求，能不能全力帮助你把事情办成，关键在什么？关键在他心里是怎么想的。他的心里怎么想问题，就决定了他对你提出的事是给办还是不给办。一般来说，如果你和所求之人是陌生人或关系不熟，那么，你就不能急于切入正题，而应该先拉近双方的距离，让一切看起来水到渠成。

那么，具体说来，求人办事的过程中我们该怎样逐步"导入"正题呢？

（1）先找到共同的话题

面对不熟悉的人，一开始最好避免开门见山地直述自己要达到的目的，迂回地谈些其他事情，比如天气、足球、服装、电影……从中找到共同兴趣点，然后在共同感兴趣的话题上不露痕迹地、自然地转入正题，这样可以取得很好的效果。

（2）秉持"说三分，听七分"的原则

许多善于说话的人都强调"听"的重要性，因为只有善于倾听才能达到目的，听人说话的本意在于了解对方的心意，把握对方的想法和要求。而对方是商谈的主角，所以应让对方多说，以对方为中心，而自己多听，从而更能掌握对方。

（3）“导入”正题时注意运用容易为对方所接受的说法

一句内容和中心思想完全一样的话，由于说法不同，产生的效果可能会有所不同。有的可能会让人觉得亲切、易于接受，有的则让人觉得生硬。通常反复强调你的想法未必能发挥太大的作用。

另外，还要尽量防止自己的话无意间冒犯了对方。所以，在有求于人时应事先对对方有所了解，若无意中冲撞了对方，岂非前功尽弃？

逻辑口才

人们对于自己不熟悉的人或事，往往都持有一种排斥的心理。因此，任何请求，如果直截了当，会显得突兀，让对方难以接受，而如果我们能巧妙铺垫，然后再导入主题，对方会更易接受。

开口显真诚，不要羞于表达

人生在世，没有谁活在自己的世界里，社会是一个集体，学会说话、办事，许多事少不了求助别人，为此，你就必须舍得下面子，如果羞于表达的话，恐怕没有人愿意答应你的请求。从心理学的角度看，谁都愿意听顺耳的话，何况是在被人求的时候。同时，你们对那些敢于大胆、真诚、说话情真意切的人，往往更愿意伸出援助之手。

求人有多种多样的方式，其中很大部分是由口头提出的。人们不难发现，同样的请求内容，不同的人用不同的方法和语言表达出来，得到的结果常常是不一样的。那么，怎样开口才显真诚呢？

（1）求人语言要做到诚恳

所谓诚恳是指要让被请求者感到你是发自内心地求助于他，从而重视你的请求。这是求人成功的先决条件。

（2）求人语言要做到礼貌

所谓礼貌是指应该尽量选用被请求者乐意接受的称呼，像在问路、请求让座时，这一点就显得非常重要。问路时，称对方为“老头”“小孩子”，那你肯定一无所获；若改用“老人家”“小朋友”等，效果就会好些。有这样一个故事：

有个年轻人骑马赶路，见一位老汉在路边休息，他便在马上高声喊道：“喂！老头儿，离客店还有多远？”老汉回答：“五里！”年轻人策马飞奔，急忙赶路去了。结果一口气跑了十多里，仍不见人烟。他暗想，这老头儿真可恶，说谎话骗人，非得回去教训他一下不可。他一边想着，一边自言自语道：“五里，五里，什么五里？”猛然，他醒悟过来了，这“五里”，不就是“无礼”的谐音吗？于是掉转马头往回赶，追上了那位老人，急忙翻身下马，恭敬地叫声“老大爷”，话没说完，老人便说：“天已黑了，如不嫌弃，可到我家一住。”

这是一则流传很广的故事，它通俗而明白地告诉人们在人际交往过程中说话要讲究礼貌的重要性。

（3）不强加于人

不强加于人是指不用命令、祈使的语气，而多用委婉、征询的口气，例如，尽可能地使用“麻烦……”“劳驾……”“可以……吗”这类句式，即使对相识者也不妨这样。

（4）求人时，语言一定要简明扼要

不需要刻意雕琢言语、故意咬文嚼字，要尽量抛弃那些造作的、文绉绉的词汇；要有真意、不粉饰、少做作，表现朴素、自然，以平易近人的语言把话说得自然、通畅。

世界著名演讲艺术家弗尔特说："你应该时常说话，但不必说得太长，少叙述故事，除了真正贴切而简短之外，不讲为妙。"

简明扼要的表达能力是赢得他人侧耳聆听的基础。同时，还要忌讳说话含糊其辞。语言表达必须准确，说话前要谨慎思考，避免过于犀利或不文雅的言语。

（5）避开忌讳

每个人因个性和生活经历不同，对某些言辞和举动有所顾忌，因此千万不要去冒犯。《孙子兵法》上讲："知己知彼，百战不殆。"这句话同样适用于求人的技巧。当我们有求于人的时候，首先不妨对那个人的嗜好、性情、学识和经历等做一番侦察，然后从容前往，将会得到意想不到的效果。

（6）求人要展现礼数

中国自古以来就是一个注重礼仪的国家，就算是在求人办事的时候，同样应该注意其中的礼节。

礼数周全的人肯定是一个着眼于细微之处的谨慎之人，而且肯定是非常能控制自己情绪的人，不会直接让自己的情绪写在脸上，就算是对方不答应自己的请求，他一样不会将不满写在脸上，而是优雅地离开，不会苦苦纠缠对方。如果对方真的帮助自己做成了某件事情，他也不会高兴得忘乎所以，而是依然冷静地向对方表示感谢，同时在自己有条件的第一时间，一定会还上对方的这笔人情债。因为他们知道，只有尽早还上这笔人情债，下次在求别人帮助的时候才会好开口。如果不尽早地还上这笔人情债，可能对方就不会在帮助自己，这些都是非常有可能的。

逻辑口才

我们在求人办事的时候，一定要尽显真诚，求人不可卑躬屈膝，也不能羞于表达，这些都不是明智的举动，正确的做法就是做到恰当的不卑不亢、礼貌周全。

适时抬高对方，让其不好回绝

生活中，每个人都喜欢听好话，这也就是人们所说的恭维，它会激发听者的自豪和骄傲。从我们自身来说，恭维是求人办事时最好的手段之一，我们恭维的时候，先把对方捧高，让其不好意思拒绝你的要求。比如，我们可以给对方一个超过事实的美名，让其自我感觉良好。这样在跟他说话的时候他就会在心里觉得自己很值得人尊敬，对于你的请求，他又怎么好意思拒绝呢？

有些人可能有着一副拒人千里之外的冷面孔，但是未必代表着他不是一个喜欢听好话的人，其实他的内心也无时不在期盼着听到别人对他的高度评价。因此，在求人办事时，我们应该能够观察和把握别人的心理需求，用恭维的形式去发现和赞扬别人的优点，从而俘获对方的心，让他对你产生好感。

清朝末年的大商人盛宣怀准备学习西方，在中国设立电报局。他的想法得到了李鸿章的肯定和帮助，但是，朝中以醇亲王为首的保守派对这件事却是持反对态度的。醇亲王是光绪皇帝的父亲，在朝廷中起着十分重要的影响力。为了说服他同意自己的建议，盛宣怀就买通了醇亲王府的门客“张师爷”，了解到了醇亲王两个方面的情况：一、醇亲王虽然和恭亲王是亲兄弟，但是在对待西方的问题上却是截然不同的两种态度，恭亲王强调“师夷长技以制夷”，而醇亲王则觉得西方的东西不过奇技淫巧而已。二、醇亲王虽然好武，但又对读书十分感兴趣，以儒王自居。

盛宣怀了解这些情况之后，就花重金从别人手里买来了醇亲王的诗稿，下工夫背了下来。毕竟“诗以言志”，醇亲王的诗中难免会有其真情实感的流露，盛宣怀通过这些诗歌了解到了亲王的所思所想。等他准备妥当之后，就胸有成竹地来拜见醇亲王。“回王爷的话，电报本身并没有什么了不起，全靠活用，所谓‘运用之妙，存乎一心’，如此而已。”醇亲王听到他竟然能够引用岳飞的话，脸色就缓和了下来，问道：“你也读过兵书吗？”盛宣怀谨慎地回答说："在王爷面前，小人是不敢妄称读过兵书的，只不过眼下是多事之秋，西夷内犯，文宗皇帝仓皇西狩，积劳成疾，最后却含恨而终。当时如果不是王爷您神武力擒八大臣，恐怕大局就不敢设想了。"被灌了米汤的醇亲王心中不禁高兴起来，便认真地听盛宣怀继续往下讲"国家多灾多难之际，有血性的忠臣孝子们都想洗雪国耻，也正是在那个时候，宣怀才不自量力，看了一两部兵书而已，只不过，受时运所限，不能上场杀敌，只好投身于商海之中。"盛宣怀每句话都说到了醇亲王的心里，把这位第一王爷捧得有点飘飘然了。趁热打铁的盛宣怀接着把电报的作用说的神乎其神，最后终于说服了醇亲王，同意了让他督办电报事业。

因此，求人办事时，我们不妨也采取这一语言策略。人一旦被认定其价值时，总会喜不自胜，在此基础上，你再提出自己的请求，对方自然就会爽快地答应下来。心理学家证实：心理上的亲和，是别人接受你意见的开始，也是转变态度的开始。由此可知，求助者要想在求人办事过程中取得成功，一个行之有效的方法就是给予其真诚的赞美。

那么，我们要怎样表抬高对方呢？

（1）了解对方，给对方戴一顶最适合的"高帽子"

每个人都有其最自豪的地方，我们抬高别人之前，就要先找出对方最值得赞扬的地方，然后加以赞赏，必然会得到他的好感，说服他或者请他帮忙也就不再是难事了。

（2）不着痕迹地夸大别人的优点

抬高别人，难免要说一些是奉承话、恭维之辞，把对方的优点加以拔高、放大。这样的话有明显讨好之意，因此，我们在抬高别人的时候，一定要说的巧妙，最高明的做法是自然而然，不露痕迹。

（3）适当示弱求帮助

用商量的口吻向对方说出自己要办的事，是一种巧妙的办法。装做自己没有任何把握，将建议与请求等慢慢表达出来，给对方和自己留下一条退路。比如说：“这件事我办起来很困难，你试试如何？”

逻辑口才

所谓的“恭维对方”，是指对所求之人恰到好处、实事求是的称赞，并不包括那种漫无边际、肉麻的吹捧。求人时说点对方乐意听的话，顺便就与所求之事有关的方面称赞对方一下，也不失为一种求人的好办法。

“软磨硬泡法”让对方就范

一些人在求人办事的过程中，一旦遭到对方拒绝便失去信心，其实这样是什么事都办不成的。常言道：人心都是肉长的。求人办事过程中，不管对方态度有多坚决，只要你善于用行动证明自己的诚意、表明自己坚决的态度，那么，对方必定会给你机会，从而把固执的门打开，于是你就“泡”成功了。

所以，我们可以认为，软磨硬泡法也是一种逻辑技巧，只要我们有耐心，总会让对方“就范”。

也许你会问，软磨硬泡不就是死皮赖脸吗？实则不然，软磨硬泡立足于韧性与耐心，着眼于感化对方，所谓“精诚所至，金石为开”就是这个道理。因此，在求人办事时，你应该学会厚着脸皮，克服害羞和自卑，主动出击，不达目的誓不罢休。

毕加索的妻子弗朗索瓦兹·吉洛特很喜欢绘画，而且在画画的时候不喜欢被别人打扰。一次，儿子小科劳德想让妈妈带他出去玩，可吉洛特已全身心投入到绘画上，听到敲门声和儿子的喊声，只是回应了一声“哎”，之后接着埋头作画。儿子没放弃，接着又说："妈妈，我爱你。"可得到的回应也只是："我也爱你呀，我的宝贝儿。"门却并没有打开。儿子又说："我喜欢你的画，妈妈。"吉洛特高兴了，她答道："谢谢！我的心肝，你真是个小天使。"但是仍旧没有开门。儿子又说："妈妈，你画得太好看了。"这时吉洛特停下笔，却仍然没有开门的意思。儿子继续说："妈妈，你画得比爸爸画得还好。"吉洛特知道，自己的画肯定不及丈夫画得好，但儿子的话却让欣喜若狂，她也从儿子那夸张的评价中感到了儿子的急切心情，终于把门打开了，答应陪儿子一块出去玩。

小科劳德正是用软磨硬泡的办法敲开了专心作画的母亲的门。

所以，求人办事，我们大可以运用这种方法敲开对方的心门。中国人都好情面，许多事情经过软磨硬泡都可以办到。很多时候，我们所求之事明明合理，可是正常渠道却走不通，这时只有多"磨"才能办成想办的事。

需要指出的是，"软磨硬泡"不是消极地耗费时间，也不是硬和人家要无赖，而是要善于采取积极的行动影响对方、感化对方，促进事态向好的方向转化。有时候对方托着不办，并不是不想办，而是有实际困难，或心有所疑。这时，你若仅仅靠行动去"泡"则很难奏效，甚至会让对方很烦，更不利于办事。这时嘴巴上的功夫就显得十分重要了。要善解人意，抓住问题的症结，巧用语言攻心。

表面上看这种方法很简单，但却并不容易做好。要想用此方法达到求人目的，需要把握好以下两个条件：

首先，必须控制好自己的情绪，要有打持久战的准备；

生活中，一些性格急躁的人在求人办事时也会表现出这些缺点，一旦对方拒绝就失意、烦躁甚至发火，其实，这样都无益于事情的解决。你要学会深呼吸，告诉自己要冷静下来。不羞不怒就是对对方处境的理解，对方也会因为没有帮上你的忙而觉得内心愧疚，此时，你就站在了主动的位置上，可以方寸不乱，调动自己全部的聪明才智，想方设法去突破僵局。

另外，“软磨硬泡”打的就是一场持久战，需要的就是时间，但恰恰时间就是一种武器，如果你足够有耐心，这场战你就能胜利。所以，你一定要沉住气，耐心地牺牲一点时间，成功就会等着你！

其次，必须是“赞美”“哀求”“硬磨”三种方法一起上，缺少一种都达不到让他哭笑不得的效果，也就难以达到你想要的结果。

逻辑口才

“软磨硬泡”是一种求人办事的成功诀窍，它能以消极的形式获得积极的效果，可以表现自己不达目的不罢休的决心和毅力，给对方施加压力，也能够增加接触机会，更充分地表明自己的态度、思想和感情，以影响对方的态度、达到成功求人的目的。

表达事情的难度，激发对方的挑战欲

有时候，我们求人办事时，正面劝说的结果似乎总是事与愿违。但我们可能忽视了一点，那就是人们都有不服输的逆反心理，越是被否定，越是要证明自己；越是受压迫，越是要反抗等。如果我们告诉对方事情存在一定难度，可能办不到时，那么，便能激起对方的挑战欲，从而愿意一试。

《三国演义》中有这样一个故事：

马超率兵攻打葭萌关的时候，张飞主动请求出战。

诸葛亮却佯装没听见，对刘备说：“马超智勇双全，无人可敌，除非往荆州唤云长来，方能对敌。”

张飞说：“军师为什么小瞧我？我曾单人独骑抗拒曹操百万大军，难道还怕马超这个匹夫！”

诸葛亮说：“你在当阳桥抗曹，是因为曹操不知道虚实，若知虚实你怎能安然无事？马超英勇无比，天下的人都知道，他在渭桥大战曹操，把曹操杀得割须弃袍，差一点丧命，绝非等闲之辈，就是云长来也未必能胜他。”

张飞说：“我今天就去，如战胜不了马超，甘当军令！”

诸葛亮看“激将法”起了作用，便顺水推舟地说：“既然你肯立军令状，便可以为先锋！”

实际上，在《三国演义》中，诸葛亮常用这种方法来“激”张飞，因为他深知张飞是个火爆脾气，于是，每当遇到重要战事，先说他担当不了此任，或说怕他贪杯酒后误事，激他立下军令状，增强他的责任感和紧迫感，激发他的斗志和勇气，清除他轻敌的思想。

求别人办事的时候，倘若能够明白对方属于哪种类型的人，说起话来就比较容易了。

1960年，美国黑人富豪约翰逊意欲在芝加哥为公司总部创建一所办公大楼，为此他跑了多家银行，但始终没有贷到款。此时，问题的严重性在于承包商已经聘请好了，一切已经如火如荼地开始了，此时，工程所需费用还差500万美元。假如钱用完了而他仍然拿不到抵押贷款，他就得停工待料。

这天，约翰逊和大都会人寿保险公司的一个主管在纽约市一起吃晚饭。

约翰逊拿出经常带在身边的一张蓝图。正准备将蓝图摊在餐桌上时，那位主管对他说：“在这儿我们不便谈，明天到我的办公室来。”

第二天，当约翰逊断定大都会公司很有希望给他抵押贷款时，说：“好极了，唯一的问题是今天我就需要得到贷款的承诺。”

“你一定在开玩笑，我们从来没有在一天之内给过这样贷款的承诺。”主管回答。

约翰逊把椅子拉近主管，说：“你是这个部门的主管，也许你应该试试看你有无足够的权力，能把这件事在一天之内办妥。”

主管微笑着说："你这是让我为难，不过，还是让我试试看吧。"

结果非常理想，约翰逊成功地达到了自己的目的。

约翰的话明显是对那位主管能力和权威的一种挑战，尽管这位主管不一定真的有那么的权力。于是，为了证明自己能完成这一有难度的任务，对方自然会答应。以激将法说服别人，务必找到并击中对方的要害，迫使他就范。就这件事来说，要害是那位主管对他自己权力的威严感。

当然，我们在运用这一语言策略的时候，要先了解对方，因人而用。要对对方的心理承受能力有所了解，如果激而无效，那么也是白费力气。还有，说话要掌握火候，语言不能"过"。如果说话平淡，就不能产生激励效果，如果言语过于尖刻，就会让对方反感；语言不能过急，也不能过缓。过急，欲速则不达；过缓，对方无动于衷，无法激起对方的自尊心，也就达不到目的。

总之，巧言激将，一定要根据不同的交谈对象，采用不同的激将法，才能收到满意的效果。犹如治病，对症下药，才有疗效。

逻辑口才

在求人办事过程中，有时别人并不应允，如果只用直截了当的语言请求他们，他们也许会一再拒绝。在这种情况下，我们不妨表达事情的难度，以此来激发他的挑战欲，尤其是自己的权威、能力受到了质疑的时候，他们的自尊心、自信心就会被激发起来。

互惠原则：预先取之，必先予之

我们都知道这样的人情常理：滴水之恩，当涌泉相报，别人给我一倍的东西，我会给他两倍甚至更多的东西。这种现象被称为互惠原则。

所谓“互惠原则”，是指受人恩惠就要回报。主要表现为，生活中人们经常会以相同的方式，回报他人为自己所付出的一切，你怎样对待别人，别人就会怎样对待你。因为，当人们给予他人好处后，他人心中会有负债感，并且希望能够通过同一方式或者其他方式还这份人情。因此，根据这一心理原则，我们可以得出求人办事中的一个心理策略，那就是求人前先让对方看到自己的“利用价值”，表明我们的回报之心，让对方觉得自己的付出值得，自然会对你伸出援手。

1972年，美丽的冰岛首都雷克雅未克举行了当时的国际象棋世界冠军挑战赛。

在这一年之前，这一比赛的冠军宝座一直被苏联蝉联，而这场比赛中，来自美国的象棋选手鲍比·菲舍尔却显露了自己特殊的才能，他过五关斩六将，赢得了向卫冕冠军前苏联选手鲍里斯·斯帕斯基挑战的机会，这是24年来第一次由两个不同国籍的棋手争夺世界冠军，该比赛甚至被称为“世纪之战”。

最终，不负众望，鲍比·菲舍尔赢了，成绩是125：85，他成为国际象棋史上第11位世界冠军。

这个特殊的时刻被世人记录下来了，而作为这场比赛的举办国——冰岛，也因此成为全世界关注的对象，并在一夜之间被人们熟识。

然而，就在1992年，鲍比·菲舍尔因为违反美国政府禁令、进入正被美国实施制裁的南斯拉夫境内参加比赛而被美国通缉。无奈之下，菲舍尔向世界发出求救。

此时，冰岛站出来同意了鲍比·菲舍尔的请求。对于冰岛同意鲍比·菲舍尔加入该国国籍，冰岛媒体这样评价：“是鲍比·菲舍尔让冰岛在世界地图上占有一席之地。”英国媒体也认为：“冰岛人民为了表达感激之情，用提供庇护的方式来报答鲍比·菲舍尔先生。”

冰岛之所以同意鲍比·菲舍尔加入冰岛国籍，并对其进行庇护，正是互惠原则的体现。一场因为鲍比·菲舍尔获得冠军的世界象棋挑战赛，让世界人们熟识了冰岛这个国家，从而在世界地图上占有一席之地。为了回报鲍比·菲舍尔给冰岛乃至冰岛人民带来的荣誉，他们主动站出来，解了鲍比·菲舍尔的困惑。

的确，一般人求人办事时，态度一定会低三下四，让对方可怜，好像只有这样才容易获得救助。但是这种人对方可能见得比较多，也就会见怪不怪了。而如果我们能主动展现出我们可以“利用”的地方，让其看得到日后能回报，往往能让对方愿意伸出援助之手。那么，具体来说，我们该怎样运用互惠原则来求人办事呢？

（1）为自己贴金，让对方看到你的潜力

比如，在谈判桌上，你原本希望对方与己方签订协议，那么，与其刻意地恭维对方，倒不如底气十足地向对方提出要求，并可以在无意识中表明已有其他合作方有与己方合作的意图，那么，就会无形中抬高了己方的身价，至此让对方对己方刮目相看，如此一来事情自然好办多了。

很多场合，双方情况都是虚虚实实，谁也无法完全摸清对方的底细。在这种大环境下，如果你势力弱而又想借助对方的力量的话，那么你就应该多往脸上贴些黄金，抬高身价，至少给对方一个你实力强大的假象，让对方看到你潜在的实力，进而愿意助你一臂之力。

（2）承诺给予对方一定的利益

其实，人们在遇到他人求助于自己的时候，总是在寻找心理平衡，帮助他是不是值得？我能得到什么好处？他会不会记得我帮助过他？在这些疑问存在的情况下，人们是不愿意下帮助你的定论的，此时，如果你对其许下承诺，保证会给其一定的利益报酬，那么，就等于给其吃了一粒定心丸。

逻辑口才

很多情况下，一些人在看不到帮助你之后得到的利益的情况下，是不会对你伸出援助之手的。如果你一反常规，多谈及对方在帮助你之后会获得的利益，那么，综合权衡之下，让对方答应请求的概率会大大增加。

逻辑上的征服：简单实用的说服技巧

在现代社会中，无论你处于什么角色，都需要与他人合作才能达到自己的目标。在很多情况下，你需要别人接受自己的想法、观点，然后，与你共同采取一致的行动，那么，这就需要具备说服他人的本领。说服别人并不是激烈的争辩，也不是在气势上去压倒对方，而是为了消除分歧，寻找共通点。从很大程度上来说，说服的工作其实就是逻辑上的征服。我们不能把自己的意见强加给对方，而是要以对方为中心、晓之以理，动之以情，运用事实、数据、讲道理等正确的方法进行巧妙的表达和沟通来达到你所想要的结果。

“如何说”比“说什么”更重要

我们在说服他人的时候，要想成功说服对方，首先就必须进入对方的内心世界，如果一开始就针锋相对，那么，对方就会产生逆反心理，我们也很难达到说服的目的。而事实上，人们往往都很喜欢争论，特别是在聊天的时候，不论大事小事，为了说服对方，都喜欢争辩一番。

从某种意义上说，争论是人的一种天性。因为思想、认识的不同，其中一方为了说服另一方，就会发生争论，而这也正是人们认识的一个误区，他们认为，只有争论才能说服别人。人都喜欢显示自己的聪明，在争论中击败对方，就是一种难得的精神享受。而事实上，心理学知识告诉我们，人们更愿意在愉快与和谐的过程中接受他人的意见，而这也是很多人说服别人不能成功的一个原因。

比如在生活中，一位丈夫对不整洁的妻子提出意见说：“以后你出门的时候要多注意一下自己的形象，别和乞丐婆似的走在大街上，让人家笑话，也让我难堪。你看看邻居李先生的老婆哪天不是穿戴得整整齐齐的，你就不会和人家学学吗？”妻子听到这话肯定会感到不高兴的，她非但不会接受你的意见，反而还会反唇相讥：“学学人家？人家的丈夫可是大公司的老板，你有人家李先生的钱多吗？你要是成了亿万富翁，难道我还不会打扮？”在这个时候，妻子不是不知道自己的缺点，但是丈夫的这种表达方式无疑是在伤害他的自尊，为了捍卫自己的尊严，她也只能这样回敬丈夫，那么丈夫的劝说不仅没有达到预定的效果，反而还会加剧夫妻双方之间的矛盾。

在我们的生活中，经常可以看到这样的情形。当你好心好意向对方提出建议的时候，对方听了却十分不高兴，其实这并不是说别人不识好歹，我们应该对自己的说话方式进行自我检讨一番才对。毕竟，有了为他人着想的良好愿望还是不够的，最重要的还是要选择一个合适的方式。每一个聪明的人从来不会对别人说“你这样做不对”“事情应该是这样的”，因为那样做，只会引起争端，让别人产生敌视的心理。他们总是会选择一种比较巧妙的表达方式，让对方在没有任何思想压力的前提下去听取他的意见和建议。

晏子是春秋后期齐国著名的政治家，他不仅在治理国家上有着非凡的能力，同时也是一名出色的口才高手。他每次提出的建议，都能够得到国君的重视和采纳。其中的秘诀就在于，他从来不会直冲冲地将自己的想法强加给国君，而是能通过比较巧妙的方式让国君对一些错误的决定有一个清醒的认识，从而主动地去进行改正。

有一次，齐景公和晏子聊天，无意间问了一句：“您的家离市场这么近，知道现在什么东西最贵，什么东西最贱吗？”

晏子早就对齐景公的滥施酷刑有意见，当齐景公问起这件事的时候就灵机一动，一本正经地说：“启奏君上，现在市场上价格最贵的是假脚，最便宜的是鞋子！”

齐景公一听，感到十分纳闷，就说：“为什么假脚最贵鞋子最便宜呢？”

晏子回答说：“现在的老百姓犯法的太多了，有一些小的过失就会被砍去双脚，现在临淄大街上有很多这样的人，鞋子对他们来说是没有用的，而假脚却总是供不应求。”

齐景公听了半天说不出话来，最后自言自语地说：“是不是现在的刑法太重了，出现一些小的过失就被砍去双脚也实在太残忍了，这样，老百姓连改过自新的机会也没了……”于是第二天就发布命令，废除了那些酷刑。

哪怕是在最轻松的气氛之中，想改变别人的主意也绝对不是一件容易的事。假如想让对方接受你的观点和建议，就要在技巧和方法上下工夫，让对方在无意的情境中接受你的建议。

当你把自己的意见强加给别人的时候，对方往往会觉得你有一种自以为比别人聪明的心理，哪怕你的意见和建议是多么的合理合情，也会让别人觉得你是在盛气凌人地压制他，从而不愿意接受你所说的每一句话每一个字。遇到这样的情况，你的交际就会不可避免地陷入失败的悲剧之中，你的人气也会逐渐地下降，久而久之，你也必将成为一个不受欢迎的人。这是我们每个人都不愿意看到的现象，那么，就要在日常的生活中多加注意，避免出现这样的悲剧。

逻辑口才

说服别人，是讨论而非争论，讨论更能让对方信服你的观点；而与对方争论，就会让对方从心理上产生一种敌意，无论你怎样说，对方心底都会有抵触情绪，在这种情况下，想要说服他人是很难的。

诱导对方不断说“是”

我们都知道，说服的过程就是不断劝服对方接受我们的想法和观点的过程，然而，我们发现，很多时候，似乎无论我们怎么苦口婆心地劝说，对方总是能找到拒绝的理由，不少人感到束手无策，其实，这是因为我们给了对方拒绝的机会，而最具说服力的劝服技巧无非是让对方自己承认我们的观点，让对方在拒绝之前先说“是”，并且不断说“是”，就能有效将对方的拒绝遏制住。

小李是一家电子产品公司的销售员，为了能实现公司电话软件销售的工作，小李前去拜访一家科贸公司的总经理。这家公司财大气粗，但在沟通的过程中，科贸公司的经理提出了不同看法：

客户：“到现在为止，所有厂商的报价都太高了。”

销售员：“所有的报价都太高了？真的是这样吗？”

客户：“是的。”

销售员："不过，我想您应该不会反对我与您进一步展开合作吧？"

客户："反对倒还不至于。"

销售员："那么如果我们有机会再次合作，难道您不觉得我们可以帮助您建立更广泛的客户群吗？"

客户："嗯，很有可能。"

销售员："您想我们平时买质量优质的手机和传真机，都是为了拥有更好的通话质量，对吗？如果我们的产品通过与您的合作被更多人所使用，那么那些受益者者第一个想到的就是贵公司的名字对吗？"

客户："嗯，是这么回事。"

销售员："所以您不反对我们通过和你的合作可以帮助更多人建立起一套更实用的电话系统，是吗？"

客户："是。"

很明显，小李与客户实现成交的方式就是通过一步步地反问，然后将主题引到销售上来。让客户一直未对产品说一个"不"字，小李这样做的好处是有利于掌握谈话主动权，控制整个销售进程，进而可以让整个销售工作达到自己所希望的目的上来。

的确，人们对于自己不熟悉的人或事，往往都持有一种排斥的心理。因此，说服他人时，如果直截了当会显得突兀，让对方难以接受，而如果我们能巧妙铺垫，慢慢给对方"洗脑"，让其不断说"是"，对方会更易接受。

那么，如何让客户在一开始就说"是"呢？

（1）关键时刻强势一点

如果一味认同对方，难免有奉承之嫌，也会显你的软弱。因此，要想真正说服对方，我们最好能在关键时刻强势，那么，说服对方也并不是不可能。但即便强势，也要保持良好的态度，最好先肯定对方的意见。比如，我们可以这样说：

"说句真话，我从事电脑销售好几年，像你这样如此关心本公司产品性能的客户，我见得不多，像你这样了解本公司产品的客户，更是少之又少，而且，您的建议对我们很有用，所以我衷心地谢谢您。正如您所说，我们的产品现在还存在一定的问题，不过现在它的市场销量很好，说明还是有不少益处的。您看，这是我们去年的销售情况一览表……承蒙您的关照，我们会更注意改进产品的性能。您买了我们的产品，如果在使用的过程中有什么问题，欢迎您继续给我们提出来。”这样说，客户一定能接受。

（2）不给对方否定的机会

让对方在拒绝之前先说“是”，就能有效将对方的拒绝遏制住，比如，你可以对客户说：“××先生，您应该知道我们的产品向来都比A公司的产品价位低一些吧？”

当然，我们在让对方肯定接受我们的观点和想法时，最好能有十足的把握，不能让对方抓住把柄。

逻辑口才

真正口才好的人在说话中绝不会让自己被对方牵着鼻子走，相反，他们把自己当成谈话的主人，一旦你决定自己要的是什么，就表现出一副不可能失败的架势，而你就绝对会实现！

正面说服无效，就从反面来

现代社会，我们要参与职场工作、商业竞争和人际交往，很多时候，我们需要说对方，为了达到我们的说服目的，我们可能会使出浑身解数，却毫无效果，其实如果我们能主动出击，可能会节省很多精力。“不战而屈人之兵”，这乃战争取胜的最高境界。因此，在言语交谈中，你也可以适度强硬一点，适度说些“威胁”对方的话，让对方畏惧，当对方乱了方寸后，你再进一步采取措施，便能很容易达说服的目的。

其实，历史上，很多人都知道用威胁的方法可以增强说服力，而且还不时地加以运用，我国历史上著名的“唐雎不辱使命”“完璧归赵”等故事便是使用威胁来达到说服目的的。现实生活中，我们也可以使用这一逻辑口才来实现成功说服。

刘星是某保健器材的销售人员，他有一名潜在客户杨总。刘星对杨总进行了一番了解。原来，杨总是一个很孝顺的儿子，对母亲的健康很在意，而且只要认准了产品就不会在价格上斤斤计较。

在见到杨总并与之进行一番交谈后，刘星向杨总介绍了这种保健器材的一些功能和特点。杨总说他目前没有这方面的需要，如果有需要的话，他一定会与刘星联系的。刘星听出，杨总是在下逐客令。可是刘星并没有放弃，他又说：“听说您的母亲就要过70大寿了，人生七十古来稀呀，不过以您母亲的身体状况就是再活70年也没问题呀！”

杨总听了慨叹道：“唉，虽然我母亲保养得一直很好，可是毕竟年龄大了，身体一日不如一日了呀，最近就时常闹些小毛病。”

刘星说：“其实老年人身体状况不好光靠吃药是没用的，关键还是要经常做些有益的活动，这样一来可以增加身体的抵抗力，二来还可以使他们在运动的过程中保持一个良好的心情。”

杨总仍然神色严肃地说：“以前我母亲也出外参加一些活动，可是最近她自己总觉得太累，再说我也怕她到外边活动出现什么问题不好及时处理。这个问题愁坏我了。”

刘星接着说：“我们公司的产品正好可以帮您解决这个难题……”

在说明了使用这种保健器材的一系列好处之后，刘星看到杨总已经有了点购买产品的意思，他想现在应该是趁热打铁的时机了，于是他又说：“如果您不能在母亲70大寿的时候送给他一件有意义的礼物，那她一定会很失望的。而这种保健器材不仅可以让她老人家感受到您的孝心，而且每次看到它时，老人家都会想起自己这个值得纪念的生日。这种保健器材我们销售部只剩下3台了，如果您现在不买下的话，等到您想买的时候恐怕就要卖完了，到时候只能等公司总部发货过来。如果那样的话，那您一定会感到遗憾的。”

“好吧，我现在就要货，你先把它送到我的办公室，我想等母亲生日那一天给她一个惊喜。”显而易见，杨总已经迫不及待了。

案例中，销售员刘星就是运用提醒的方法直接让对方注意：如果你不购买产品会怎样。他的聪明之处还在于他做了准备工作，在推销前先对客户进行了一番了解，这样，劝服的时候成功的概率就大了很多。

可见，在说服过程中，当你有十分把握的时候，不妨“威胁”一下对方。这一攻心之术经常也被运用到销售中，比如，很多商家开展的“限期促销活动”等，除了可以创造一种热烈的销售气氛之外，所谓的“限期”其实都是要客户注意：超过期限就不能享受如此优惠！而消费者也对商家有意无意传递的这种意义心知肚明，所以很多消费者都会选择在节假日或企业推出的促销活动期间进行“疯狂购物”，即使需要排队等待也乐此不疲。

“威胁”策略应该与正面说服方法相互结合，否则的话，就会引起对方的不安，从而造成沟通中出现不愉快的局面。因此，我们可以这样“威胁”对方：

（1）正面“提醒”

让对方接受我们的想法或者达到某种目的，并不一定要反复提醒他“如若不……会怎样”，你可以直接告诉他，“如果你怎样……你会有什么益处”。但前提是，你必须对对方有很深刻的了解，知其所好，这样才能把“提醒”说到对方的心坎上，同时，要让对方理解我们出发点是善意，不然只会适得其反，引起对方的怀疑。

（2）反面“提醒”

这种提醒的方式，一般是针对对手而言。也就是说，如果我们希望不去做什么，我们可以利用与之对立的关系尽量建议他去做。左右思量后，对方势必会中我们的“圈套”。

另外，在具体运用“威胁”时你要注意以下几点：

第一，态度要友善。

没有人喜欢被真正威胁，因此，我们的出发点应该是善意的，态度也应该是友好的，应该是本着为对方着想的原则去说服，才能真正起到说服目的。

第二，讲清后果，说明道理。

只要你“威胁”的论据充足，让对方看到各种利害关系，那么，他会束手就擒。

第三，威胁程度不能过分，否则反会弄巧成拙。

逻辑口才

“威胁”的方法可以增强说服力。在说服的过程中我们首先要摸清对方的底牌，一旦摸清了底牌，就掌握了沟通的主动权。

用数据，更能让你“理直气壮”

生活中，我们在劝说他人的过程中，都希望自己的语言更有说服力，对此，不少人喜欢采用一些华丽辞藻进行描述，但给人的印象却是华而不实，令人生疑的，因为这些说服的语言毫无根据，完全站不住脚。但如果我们能在语言中加入一些具体的数字，那么，就会提高你话语的含金量，让人感到信服。

卡耐基的一次经历，可以说是用数字说话的一个典范。他是这样说服一家旅馆经理打消增加租金的念头的。

卡耐基每季度都要花费1000美元在纽约的某家大旅馆租用大礼堂20个晚上，用以讲授社交训练课程。

有一季度，卡耐基刚开始授课时，忽然接到通知，要他付比原来多 3 倍的租金。而这个消息到来以前，入场券已经发出去了，其他准备开课的事宜都已办妥。怎样才能交涉成功呢？经过仔细考虑，两天以后，卡耐基去找经理。

卡耐基对经理说："我接到你的通知时，有点震惊。不过这不怪你。假如我处在你的地位，或许也会写出同样的通知。你是这家旅馆的经理，你的责任是让旅馆尽可能多的赢利。你不这么做的话，你的经理职位很难保住，假如你坚持要增加租金，那么让我们来合计一下这样对你有利还是不利。"

"先讲有利的一面。"卡耐基说，"大礼堂不出租给讲课的而是出租给办舞会、晚会的，那你可以获大利了。因为举行这类活动的时间不长，每天一次，每次可以付200美元，20晚就是4000美元，哦！租给我，显然你吃大亏了。

"现在，来考虑一下'不利'的一面。首先，你增加我的租金，也是降低了收入。因为实际上等于你把我撵跑了。由于我付不起你所要的租金，我势必再找别的地方举办训练班。

"还有一件对你不利的事实。这个训练班将吸引成千的有文化、受过教育的中上层管理人员到你的旅馆来听课，对你来说，这难道不是起了不花钱的广告作用了吗？事实上，假如你花5000美元在报纸上登广告，你也不可能邀请这么多人亲自到你的旅馆来参观，可我的训练班给你邀请来了。这难道不合算吗？"讲完后，卡耐基告辞了，"请仔细考虑后再答复我。"当然，最后经理让步了。

卡耐基之所以获得成功，只是因为他站在经理的角度想问题，把增加租金与保持租金的好处用数字一个个清楚地表达出来而已。

为什么数字能提高语言的可信度？从心理学的角度分析，那些空洞的语言往往表达的是主观的想法，会让听者觉得查无实据；而具体的数字则可以提供难以质疑的具体证据。比如，在向用人单位证明自己的实力时，同简单表示“提高了生产能力”的应聘者相比，一个在“7个月内将工厂产量提高156%”的人无疑会令你印象更加深刻。

那么，在说服他人的过程中，我们该怎样运用数据呢？

（1）数据的真实性和准确性

我们希望说服他人，就是要为了让对方产生信任感，但如果数字本身的可信度有问题，比如数字不准确或者虚假、夸张等，就会产生与听者间的信任危机，引起和客户之间的信任危机，因为一旦对方发现这些数据本身有问题，就会对你产生质疑，那么，运用数据说服这一心理策略就只能起到反作用了。

（2）仅仅罗列数据是不够的

精确数据的使用，当然会为你的话语增加可信度，但一味地罗列数据，会让对方找不到重心，也会让对方以为你在故作玄虚，对你产生厌恶感。所以，使用数据是有一定的原则的：

合适的时机。要想让你的数据说明具有更强劲的说服力，你首先要挑选合适的时机。比如当对方对你的话语提出质疑时。

度的把握。销售人员还要注重适度运用精确数据来说明问题，要懂得适可而止，不要随意滥用。

数据的更新。另外，值得你注重的是，很多相关数据是随着时间和环境的改变不断发生改变的。因此，在使用某些数据时，要保证它是最新的。

逻辑口才

列出具体数据是增加话语可信度的重要方法，空有华丽的辞藻是不会吸引人的。记住，要证明你的观点，你就应学会用数字说话。

用事实说话，展现可信度

在我们的生活中，无论是对人也好，对事情也罢，都离不开真的追求。“真”是一种精神和境界。如果失去了真，也就不会有善、美。同样，在我们说话中，如果失去了“真”的基础，那么一切美好的字眼不过都是些漂亮的外壳罢了。而在说服他人的过程中，对事情真实性的要求就更好了，我们更要用“真”来表达，换言之，就是用事实说话。

法国著名的军事天才拿破仑就是一位用事实来说话的人。在他25岁那年，带领着一支意大利的军队。这些军人没有丝毫的战斗力，由于长期得不到后方的供给，每个人都是面黄肌瘦，衣衫褴褛。为了激发将士们的斗志，拿破仑鼓励他们说：兄弟们，现在我们面临的是一个衣不遮体食不果腹的痛苦局面，为了摆脱目前的困境，我们所依靠的只能是我们自己。我一定要把你们带到一个富裕的地方去，在我们打退敌人的时候，就可以看到繁华的都市和富饶的乡村……

在拿破仑的带领下，这支军队很快就占领了富庶的米兰地区。战士们如愿以偿地得到了食物和衣服。为了进攻下一个目标，拿破仑又对他们进行了一番激励，但是在这个时候却不能用食物来作为条件了。拿破仑就用十分强烈的口气对他们说：“我们这支军队是正义的军队，我们中的每一个人不是在为了个人的吃饱穿暖而打仗，而是为了我们的家乡和人民。我们所做的一切，是在保卫家乡和创造历史。等到我们打胜了这一仗，就可以衣锦还乡了。当我们荣归故里的时候，我们的邻居一定会非常高兴地来迎接我们，指着我们说他曾经服役于那支伟大英勇的意大利军队！”

拿破仑的军队在他的号召之下所向披靡，让敌人闻风丧胆，成为欧洲最具有战斗力的军队。拿破仑能够激发起每一个士兵的激情和战斗力，与他能够用事实说话是分不开的。假如拿破仑在面黄肌瘦的军队面前大讲一些“我们必将战胜反动的欧洲君主”，或者在米兰地区说些“为了牛奶和面包前进”之类的话，恐怕就无法引起别人的兴趣，更不用说去提升军队的战斗力了。

生活中无数的事实都在证明，好口才并不是谈吐流畅词汇丰富的外在现象，最重要的评价标准是是否有说服力和可信度。说服力和可信度是相辅相成的关系，没有可信度的言谈是不会存在说服力的，能够说服别人的语言也必将以可信度为基础。那么怎样才能够让别人相信我们所说的话，接受我们的意见呢？最重要的一点就是用事实说话。古人所说的“事实胜于雄辩”就是这个道理。

真实的事例是一种具有说服力的论据。比起那些空洞的承诺、抽象的产品质量报告，具体真实的事例显得更加形象生动。如果你告诉对方：“我们是奥运合作伙伴，这是我们的合作标识。”那么对方不仅欣然接受，也会深信不疑。再如：“某某500强企业一直在用我们的产品，到现在为止，已经和我们公司建立了5年零8个月的良好合作关系。”在说明的同时，用一些图片或是资料进行辅助证明，就能发挥出最好的效果。

每个人在和别人的交往之中，都愿意倾听最真实的声音，而最真实的声音源于事实的存在。如果我们一味去追求口才外在的形式，就难免会舍本逐末。有事实存在的语言才具有可信度，有事实的谈话才会有真正的内容。那些谦逊质朴的态度，以及美丽的词汇，所起到的作用只是一种修饰，失去了事实这个内在的东西就会成为没有任何意义的表演，失去本身的价值。

逻辑口才

任何时候，最忌毫无事实证据的论述，在说服他人的过程中，最重要的也是让达到让对方信服的目的。若你的言谈没有事实依据。那么，则会加深对方的疑心，更别说成功说服对方了。

层层递进，把理说透

生活中，与人谈话，我们若希望达到说服的目的，就不光要有说的技巧，还要有引导对方思维的能力，一味地说，未必能让对方心服口服，而巧妙引导对方，以思维为核心，经过层层推进，把道理说透，能让对方接受我们的意见。

莉莉与小齐初中毕业后就一起来到城里的一家餐馆打工，她们关系很好，可谓是无话不谈的朋友。但两人的行事作风却有点差异。

一次，莉莉在收拾餐桌的时候发现了一部手机，肯定是客人落下的，莉莉早就渴望有一部手机，于是，她想悄悄据为己有。可不巧，这被小齐看见了，小齐让她上交，可莉莉说："什么呀，我没拿什么手机啊。"

小齐说："莉莉，你知道什么叫'不劳而获'吗？"

"不知道！"莉莉嘟着嘴回答。

小齐说："你看，'不劳而获'是不经过劳动而占有劳动果实。说得确切点是占有别人的劳动果实！"

"我可不懂那么多。"莉莉有点不耐烦了。

小齐耐心地问："你说，抢别人的东西是不是'不劳而获'？"

"是的。"

"你说，偷别人的东西是不是'不劳而获'？"

"当然是的。"

"那么，拾到别人的东西据为己有是不是'不劳而获'呢？"

"这，这……当然……"莉莉这时不知道说什么好了，吞吞吐吐地回答着。

看到莉莉已经同意了自己的观点，小齐顺势说："其实，拾到别人的东西据为己有和偷、抢得来的东西在某种程度上是一样的，除了国家法律，我们

还应有一定的社会公德，再说我们来的时候，老板都为我们读了店里的工作守则，其中就有一项：拾到顾客遗失的物品要交还，我们还想在这家店长干下去呢，可不能因为这点蝇头小利丢了工作啊！咱自己想要手机，就要靠自己的能力挣钱买，那样用得才理直气壮！”

最后，莉莉主动把手机上交了。

案例中的小齐就是个会说话的人，在她发现好朋友莉莉准备将捡来的手机据为己有的时候，并没有直接追问，而是采用逻辑引导的方法，让对方承认这是一种错误的行为，先提出一个看似与“偷手机事件”无关的“不劳而获”的意义，让莉莉明白什么是不劳而获，从而逐渐由大及小，步步推进，最后才切入实质性问题：拾到东西据为己有，同偷、抢一样都是“不劳而获”。最后，聪明的小齐又把问题归结到莉莉想把手机据为己有的想法是不正确的，并劝说莉莉可以自己努力工作去买一部手机。小齐的说服可谓是有理有据，莉莉自然也能接受。

现实生活中，可能有很多人遇到这种情况，会站出来告诉对方：“你怎么偷人家东西呢？”这样说，虽然出于好意，但无无异于打人脸，对方必定不会接受，甚至还会找借口否认。其实，无论是出于什么目的，在沟通时都不能直奔主题，因为那个点恰恰是你们冲突的焦点。如果你直奔主题，告诉对方要诚实，很容易引起对方的逆反心理，不仅让对方难以接受，还会和你对抗到底，那么，你的劝说工作将会加大难度，甚至根本无法成功，而如果你从侧面引导，一步步回到你想要了解的关键点上，若是理由充分，别人一般都能接受。

的确，我们可以发现，很多人误以为在说服别人时应毫不让步，让对方毫无拒绝的余地。但事实证明，我们越是想让别人接受我们的意见，越是事与愿违。而假若我们能让对方跟着我们的思维自己得出结论，那么，说服起来就会更容易，这也是说服的最高境界。

诱导式劝服术，就是不直接答复，而是先讲明条件、说明理由，诱使对方得出结论的方法。该方法的特点是“不战而屈人之兵”，让对方自动认同。

那么，我们如何运用这一方法呢？

（1）明确最终的说服目的

这就要求我们在说服别人前要明确自己的立场。否则，我们的思维很容易被对方掌控，导致中途“倒戈”。

（2）站在对方角度说话，步步为营地引导

这就需要我们运用语言的智慧引诱他人进入自己的圈套，于无形之中将他人的内心防线攻破。也就等于在两个人的角逐中取得先机，这样就会在不知不觉中减少了对方的锐气。

（3）保证轻松的谈话氛围

大部分成功的说服都要在彼此和谐的气氛下进行才可能达成。如果我们不注意说话态度，即使完美无缺的说服策略，也会因对生疑而不攻自破。

逻辑口才

高超的说服不是一味地向对方灌输自己的观点，而是“不战而屈人之兵”，通过语言和思维的诱导，让对方在不知不觉中认可我们的观点，接纳我们的想法。

拒绝的逻辑：巧言谢绝的技巧

在我们日常的生活和工作中，谁也不可能做到有求必应，面对别人的求助或者是邀请时，当感到自己无能为力恕难从命的时候，我们就要拒绝别人。不过，在拒绝别人的时候，应该选择合适的方式。如果拒绝的方式过于生硬，会显得自己不近人情，也很容易让对方的自尊心受到伤害。在我们拒绝别人的时候一定要运用一些适当的逻辑技巧，做到既能达到个人的目的，又不至于伤害彼此间的感情，从而保证人际关系的和谐。

灵活拒绝，将“不”巧妙说出口

生活中难免会有人要求我们做一些我们不愿意或者是做不到的事情，在这个时候我们就应该学会拒绝。但是许多人担心会给对方带来难堪，甚至会因为拒绝而伤害双方的感情，从而失去朋友。那么，我们就应该学会灵活的拒绝方式，做一个让双方都能接受的回答。一般来说，我们可以用以下几种灵活的方式去拒绝别人。

（1）推诿法

所谓推诿法，就是不直接说出自己的意见，而是借用别人的身份来表示拒绝。这种做法表面上看来是在推卸责任，而实际上能起到很好的效果，它能够让别人理解你的难处，从而不再强人所难。不过在使用这个方法的时候，一定要注意，要利用不在场的第三者来做“挡箭牌”，只有这样，才能自圆其说。

小周是一个集邮爱好者，她的朋友当中也有很多人是集邮迷。有一天，他的一个朋友来向他提出交换邮票，但是他不愿意和别人进行交换，但是又怕朋友不高兴，说他小气。于是，就对朋友说：“我早就想和你的邮票进行交换了，但是我的集邮册不是我个人的，而是和我的姐姐共同拥有的，我姐姐不愿意和别人进行交换，实在是对不起。”其实她的姐姐对集邮并不感兴趣，更没有心思去干涉她交换邮票的事，只不过是以此为借口罢了。果然，她的朋友听她这么一说，也就作罢了。

（2）模糊法

所谓模糊法，就是用模糊语言来应对他人的请求，这种方法从表面上看是对请求者有了交代，但在实际上却没有任何的信息和价值，从而达到拒绝别人的目的。

1945年8月，美国在日本投下了两颗原子弹，这个事件震惊了世界。美国的新闻界此时最关心的是另一个军事大国苏联有没有原子弹，以及原子弹的确切数目。此时，苏联外交部部长莫洛托夫正好来美国访问，在他刚刚走下飞机的时候，就被美国的记者团团围住。有记者问他："苏联的原子弹有多少？"莫洛托夫面对着这些满怀期待的记者，仅仅用一个词语来回答："足够。"

莫洛托夫用模糊的语言来回答了美国记者的提问，从表面上来看，做到了有问有答，而实际上这种回答是没有任何意义的，那些渴望得到大新闻的记者们并没有如愿以偿。莫洛托夫的模糊回答可谓是一箭双雕：既向世界宣告维护了前苏联国家的军事机密，又向世界宣告了前苏联人民强大的力量，从而对美国起到了很大的震慑作用。

（3）搪塞法

搪塞法，顾名思义就是在回答别人问题的时候选择一些模棱两可的语言，挑选一些没有任何实际价值的信息去应付一下。

1988年，第二十四届奥运会在韩国首都汉城举行。第二次参加奥运会的中国代表团备受世界各国媒体的关注。当中国奥运会代表来到汉城的时候，记者纷纷问中国代表团团长李梦华："这次奥运会中国能拿几枚金牌，在这次比赛中，中国的奖牌总数能超过韩国吗？"

李梦华回答说："等10月2日之后，你们就肯定什么都知道了。"

记者们还是不死心，继续追问说："中国的新华社曾经预测说这次奥运会你们能够拿到8到11枚金牌，您认为是这样的吗？"

李梦华又一次作了巧妙的回答："中国有充分的言论自由，记者怎么想，就可以怎么写！"

避开实质性的问题，故意用模棱两可的语言作出具有弹性回答，既无懈可击，又达到了在重要问题上拒绝作出答复的目的，这种方式比直接说"不"，会显得更有智慧，更有风度。

（4）曲解法

对别人的话表示不明白，或者用你自己的“理解方式”去回答，用一些让别人哭笑不得的理解方式去解释原因，来达到拒绝的目的。通常情况下，这种方法适用于应对那些喜欢耍小手段的请求者，让他有苦说不出。

有一次，一位贵族夫人邀请帕格尼尼第二天到她家去喝茶。碍于情面，帕格尼尼接受了她的邀请。贵妇感到非常高兴，告别的时候，笑着叮嘱帕格尼尼说：“亲爱的艺术家，明天来的时候，请您一定要带上您的提琴。”“这是为什么呀？”帕格尼尼装作很惊讶的样子说，“夫人，您应该知道，我的提琴是从不会喝茶的。”

帕格尼尼通过曲解对方语言的含义，达到了拒绝为这位贵族夫人拉小提琴的目的。

逻辑口才

拒绝别人的要求，直接说出“不”字来会让我们感到很为难。所以，在拒绝前，我们要学会运用更为灵活和巧妙的方法，从而起到曲径通幽的效果。

拒绝的理由要说得有情有义

在别人寻求帮助的时候，热心肠的我们总会在力所能及的范围内给予尽量的帮助。但是，每个人总会有能力达不到的地方，面对别人的求助我们在很多情况下都会无能为力，那么在这个时候就要耐心地向求助者进行详细的解释，让对方明白我们并不是不愿意帮忙，而是因为心有余而力不足才拒绝的。当对方了解了我们拒绝的原因之后，就不会产生误解，也会被我们的诚意所感动。这样，就会留有继续交往的余地，双方的友谊才可能继续维持下去。如果在拒绝别人的时候只是简单地说“不行”“不可以”之类的话，恐怕就会让求助者觉得你是一个冷血动物，如果对方是一个急性子的人，说不定还会当中给你难堪，让你下不了台。

的确，拒绝就意味着将对方拒之门外，拒绝了对方的一片“好意”，有时会让对方很难堪。而如果我们能根据不同的场合和对象进行考虑，选择恰当的方法、以情动人地说出自己的理由，或者为对方寻求更好的解决方法，那么，即使是拒绝，对方也会感觉到你的情义。

曾有个野心勃勃的军官一而再、再而三地请求狄斯雷利加封他为男爵。狄斯雷利知道这个人才能超群，也很想跟他搞好关系。但军官不够加封条件，狄斯雷利无法满足他的要求。有一天，首相狄斯雷利把这位军官单独请到办公室里。于是，首相就对这位军官说：“亲爱的朋友，很抱歉我不能给你男爵的封号，但我可以给你一样更好的东西。”

随后，狄斯雷利放低声音地说，“我会告诉所有人，我曾多次请你接受男爵的封号，但都被你拒绝了。”

这位军官按照狄斯雷利的建议做了，这个消息一传出，很多人都称赞这位军官谦虚无私、淡泊名利，对他的礼遇和尊敬远远超过任何一位男爵。军官得到了良好的评价，因此，他对狄斯雷利由衷地感激。后来，这位军官就成为狄斯雷利首相最忠实的伙伴和军事后盾。

这里，狄斯雷利拒绝军官的方式是巧妙的，既不让对方感到难堪或怀恨在心，还让对方成为自己重要的支持者，真可谓一举两得。

当然，拒绝也是要讲究艺术的，告诉对方拒绝的理由时，不能用一种不耐烦或者是找借口的方式去推脱或者敷衍，那样的方式会让对方觉得你为人不够真诚，缺乏热心；当然也不能用模棱两可的话来回答别人，比如说些“我想想办法”“试试看吧”之类的话，那样的话很可能会让别人觉得你已经答应了下来。在提出拒绝的理由时，我们要注意以下几点：

（1）明确及时地讲出你的理由

拒绝他人的帮助并不是什么见不得人的事情，实在无法答应别人的要求时，一定要用比较明确的语气来告诉他：“实在对不起，这件事情上我实在是帮不了您的忙，您还是想一下别的办法吧”，一般说来，当别人了解到你的困难之后，就不会在做乞求之类的无用功。这样，就能为对方寻找其他的方法提供了时间，同时也不会给自己带来烦恼。

如果决绝对方的时候含糊其辞，对方的就无法明白你的真实意思，还会对你抱有希望，把你当成救命的稻草，从而搞得你左右为难。这样做，既耽误了别人的时间，同时也给自己带来麻烦。

（2）委婉地讲出理由，明确地表示拒绝

我们明确及时地讲出理由，拒绝对方，并不是说要用比较严肃呆板的话来对待别人，如果用一些颇具杀伤力的语言来拒绝对方的话，就会激怒别人。一般情况下，在一个人表示求助的时候，他的心里总是很敏感的，他能够从比较委婉的话里听出拒绝的意思，那么他就会很识趣地离开，不再去打扰你。在我们委婉地提出个人的理由时，一定要注意，委婉并不是模糊，千万不能给对方留下一丝希望。只有这样才不会给双方带来伤害。

（3）态度一定要真诚

在拒绝别人求助的时候，一定要注意态度的真诚。当你向对方陈述个人理由的时候，失去了真诚的态度，就会让对方觉得是对他不屑一顾，所有的理由不过是借口罢了。只有坦诚相告，才会让对方将心比心，设身处地地去考虑你的为难之处。

逻辑口才

拒绝他人时，我们可以从“情”入手，人类都是情感动物，如果你能把拒绝的理由也说得有情有义，那么，不仅可以成功拒绝他人，甚至还可以帮你赢得友谊。

巧妙地拖延，“听话”但不照办

在日常生活中，没有一个人能够做到有求必应。面对别人的求助或者邀请谁都有爱莫能助、无能为力、恕难从命的时候。这是一个很正常的现象，毕竟每个人的精力和能力都是有限的，不可能每次都能答应别人的请求。但是，我们中的一部分人往往因为不懂得拒绝的方式，用比较生硬的话回绝对方，从而给别人的心理带来不快，也给自己带来了一些负面影响。

其实，学会拒绝的艺术并不难，只需要我们掌握一些拒绝时的逻辑口才技巧，比如，拖延法，它能有效帮助我们降低拒绝他人时产生的负面效应。

迈克是一名部门主管，当初公司把他调到这个部门时，他就不大乐意，因为他早有耳闻，这个部门的前任主管在管理团队时，喜欢事必躬亲，什么都为手下安排得妥妥当当，喜欢当老好人，部门大事小事总是一把抓，而导致了此部门员工没有得到很好的工作历练，因此，他们在公司所有部门员工中是能力最低的。但既然公司已经下达了指令，迈克只好硬着头皮上了，他也有志改善部门状况。

刚来报到的第一天，秘书小林就对迈克说：“主管，我在这之前没有做过这类的报表，你帮我做一下吧。”

听到这话，迈克觉得很诧异，做报表在公司一直都是秘书的本职工作，小林的请求实在是太过分了，他很生气，但想到要是第一次就这么严厉地对待员工的请求，势必会让自己给下属留下不好的印象，因此，想了想之后，他对小林说："不好意思啊，今天我刚来，事情太多了，等忙完这周你再把数据表拿来。"

一听到迈克这么说，小林心想，这份报表周五前必须要交到公司财务部，哪里还等得到下周？于是，她只好自己去处理了。

这招果然奏效，后来，迈克用同样的方法摆平了很多下属们的请求。

案例中的主管迈克可谓是一片苦心，为了让下属能尽快成长起来，他觉得让下属自己动手更有积极的意义，于是，面对秘书的工作求助，他采取了拖延的心理策略加以拒绝。这种心理策略很简单，对于你不想答应的请求，完全用不着下决定，用不着点头或者摇头，而只是让来请求你的人迟些再来。例如，你可以说："我的任务现在排得满满的，你能不能两个礼拜以后再来找我？"如果这个人不错的话，他会把两星期后再来找你这件事加进自己的备忘录里。要是这人不地道，他们肯定早把你忘了。有的时候如果你连着拖延了两回，那个人就会放弃了。

那么，具体在使用这一心理策略时，我们该怎样说话呢？

（1）可以先同意

这似乎听上去有点自相矛盾，但是你可以把这看作一场心理上的战争。你可以同意要求，然后做下面两件事之一：

你可以说："没问题，但是我现在的任务多的像山一样。你能不能过一个月左右再来找我？除非我真能干得非常出色，否则我是不会这么打包票的。"

或者你可以说："当然可以，但是你能不能先去做……这样我们才能看出这件事到底是否可行。"

无论你选择上面两个中的哪一个，你都没有断然地拒绝他们，而是把主动权交回到他们的手中。在真心想要这件活但是实在抽不开身的情况下才这样说，这样说帮你解决了主动权给你带来的压力，让你用不着真正说出那个“不”字。

（2）拖延要针对具体情况

对方在激动时，所提出的问题如果不能具体解决，往往容易陷入僵局，故对这类问题要加以回避。如果个人的事，可说“这件事太复杂，先喝一杯再说”，这样表明态度，一时便于对方稳下来，比两人争吵不休要好。在正式场合，比如在开会时引起争吵的话题，会议主持人应先承认问题的重要性，然后说“这个问题太棘手，无法立刻回答”从而牵制住对方。或说“这个问题，改天再说”的答复，会认为比遭到拒绝要好，可缓和激动情绪，收敛锋芒，不再纠缠。

（3）不要拖延那些你已经承诺的事

如果已经承诺的事，还一拖再拖是不正确的，这里的拖延法指的是暂不给予答复，也就是说，当对方提出要求时你迟迟没有答应，只是一再表示要研究研究或考虑考虑，那么聪明的对方马上就能了解你是不太愿意答应的。

其实，有能力帮助他人不是一件坏事，当别人拜托你为他分担事情的时候，表示他对你的信任，只是自己由于某些理由无法相助罢了。但无论如何，仍要以谦虚的态度对待，别急着拒绝对方，仔细听完对方的要求后，如果真的没法帮忙，也别忘了说声“非常抱歉”。

逻辑口才

有些人在拒绝对方时，因感到不好意思而不敢据实言明，此时，你不妨采取拖延法，拒绝时先不要急切、直接地表达自己的立场与处境，让时间来冲淡一切。

转移话题，避开“雷区”

人与人的交往中，拒绝与被拒绝是必然的。在表达拒绝时，总是难离一个“不”字，而这个“不”字又是最不好意思说出口的。然而，一味地接受又会让自己陷入困境。所以，也只能用一时的尴尬来换取永远的宁静了。其实，有时我们拒绝的人之所以与我们反目成仇，并非完全是因为我们拒绝了他，更多的是因为我们拒绝他的语言和方式伤害了他。人活在世上，难免何时就需要他人施以援手，所以，多一个敌人绝非什么好事。我们不能避免拒绝，但却可以在拒绝时采取适当的方法，最大程度地避免因为拒绝而四面树敌。

不好正面拒绝时，只好采取迂回的战术，转移话题也好，另有理由可以，主要是善于利用语气的转折，但也不致撕破脸。事实上，人都是聪明的，你大可不必担心对方不能领悟你变话题的用意。因此，顾左右而言他绝对是一个巧妙拒绝他人的心理策略。

有一位家庭主妇会经常遇到一些上门推销的业务员，当别人向她介绍一些业务或者产品的时候，她从来不会用冷冰冰的口气拒人千里之外，而是用比较委婉的方式来表达她的不需要。比如，有一次推销保险的人前来敲门，她就会说：“哎呀，实在是对不起，我儿子也在保险公司工作……”把话说到这个地步，任何能言善辩的推销员也会选择知难而退的，在她们退出之后，也不会对这位中年妇女有任何的负面评价。

有对年轻男女在一起工作，男方对女方产生了爱慕之情，男方急于要表白心愿，女方虽心领神会，但是，却不愿将友情向爱情方面发展，女方认为还是不要说破，保持那种纯真的友谊比较好。于是，就出现了下面的情况：

男青年：我想问问你，你是不是喜欢……

女青年：我喜欢你给我借的那本公关书，我都看了两遍了。

男青年：你看不出来我喜欢……

女青年：我知道你也喜欢公共关系学，以后咱们一起交换学习心得吧？

男青年：你有没有……

女青年：有哇！互相切磋，向你学习，我早就有这个想法。

男青年：……

这位女青年3次都把男青年的话断答，使得男青年明白了她的想法，于是便不再问了。这比让他直率问出来，女青年当面予以拒绝，效果当然要好很多。

在拒绝他人时，我们有时会觉得不便说“不”，便随便找些不值一驳的理由来暂时搪塞对方，以求得一时的解脱。但这个方法并不高明，因为对方仍可能会找理由与你纠缠下去，直到你答应为止。比如你不想答应帮他做事，推托说：“今天我没有时间。”他可能会说：“那没有关系，你明天再帮我做好了，事情就拜托你了。”此时，你可能很难再用其他借口推辞了。因为这些都是小小的谎言，一经反驳，你肯定会感到慌乱，说“不”的意志便很难坚持了。实际上，你不妨直接采取转移话题的方法，对对方的问题不予直接回答。

当然，我们在采取这一语言策略的时候，就需要做到正确的断答，才思敏捷，口语技巧娴熟。原因如下：

首先，断答前要摸准对方的心理，“你一张口我就知道你要问什么”“未闻全言而尽知其意”，这与“错答”比起来，要求会更高。

其次，要能抢得自然而恰当，比如从“喜欢”（人）而引论到“喜欢”（书），能瞒过在场的其他人。

最后，断答往往需要几个回合才奏效，因为抢一两次，对方可能还不能领悟到答话者的真正意思，或者略略知道而不甘心，从而继续发问，这就要求“连抢”多次，才能不漏破绽，达到目的，所以说断答难度大，技巧性强，但如果运用得当，效果也会很好。

逻辑口才

当别人提出一些要求的时候，你对他所说的事无法答应的时候，就不妨有意识地回避一下，巧妙地将话题引领到其他的事情上去。这样的话，既不会让对方感到难堪，又能打消对方的纠缠和乞求心理，最终达到谢绝的目的。

妙语暗示，让对方知难而退

拒绝别人或被别人拒绝，是我们每个人一生中每天都可能经历的事情。朋友、同事，甚至领导来找你帮忙，但有时他们所提出的要求是你没有能力或不愿意去做的，此时，我们就要学会拒绝他们的请求。拒绝的话一向不好说，说不好就很容易得罪人。因此，拒绝他人时要讲究策略，最重要的一点就是含蓄委婉，最好以暗示的方法。

杜鲁门刚刚担任美国总统的时候，他的一位朋友向他引荐某个人作为新内阁的成员。但是，杜鲁门从别的渠道了解到了这个人的品行极端恶劣，没有资格进入政府，因此就一直不表态。朋友实在是坐不住了，就忍不住生气地问他：“为什么到现在内阁成员的名单还没有那个人的名字，是不是你看不起我？”杜鲁门对这位朋友说：“我并没有丝毫看不起你的意思，只不过是我不喜欢他的长相罢了。”朋友一听，迷惑不已，问道：“你这就有点吹毛求疵了吧？‘长相’是父母给的，和他有什么关系呀？”杜鲁门说“并不是这样的，一个人四十岁之前的‘长相’是靠父母，但是在四十岁之后就要自己对那副‘长相’负责了。”朋友终于明白了杜鲁门不让那人担当内阁成员的原因，就没有再多说什么，对杜鲁门也不存在任何的偏见和抱怨。

很显然，杜鲁门在拒绝朋友提议的时候，既表明了自己的态度，有充分地照顾了朋友的面子。如果他直言不讳地说“你举荐的那个人人品不行，作恶多端”，那么朋友心理就会觉得杜鲁门是在指桑骂槐，说自己和那个人一样是品行不正的，从而对他产生怨恨。

在口语交际中，善于拒绝者，既能使自己掌握主动，进退自如，又能给对方留足“面子”，搭好台阶，使交际双方都免受尴尬之苦。即使他人的要求是无理的，这一方法也是通用的：

张小姐长得十分美艳，某客户一直对她十分垂涎。一天，客户又来到张小姐的公司，对她纠缠不休，因为该客户是公司重要合作伙伴，所以张小姐不敢得罪他。她灵机一动，笑吟吟地对客户说：“王总，要不待会儿我们三个人去拳击馆玩玩吧。”客户一愣：“拳击馆？我、你还有谁啊？”王小姐神秘地说：“我男朋友啊，他可是去年的业余拳击比赛冠军呢，而且是个喝酒外行、喝醋内行的家伙。”客户一听，愣了，说：“那你们去玩吧，我今天还有事。”说完，就灰溜溜地走了。

张小姐利用幽默，既委婉地拒绝了客户的骚扰，又保住了客户的面子和自己的尊严，试想，如果她当时严词拒绝或者委曲求全，结果都不会太好。她用幽默显示了自己的态度和智慧，同时软中带硬，让客户知难而退，达到了避免其再来纠缠的目的。

从在现实生活当中，在拒绝他人、对人提出异议时，就十分有必要采取这样一种心理策略。

此外，在生活中，特别是女性朋友经常会遇到不喜欢的人求爱。既然对男方没有好感，自然是要拒绝的。不过，一定要选择正确的拒绝方式，以免让求爱者下不了台。毕竟，喜欢一个人并不是谁的错，虽然做不成恋人，但是成为一对好朋友还是有可能的，也是有必要的。

刘敏是一位十分漂亮的姑娘，周围经常有很多的追求者，她对这些追求者都没有兴趣，当面对一些男子的求爱时，她都婉言表示拒绝。比如，她在拒绝一个小伙子的追求时这样说道："我听朋友们说你的人品很好，既孝顺老人，对朋友也是十分的热心，通过这些日子和你的接触，证明他们所言不虚。能够和你作为朋友，我感到非常的开心。如果我们能早一点认识就好了，哪怕是早上那么一个星期呢，我们的关系都可以继续发展，而且不是一般朋友的关系。您是一位聪明的人，是善解人意的。我知道在我说这句话的时候内心里也有着很大的遗憾和说不出的苦衷，请你一定要体谅我现在的处境，让我们永远做好朋友吧！"把话说到了这个份上，那个小伙子就很知趣地不在纠缠她了，并且对她的善解人意钦佩不已。

逻辑口才

直接拒绝别人的话总是不好说出口，但拒绝的话又经常不得不说出口。这时不妨用暗示法来拒绝，抹去对方遭到拒绝时的不愉快感，对方既能接受，也不伤和气，更不至于令对方难堪、丢脸。

请多说"不过"和"但是"

拒绝别人的要求，直接说出"不"字来总会让我们感到很为难。答应的话，自己办不到，不答应吧，又怕别人面子上下不来。当我们束手无策、进退两难的时候，可以先肯定对方请求中合理的部分，然后再用连接词"不过"和"但是"来进行转折，从而达到委婉拒对方的目的，这样就能起到很好的效果。

赵敏自己办了一家服装厂，经过多年的打拼终于形成了一定的规模，不仅在国内市场上打开了一条销路，并且还有许多产品销往国外。服装厂的效益好了，自然就有不少的人愿意到她的公司去参加工作。除了应聘者的络绎不绝之外，还有不少人托关系，希望能够到她的工厂里求得一个职位。

这一天，赵敏的一个老朋友给她打来电话，说想要给她推荐一个刚刚从服装学院设计系毕业的“人才”，问她是否愿意接受。正准备再次扩大规模的赵敏当时很需要一些专业的设计人员，而且这位朋友和她的关系又不一般，于是就爽快地答应让那个学生来面试。但是，面试的结果让赵敏感到非常失望，对方根本不像朋友说的那样是一个“人才”，而是一个地地道道的门外汉，就连基本的设计知识都不懂。

赵敏这一下子就犯难了，接受这个人吧，他明显的不适合这份工作，不接受吧，又怕无法给朋友一个很好的交代。毕竟，这位朋友在赵敏创业初期给了她很大的帮助。经过再三考虑，赵敏决定拒绝留用这位“人才”。但是，在做出这个决定的时候，她又在考虑用哪一种方式来跟朋友说这件事。

三天之后，赵敏高兴地给朋友打电话，说“非常感谢您给我推荐的这位人才，经过我们这里几个领导的商议，认为他非常有能力。只不过，他所学的专业和我们的要求有着很大的差别，在我们这里上班我们自然表示欢迎，但是这样做的话只能限制他才能的发挥。我想，还不如让他找一家对口的单位，找一个真正适合他的公司和岗位。我可以在我的朋友中问一下，看看有没有人需要这样的人才，您看好吗？”

朋友也是一个明白事理的人，听赵敏这么一说，心理便明白了，就很爽快地说：“既然是这样，你就不要为难了，再让他去别的公司试试吧。”

赵敏在拒绝朋友推荐的人才时，并没有直接说不能用。而是先对朋友表示了一番衷心的感谢，然后，她接着说：“但是这样做的话只能限制他才能的发挥。”这样就会让朋友和被推荐者感到十分有面子，对不能聘用的结果也不至于有太大的反感。最后赵敏还说了一句“我在我的朋友中问一下，看看有没有人需要这样的人才”，这样就会让对方不会对没有被聘用而耿耿于怀，还对她充满了感激。

当对方向你提出要求的时候，如果你从一开口就说“不行”，必然会给对方带来不愉快，不如先肯定一下对方，对他的要求表示同情和理解，然后再巧借连接词“但是”“不过”来陈述理由，这样就能让对方理解你的处境，从而不再强人所难，主动地放弃请求。

比如，当你的朋友向让你帮他完成一项工作的时候，而你却没有时间去帮他的忙，在这个时候你万万不能说：“我哪里有时间去管你的事，你还是去找别人吧。”这样说虽然达到了你的目的，却会给朋友带来伤害。为了慎重起见，你不妨这样说：“我非常愿意帮你的忙，毕竟这是一次让我得到学习和提升的好机会，但是我手头上还有很多的事情没有处理完，我想依你的工作能力和效率完全能在很短的时间之内完成这一任务，要不你自己先干着，等我把手头上的事忙完再过来和你一块去完成这项工作，好吗？”

这种带有建议性质的拒绝，既能让朋友知道你是在设身处地为他考虑事情，又达到了拒绝的目的，做到了合情合理，想必对方再也不会说出其他的话来。

逻辑口才

在生活中，我们在拒绝他人之前，可以用先由衷地表示感谢，然后再用连接词“不过”和“但是”来委婉地拒绝别人，做到既能坚持个人的观点，有不至于太伤别人的面子。

幽默的逻辑：传达积极的人生态度

生活中，没有人会拒绝快乐，也就不会拒绝那些善于制造快乐的人。事实上，人人都喜欢幽默的人，学会幽默，则离人人喜欢的距离就不远了。的确，幽默在社交中的力量是不可估量的，它是调节气氛的润滑剂，是受人欢迎的秘密武器，幽默可以让对方快乐，也可以传达出自己的积极人生态度。一个谈吐幽默的人能够在交际场合中如鱼得水，游刃有余，更能提高自己的魅力，获得超强的人气，无论走到哪里，都能受到别人的欢迎。

幽默的精髓所在——凝练

在现代社会，幽默是一个十分重要的交际手段。在一些严肃的气氛或者尴尬的场景之中，风趣的语言往往会产生“四两拨千斤”的效果，让人们紧张或者是疲惫的心情得到放松。

恩格斯曾经说过：“幽默是具有智慧、教养和道德上优越感的表现。”幽默的语言能够让社交的气氛变得轻松和融洽，是最有趣、最有感染力的语言传递艺术。因此，在社交场合之中，我们应该具有一种幽默的气质，来增添个人的魅力，取得良好的交际效果。

然而，幽默与滑稽、讽刺不同。滑稽是在嘲笑、插科打诨中揭露事物的自相矛盾之处，以达到批评和讽刺的目的；讽刺则是用比喻、夸张的手法对不良或愚蠢行为进行揭露、批评或嘲笑；而幽默与两者既有联系，又有区别。在我们日常的工作和生活之中，尤其是在我们写作博文或发表言论之中，幽默也是屡见不鲜。然而，对于如何运用幽默艺术达到我们所希望的语言效果，却并非我们想象中的那么容易。

总的来说，一个幽默高手在说话时往往能达到“三言两语”就“语出惊人”的效果，这也是幽默的精髓所在——凝练。

有一个刚刚大学毕业的小伙子来到一家大型民营企业打工，在较短的时间内，熟练了各种工作流程，取得了可喜的工作成绩。老板对这位聪明能干的小伙子十分赏识、非常高兴地对他说：“小伙子，好好干，我是不会亏待你的。”

按照别人的思维，对这种场面话顶多是逢场作戏或者默不作声。不过这个小伙子却并不这样认为，他觉得这是一次不可多得的机遇，应该将这种听多了的场面话当成老板对自己的承诺。于是，他轻松地一笑，对老板说："我想您一定会把这句话放到我的口袋里的。"老板一听，觉得这个小伙子非常有性格，于是就开怀大笑起来，爽快地应道："放心吧，一定会给你放到口袋里去的。"不久之后，他就获得了一个大大的红包和加薪的奖励。

这位年轻的小伙子是很聪明的，一句幽默的话就加深了在老板心目中的印象，同时也给自己的工作带来了丰厚的回报。如果在老板对他进行鼓励的时候，他只是表现出一种诚惶诚恐的表情，说些努力工作的话，恐怕就不会在较短的时间内获得加薪和奖励。

从实质上讲，幽默的内在含义在于机智而又敏捷地指出别人的缺点或优点，在微笑中加以肯定或否定。幽默并不是油腔滑调、卖弄口才、玩文字游戏，也就是说，真正的幽默往往胜在凝练。把那些本来直说的话用幽默的方式表达出来，语言越是精炼，越会产生一种耐人寻味的效果。但这一前提必须是看出语言环境中的幽默之处。

在美国一次省议员演讲大会上，有两个议员发生了争执，其中一个议员是个严肃的人，另一个议员则脾气暴躁。事情是这样开始的：当另一个议员在做一个很漫长的演讲时，这个议员觉得对方占用的时间太长，就走到对方跟前低声说："先生，你能不能快点……"话未说完，那个正在演讲的议员便回过头来，用严厉的口气低声呵斥他道："你最好出去。"然后仍旧继续演讲。

于是，这个受了委屈的议员怒气冲天，迫不及待地想报复，但一时又找不到什么方法，结果，他的行为举止好像一个小学生一样幼稚：小学生往往会去找老师告状，要求老师去惩罚他的敌人，这个议员则是去主席那里申诉。这个议员找的是麻省省议会的主席柯立芝。他觉得柯立芝一定会替他当场主持公道的，但是，柯立芝却以一种非常幽默的方式把这件事解决了。

他走到柯立芝面前说："柯立芝先生，你听见某某刚刚对我说的话了吗？”

“听见了，”柯立芝不动声色地答道，“但是，我已经看过了有关的法律条文，你不必出去。”

机智的人往往不仅善于以局外人的身份化解他人的争吵，而且更善于打破在与人交往时因发生矛盾而出现的僵局。柯立芝的这种回答实在是太聪明了，他把那位议员的愤怒当成了玩笑，他没有让自己卷入这种儿童式争吵的漩涡中去，就是因为他能看出这种无聊争吵的幽默之处。

逻辑口才

在日常的人际交往中，我们要想成功运用幽默，就必须修炼自己的说话能力，从提升自己的语言功底，而高屋建瓴地把握幽默语言艺术、达到“语不惊人死不休”的目的！

运用各种修辞制造别样幽默

我们都知道，幽默语言是运用意味深长的诙谐语言抒发情感、传递信息，以引起听众的快慰和兴趣，从而感化听众、启迪听众的一种艺术手法。幽默的含义是有趣或可笑且又意味深长。幽默是思想、学识、品质、智慧和机敏在语言中综合运用的成果。然而，语言的幽默，与词语修辞手法的运用密切相关，语言成了形式，修辞手法成为载体，从词语、夸张、仿造、反语等修辞手法的运用中，能传输各种意味深长的幽默。因此，巧妙借用修辞手法会使你的幽默更加形象、生动，更容易为人们所接受。

巧用修辞法就是指幽默依赖比喻、类比、拟人、借代、双关、歇后语、飞白等修辞手法表达出来，从而增加幽默语言的效力，做到事半功倍的语言效果。

玛丽女士是一家大型化妆品公司的总裁，虽然这家公司成立的时间不长，但却发展迅速。每每提到自己的成绩时，玛丽女士都很感激自己的两个助手：琳达和文森。的确，他们为公司的发展立下了汗马功劳。因此，玛丽女士很信任他们，并把他们当成自己的“左右手”。不过，相比之下，玛丽更器重文森，他比琳达更聪明，思维更活跃。只是年轻好胜的他很爱闯祸，然而却从来没有出现过麻烦缠身影响工作的情况。

文森有个好朋友霍华德。霍华德是当地著名的律师，他在法律界可谓战无不胜，而且而且办事效率很高，所以文森称他为“快枪霍华德”。但上天毕竟是公平的，他有着超乎常人的才能，却没有与之相匹配的相貌。霍华德是个长相丑陋的人。

一次，玛丽女士举办了一个大型宴会，宴会前，他告诉文森可以带上自己的好朋友们。文森当即就想到了自己的铁哥们“快枪霍华德”。

宴会上，霍华德问文森哪个是玛丽女士，文森指给了霍华德。不一会，霍华德手里拿着酒杯走到了玛丽对面，对她问好：“亲爱的玛丽女士，您好”。玛丽看见来者先是一怔，她身旁的朋友也意识到了来者的相貌很影响气氛，玛丽随即问了一句：“你是谁？”这句话使这种紧张的氛围加重了。

正在人们犹豫的时候，霍华德说道：“您好，我是您左手握着的那把快枪。”玛丽恍然大悟，感觉很失敬，连忙微笑着与霍华德握手，周围的人也都笑了起来，同时对这名没有谋过面的著名律师赞许有加。

在特定的环境下引用别人的话语、格言，可以达到幽默的效果。这里，霍华德使用的便是“引用”这一修辞。

总之，妙借修辞可以使你的幽默锦上添花，所以人们常常用此法来制造幽默。

那么，除了引用这一修辞之外，还有哪些修辞手法可以帮助我们达成幽默的效果呢？

（1）反语法

反语，也就是正话反说或者反话正说，本身要表达此层含义，但却说出与之完全相反的话。

（2）对比法

生活中，我们发现内容与形式或者开始与结果上会存在某些强烈的不协调、不对称，于是形成了不和谐的对比。这种强烈的反差必然产生幽默或可笑情趣。

（3）倒置法

倒置就是把原本正常的事物之间的联系或者关系颠倒过来，以产生可笑的效果。倒置的表现形式是多样的，在一定的情景下有角色的倒置、事理的倒置、语言的倒置等。

（4）夸张法

在这里主要是指语言上的夸张，也就是修辞学上常说的“夸张”修辞。夸张辞格的最大特点当然是“言过其实”。事实上，夸张辞格不管夸张到什么程度，都要在本质上符合事实，或者说它需要具备这样的品质与本领，本质上符合事实，表述上言过其实。这两点涵盖了夸张这一修辞格的真正含义。

逻辑口才

采用修辞能将抽象难懂的问题具体化，能使深奥的语言变得浅显易懂，同时还能给枯燥干瘪的语言润色，变得更加丰满，另外还能让人们产生联想。

正话反说的幽默法，让对方回味无穷

说话是一种艺术，在生活中有许多人可以用正话反说，或反话正说的方法把普通平常的事情说得生动幽默。我们在说服他人的过程中，常会出现一种情况，如果从正面劝服，对方不一定能接受，也不一定能深刻认识到我们的观点，那么此时，我们不妨选择正话反说的方法，也能达到言反意正的效果。比如，一个朋友好久不见，突然见面时发现他长胖了。你可以这样调侃："你看起来越来越有膘了！"这带点戏谑性的幽默似乎不太难。如果换成正话反说："啊！你怎么越来越苗条了！"幽默的表达令你的朋友嗔怪地笑起来。

正话反话是一种颠倒黑白是非而产生的幽默，它是通过一种语言的反差达到幽默的效果。美国作家马克·吐温就是深谙正话反说、制造幽默的人。

马克·吐温收到一位初学写作的青年的来信。写信人对这样一个问题颇感兴趣：听说鱼骨里含有大量的磷质，而磷则有助于补脑，那么要成为一个举世有名的大作家，就必须吃很多很多的鱼才行，不知道这种说法是否符合实际。他问马克·吐温："您是否吃了很多很多的鱼，吃的又是哪种鱼？"

马克·吐温回信说："看来，你得吃一条鲸鱼才成。"

这则故事中，马克·吐温是怎么让这位青年认识到"吃鱼和是否能成为著名的大作家之间并无多少关系"这一观点的？就是正话反说，因为没有谁会真正吃一条鲸鱼，从反面夸张地开个玩笑，对方也就自然认识到自己原本观点的荒诞可笑了。

生活中，我们在向别人提出建议或意见时，正话反说可以在幽默诙谐中表达自己的观点，让听者在比较舒坦的氛围中欣然接受信息，达到比直言陈说更为有效的说服与沟通的目的。有一则宣传戒烟的公益广告是这样说的——抽烟有四大好处：一省布料：因为吸烟易患肺痨，导致驼背，身体萎缩。二可防贼：抽烟的人常患气管炎，通宵咳嗽不止，贼以为主人没睡，就不敢行窃。三可防蚊：浓烈的烟雾熏得蚊子受不了，只得远远地避开。四永葆青春：不等年老便可去世。这里所说抽烟的四大“好处”，实际上是抽烟的诸多害处，如此正话反说，幽默感顿生，让人们从笑声中悟出其真正的建议，即抽烟有害健康，请勿抽烟。

约翰先生坐在车厢里很有礼貌地问坐在身边的一位女士：“我能抽烟吗？”

女士很客气地回答：“你就像在家里一样好啦！”约翰先生只好将烟盒重新放进衣袋里，叹了一口气说：“还是不能抽。”

这位女士说的是一句客气话，她的话并不幽默，幽默的产生来源于约翰先生的回答“还是不能抽”之中隐含的那个判断：在家里就不能抽烟，因为受妻子“管制”；现在如同在家里一样，自然还是不能抽了。这个结果一出现，使大家一下子就看清了约翰先生“妻管严”的形象，那种夸张的无可奈何的神态惟妙惟肖，令人忍俊不禁。

当我们需要表达内心的不满、希望对方接受我们的改善方法时，也可以使用正话反说的幽默技巧，让别人听起来顺耳一些。例如：

杰克和他的情人想喝咖啡，但端上来的咖啡差不多只有半杯，这时杰克笑嘻嘻地对咖啡店主人说：“我有一个办法，保证叫你多卖出三杯咖啡，你只需把杯子倒满。”

杰克巧妙地运用正话反说的幽默来表达失望感，却不致给对方带来难堪。也许杰克并没有喝到满满一杯咖啡，但杰克一定会得到友善、愉快的服务，咖啡店主人或许还会请杰克下次再光临该店。

以上这些幽默故事，虽然都使用了同一种幽默技巧——正话反说，但很明显，在表明自己的观点之前，制造幽默的人都是藏而不露的。不过需要注意的是，即使是通过正话反说让对方领会得更深刻，也需要露中有藏，藏中有露。如果藏得太密太深，幽默效果就荡然无存了。所以在使用这种技巧时一定要注意藏之有度，要让人们经过短暂的思索后立即能判断得出。

逻辑口才

正话反说，兼具机智与幽默之美，如果运用得当，可使话语蕴藉、含蓄而别具情趣，给听者留下广阔的思维空间，让人回味无穷，在笑声中取得良好的交际效果。

以谬制谬的幽默言辞

日常交际中，面对他人的谬论，如果我们一本正经地摆事实、讲道理，多费口舌不说，倘若碰到一个蛮不讲理的人，他还有可能胡搅蛮缠、大讲歪理。因此，一种极为可取的方法是，我们先不妨“默认”对方的谬论，然后再以此为前提，用同样荒谬的言论予以反击。这样，既能反驳对方的观点，又能产生幽默效果，让对方心甘情愿地接受，这种方法就是以谬制谬的幽默言辞。

我们再来看下面一个故事：

从前有个吝啬的地主，雇了三个小孩当长工。一年冬天，大雪纷飞，滴水成冰，孩子们要求地主给点柴火，好能生火烧炕来取暖。

但是，狠心的地主却说：“怕什么冷？俗话说，小孩屁股三把火，要烧什么炕？”硬是让孩子们睡凉炕。

有一天，地主家来了客人，地主便吩咐小长工去烧开水，可是等了老半天，还不见开水烧出来。地主急忙到厨房一看，只见地上放着一壶凉水，三个小长工屁股对着水壶，正坐着聊天！地主看了勃然大怒，大声喝道：“你们在搞什么名堂？”

“烧开水呢！”

地主听完，更是火冒三丈："你们连火都不点，这样怎么烧开水？"

其中一个小长工不慌不忙地答道："老爷，您不是说过吗？小孩屁股三把火，我们三人共有九把火，怎么会烧不开呢？"地主又气又恼，想发作却又说不出话来。

长工在这里巧妙地引用了地主曾说过的话，并机智地把地主驳得又气又恼，但又无可奈何。

一个小男孩去面包店买了一个两便士的面包，发现面包比平时要小很多，于是对老板说："你不觉得这面包比平时要小吗？"

"哦！那不要紧，这样你拿起来就方便了。"显然，老板在诡辩了。

对此，小男孩没有争辩，只给老板一个便士就走出了面包店。

老板赶紧大声喊他："嗨！你没有给足钱啊！"

"哦，不要紧，"男孩不慌不忙地回答，"这样，你数起来就方便多了。"

针对面包店老板的荒谬言论，那个小男孩进行了有力反驳，以其人之道还治其人之身。他先假设对方观点是合理的，然后将对方貌似合理的论点加以引申，推向极端，以显露其不合理的本质，从而推倒对方的观点。这样的反击真是大快人心。

"以谬制谬、以毒攻毒"，是在言语论辩中用对方的荒谬逻辑推出更为荒谬的事物来反驳对方，可令对方哑口无言。对方搬石头砸自己的脚，观点不攻而破。

洞察对方的荒谬论点，看其论点是否真实，其论据是否能支持论点，推理过程是否符合逻辑；如果结论是否定的，就可以把对方的荒谬论点夸大，使其暴露得更为明显，以达到反驳的目的。

因此，在使用这一幽默技巧的时候，还需要注意几点：

（1）洞察出对方的谬论

也就是说，我们首先听出对方的话中含义，这一含义无论是话里还是话外。如果我们过于"糊涂"，那只能被人"玩弄于股掌之中"而"毫无招架之力"。

（2）找到对方谬论的“漏洞”

以第二则故事为例，地主谬论的漏洞就在于“小孩屁股三把火”，这一漏洞也就是我们反驳对方的立足点。

春运期间，一个汽车站的售票厅里，许多的旅客都在排队购买车票。突然有一个西装革履、头戴大礼帽、手持文明棍的男人挤到了队伍的最前面，大声地指责售票员的效率太慢，耽误了他的时间。无礼地要求先让他买票，并且十分傲慢地说：“你知道我是谁吗？耽误了我的时间你可赔偿不起，赶紧先把我的车票办理了！”售票员平静地抬起头来，通过话筒对着后面排队的顾客们说：“旅客朋友们，这位先生需要我们的帮助，他现在已经不知道他是谁了，请咱们帮他想想……”旅客们听了都不禁开怀大笑起来，对售票员机智幽默的拒绝纷纷竖起了大拇指。那位自高自大的人顿时羞愧得满脸通红，只好悻悻地回到后面，依次排队。

这位无理取闹的旅客无疑实在炫耀着他的社会地位，但是售票员却没有反唇相讥，而是从他的话语里寻找到破绽，用诙谐幽默的回答拒绝了他插队买票的想法。

逻辑口才

用以谬制谬的方法来反驳他人，既能迂回达到自己的目的，又能制造出幽默的氛围，让双方在微笑中接受彼此的观点！

一语双关，别有韵味

生活中，我们常常听到“一语双关”这一词汇，并羡慕那些说话一语中的、言在此而意在彼、意味深远的人，他们总是能在自己的话中暗藏玄机，而这一积极的语言效果，就来自于双关修辞手法的运用。

说话时，使用的每一个词或每一句话都有其特定的含义，有时这种含义却并不表现在这个词或这句话的字面意义上，而隐含在这个词或这句话的背后。而说话的人要表达的意思则恰好隐含在这个词或句子背后。这便是双关技巧。双关具有一箭双雕的特点，在讲话中是一种幽默的机智，其实只要用心观察，就会发现日常生活中有不少具有创意的双关语。比如，

美国第38任总统福特，他说话喜欢用双关语。有一次，他回答记者提问时说：“我是一辆福特，不是林肯。”

很明显，福特总统的这句话是“话里有话”，我们都知道，林肯和福特都是两种汽车的品牌，但在档次上却有很大的区别，林肯是汽车里最高级的，而福特则是廉价的、普遍的、大众化的，同时，林肯和福特又是两位总统的名字。因此，福特总统是想表达自己的谦虚，同时，也为了标榜自己是大众喜欢的总统。福特巧借同名来比拟，以显示自己是大众喜欢的总统，不仅十分幽默，而且十分巧妙。

一般来说，一语双关是利用语句的同义和谐音的关系，有意识地使语句具有双重意义，即言在此而意在彼。从这一方面，我们即可从谐音和同义两方面来运用这一表达技巧：

1 谐音

造成一语双关的方法有很多，但最主要的还是运用谐音法。

有一次，一位小伙子向老人问路：“喂！去索家庄该走哪条路？还有多远？”

老人抬头看了他一眼，对小伙子的傲气和无礼很不以为然，随口应道：“走大路一万丈，走小路七八千丈。”

小伙子听了摸不着头脑：“怎么这儿论丈不论里？”

老人笑着对他说：“原来这儿是讲里（礼）的，自从不讲里（礼）的人来

了才讲文的。”

小伙子一听就知道自己失礼了，老人正在婉言批评自己，连忙给老人赔礼道歉。

所以说，为了增加语言的讽刺意味，可以临时借助同音词的谐音关系，造成语带双关，名言此，暗言彼。特别是当遇到棘手的问题不好回答时，一语双关能收到出人意料的效果。同时，利用字的谐音来制造双关的效果，会显得很有幽默感。

传说李鸿章有一个远房亲戚，胸无点墨却热衷科举，一心想借李鸿章的关系捞个一官半职。他在考场上打开试卷，竟无法下笔。眼看要交卷了，便“灵机一动”，在试卷上写下“我乃李鸿章中堂大人的亲妻（戚）”，指望能获主考官录取。主考官批阅这份考卷时，发现他竟将“戚”错写成“妻”，不禁拈须微笑，提笔在卷上批道：“所以我不敢娶你。”

“娶”与“取”同音，主考官针对他的错字，来了个双关的“错批”，既有很强的讽刺意味，又极富情趣。

再比如，《刘三姐》里写刘三姐与三个秀才对歌，刘三姐唱道：“姓陶不见桃结果，姓李不见李花开，姓罗不见锣鼓响，三个蠢材地里来。”这是谐音双关。刘三姐指姓陶说“桃结果”的桃，指姓李说“李开花”的李，指姓罗说“锣鼓响”的罗；说不见“桃结果”“李花开”“锣鼓响”，就是指陶、李、罗三位秀才没本事，不是赛歌的对手。这是利用双关语来进行讽刺。

（2）同义

这里的“同义”，指的是利用同一个词的不同含义来达到双关的效果，也就是你说出的话包含了两层含义：一是这句话本身的含义；另一个是引申的含义，幽默就从这里产生。也可说是言在此意在彼，让听者不只从字面上去理解，而能领会言外之意。

阿凡提在闹市中开理发店，店铺租期为一年。店主仗着店面是他的，每次剃头都不给钱。有一天，店主又来了，阿凡提照例给他剃光了头，边刮脸边问道："东家，眉毛要不要？"店主说："废话，当然要！"阿凡提嗖嗖两刀，把店主的两道浓眉给剃了下来说："要就给你吧！"店主气得说不出话来，埋怨自己不该说要。这时，阿凡提又问："胡子要不要？"店主忙说："不要，不要！"阿凡提又嗖嗖几刀，把店主苦心养长的大胡子刮了下来甩到地上。

阿凡提用双关语把店主整治的无可奈何。

因此，说话中为了避免语言的干涩无味，不如运用口才，适时来点幽默，采取双关的表达技巧，让听众诙谐一笑。

逻辑口才

双关是文学和说话中常见的一种修辞方式。它是指利用语音或者是语义上的联系，有意识地让某一个词语牵涉到其他的事物中去，从而让这个词语具有双重的意义，造成一种言在此而意在彼的效果，最终营造出一种活跃的语境，用轻松的语言化解对方的为难。

自嘲是一种受欢迎的幽默方式

在你身边，什么样的人最受欢迎？你一定会回答：有幽默感的人。因为有了幽默感，他们更善于与其他人沟通，即便表达反对意见也不让人反感；因为有了幽默感，他们总会成为聚会的主角，人人都愿意和他们聊上几句……而最受欢迎的幽默方式是什么？答案一定是自嘲。它是一种生活的艺术，还是一种自我嘲解、自我帮助，也是对人生挫折和逆境的一种积极、乐观的态度。自我解嘲并不是像人们所说的逆来顺受、不思进取，而是一种随遇而安的心态，对于那种可望不可即的目标做一下重新调整，设计出符合当下自己的目标，追求新的目标。

在一个宴会上，服务员倒酒的时候，不小心将酒倒在了一个顾客的秃头上，很多人都惊呆了，请客的主人感觉到自己丢了面子，怒气冲冲的要把老板叫来赔罪，而服务员更是吓得面无人色，手足无措。然而，这位客人并没有丝毫的愤怒，用毛巾擦了一下湿漉漉地脑袋，笑吟吟地对服务员说："美女，你以为这种方法治疗秃顶会有效吗？"在场的人听了都不禁笑了起来，尴尬的局面也被打破了，那位服务员更是感动得不知道说什么才好。

这位客人用自己开玩笑，既展示了自己宽广的胸怀，又维护了自我尊严，同时还给那位粗心的服务员提供了一个台阶，算得上是一举三得了。

人们要想做到自我解嘲，就要保持一颗平常的心。这一点也是最重要的，平常的心，就是不被名利所累，不为世俗所牵绊，不以物喜，不以己悲。这不是很容易就能做到的。只有树立了正确的人生观、价值观，对名利地位、物质待遇等采取超然物外的态度，才能心怀坦荡，乐观豁达，才谈得到自我解嘲，精神上才可以轻松起来，自己才可以更加潇洒和充实。

具体来说，我们在自嘲时，可以针对这些方面：

（1）笑笑自己的长相

笑自己的长相，或笑自己做得不很漂亮的事情，会使我们变得较有人性，并给人一种和蔼可亲的感觉。如果你碰巧长得英俊或美丽，试试你的其他缺点。如果你真的没有什么缺点就虚构一个，缺点通常不难找到。一位大学足球队的教练，有人向他问起某位明星球员。这位教练说："他是大四学生，很不错的球员。但是有一个缺点，就是他已经大四了。"

（2）笑笑自己的缺点

有时你陷入难堪是由于自身的原因造成的，如外貌的缺陷、自身的缺点、言行的失误等，自信的人能较好地维护自尊，自卑的人往往陷入难堪。对影响自身形象的种种不足之处大胆巧妙地加以自嘲，能出人意料地展示你的自信，在迅速摆脱窘境的同时显示你潇洒不羁的交际魅力。如你"海拔不高"，不妨说自己是体积小能力大，浓缩的都是高科技；如丑陋的你找了一个美丽的她，不妨说“我很丑但我很温柔”；即便你如刘靖一样背上扣个小罗锅，也不妨说你是背弯人不弓。

某老师广东口音，普通话不过关，有一次上语文课，讲到某一问题要举例说明时，把“我有四个比方”说成了“我有四个屁放”，一时教室里像炸开了锅，学生笑得不可收拾。老师灵机一动，吟出一首打油诗：“四个屁放，大出洋相，各位同学，莫学我样，早日练好普通话，年轻潇洒又漂亮。”老师的机智幽默赢得了学生的热烈掌声。

可能你会认为，嘲笑自己的缺点和愚蠢，是幽默的最高境界。然而，伴随着这种嘲笑的情绪是不同的。如果我们尖刻地嘲笑自己，他人会觉得我们犯了愚蠢的错误，活该受到惩罚，那我们只会感到屈辱。因为这种态度背后的潜在意识就是相信我们应该比实际的更好，而如此人生态度正是我们超脱的障碍。如果我们内心充满了爱地来嘲笑自己，就能达到某种和蔼可亲的超脱。因为我们自认愚蠢，但不顾影自怜。

逻辑口才

在社交场合中，自嘲是不可多得的灵丹妙药，别的招不灵时，不妨拿自己来开涮，至少自己骂自己是安全的，除非你指桑骂槐，一般不会讨人嫌，智者的金科玉律便是：不论你想笑别人怎样，先笑你自己。

批评的逻辑：指引方向而非责骂

生活中，面对他人的错误，我们往往需要对其进行批评，然而，谁都不喜欢批评，所以我们需要掌握批评的逻辑，要顺势而为，这样就会产生一种加速度的作用力，相反，产生的往往是阻力。就像是一个正在上坡的人，如果是给他喊加油，就相当于是向上拉一把，可以让他更容易地越过陡坡。相反，如果是讥讽和打击，则往往会让他泄气，出溜到坡底。

批评他人，忠言也可以“顺耳”

人无完人。在这个世界上，没有人不会犯错误。生活中，我们常常需要指出他人的错误，但在错误面前，你可能要忍不住大发雷霆，但狂风暴雨过后，你可能会沮丧地发现，你的“善意”并没有被对方所接受，甚至，换来的结果可能让你追悔莫及。因为批评对谁来说都不是一件让人愉快的事，也没有谁喜欢被他人否定，但是如果我们能够掌握批评的技巧和方法的话，批评的忠言也会“顺耳”。

俗话说：“树怕剥皮，人怕伤心。”受到批评，心理就会受到伤害，当一个人承受的伤害超过了“限度”之后，就会导致出现反击甚至是拼命的后果。可见，批评别人的时候一定要把握好这个度，不可直言批评对方的话。

其实，生活中这样的例子非常多。一个男孩和女孩约会，结果男孩临时有事给耽误了，当他匆匆忙忙赶到约会地点的时候，女孩非常生气，她严厉地说：“你怎么现在才来啊？”男孩一个劲地道歉，女孩不依不饶。男孩有些不高兴地说：“我不是给你打过电话了吗？”见男孩辩解，女孩气呼呼地说：“你说话不算话，你还是不是男人啊？”男孩狠狠地把为女孩买的冰糖葫芦砸在了地上，扬长而去。很显然，女孩的话严重地伤害了男孩的尊严。由此也可见，在表达批评的时候一定要有个度，不要随便伤害别人的自尊。

在中国的教育界，有个家喻户晓的名字——陶行知。

曾经在陶行知当校长的一个学校，有个调皮的学生叫王友，他是出了名的孩子王，经常捣乱，周围的同学和老师都有点怕他。

一天，课间时间，陶行知看到他用土块砸同学，立即阻止了他，并告诉他一会来趟校长办公室。

放学后，陶行知早早地就看到王友站在校长办公室门外，但却一直不敢进去，为此，陶行知主动叫他进来。

被叫到校长办公室肯定不是什么好事，王友已经准备被校长骂了。但谁知道，一见面，陶行知并没有提这件事，而是给了他一块糖果，并对他说："这是给你的，因为你按时来到这里，而我却迟到了。"

王友接过糖果，但他不明白校长为什么这么说，正在他惊疑之际，陶行知又掏出一块糖果放到他手里，说："这块糖果也是奖励给你的，因为那会儿我制止你打人，你听到我的话就立即住手了，说明你很尊重我，谢谢你。"

王友听到校长这么说，更惊疑了。随后，陶行知又掏出第三块糖果塞到王友手里，说："刚才我已经调查过了，你不是无缘无故打人的，那些男同学欺负女同学，被你看到了，你这是见义勇为啊。说明你很正直善良，有跟坏人做斗争的勇气，应该奖励你啊！"

王友感动极了，他流着眼泪后悔地说道："陶……陶校长，你……你打我两下吧！我错了，我砸的不是坏人，而是自己的同学呀！"

这正是陶行知要得到的结果，他满意地笑了，然后，他又拿出陶第四块糖果递过去，说："知错能改，善莫大焉。我再奖给你一块糖果，不过这可是我最后一块糖果了，我想我们的谈话也该结束了。"说完就走出了校长室。

这就是陶行知与四块糖的故事。这小小的"四块糖"，折射出了陶行知高超的批评艺术。在整个过程中，陶行知自始至终没有直接提及王友的错误，而是将对他的关心、热爱与期望融入宽松和谐、幽默诙谐的情景之中，通过循序渐进、启发诱导、激励表扬，让王友充分认识到自己的错误。整个批评过程自然流畅，"水到渠成"。陶行知的"四块糖"的确起到了"此时无声胜有声"的批评效果。

逻辑口才

人们总是喜欢被肯定，没有谁喜欢被批评。而无论我们采用何种批评方法，不要一上来就开始你的“牢骚”，要先创造一个尽可能和谐的气氛，这样，也就能达到“忠言顺耳”的目的。

学会用鼓励代替批评

生活中，在很多场合下我们需要批评他人，批评不是目的，只是方法，目的是为了指正对方，让对方做得更好。为此，我们若希望对方接受我们的批评指正，可以用鼓励代替批评，以此暗示对方：“你要有信心，你会做得更好。”心理学家研究也表明：当一个人被人批评的时候，往往会内心恐惧和担忧，还会因此而怀疑自己，容易产生自卑的心理，不利于更好的改变。相反，当受到鼓励的时候，内心的恐惧和担忧会慢慢消除，让对方对自己深信不疑的前提下，继续进步和努力。可见，在一个人犯错的时候，鼓励要胜于批评。

唯一蝉联三次世界冠军的天才教练蓝柏第挑出了一位身材高大的后卫，叫做卫杰瑞。可是在比赛中，他屡屡失误，以至被迫下场。教练把他叫到跟前，训斥说：“你是个卑劣的运动员，你没能阻止住对方的进攻，你完了！”后卫沮丧地走进了更衣室。一会儿，当蓝柏第走进更衣室的时候，看到后卫在低头哭泣。他走上前去，用手臂环绕在后卫的肩膀上，说：“孩子，你是一个卑劣的运动员，然而，凭良心说，我应该告诉你，你自己的内心中有一个伟大的橄榄球运动员，我正要紧紧的保住你，直到你内心中的运动员有机会站出来，并且声名他是一个伟大的橄榄球运动员为止。”这些话让卫杰瑞感动不已。

面对后卫卫杰瑞的拙劣表现，蓝柏第并没有指责他，而是改用鼓励的方式，让他对自己充满信心。事实上，也正是因为有了蓝柏第的鼓励，才出现了历史上的天才球星。

生活中，这样的例子非常多。这天，女儿正在专心致志地练习书法。爸爸走上来看了一眼，抚摸了女儿的头，说："很不错，继续努力。"听到这话以后，女儿的心里美滋滋的，练起字来更加认真仔细了。过了几分钟，妈妈凑上来看了一眼，说："真难看，你都二年级了，字写得这么难看，我在你这么大的时候，字写得可漂亮了。"女儿很不高兴，嘟囔着说："爸爸都说我写得好看呢。"妈妈笑着说："那是因为你爸爸怕你不高兴，才这么说的。"女儿生气地把笔一扔，说："我不写了。"同样是对女儿的指导，爸爸用了鼓励的方式，妈妈用了批评的方式，结果截然相反。可见，用鼓励的言语去批评别人能更好地达到改变的目的。

那么，究竟如何用鼓励的言语去批评对方呢？

（1）肯定对方的积极态度

不管对方是犯了错误，还是失败了。别人的努力付出是抹杀不掉的。这时候，与其去指责别人，倒不如肯定对方的积极态度，让他更加有信心。比如：代表班级参加比赛的同学没有拿到名次，不要怪罪他能力不行，而要肯定他的努力付出。这样，对方内心的愧疚和难受也会得到适当的减弱。

（2）把你的希望寄托出来

尽管别人的表现与你期望的还有一段距离，但是这时候不要责任别人，在对对方肯定的同时，把你的希望和寄托说出来，让对方明白自己还有多远的距离。比如：孩子的字写得很难看，你与其指责，不如说："你已经写得不错了，要是再耐心一些、认真一些，效果会更好。"这样，你的鼓励会让孩子更加有信心。

（3）为对方购置一幅蓝图

很多时候，我们之所以不懈努力，是因为我们对自己的优秀深信不疑。当对方做错了事情，或者是遭遇到了挫折。与其批评指责，不如告诉他，他是个了不起的人物。这样，别人的心里会重新燃起熊熊烈火。事实证明，信心对一个人的成功有非常重要的作用。关键时候，不妨为对方购置一幅蓝图，让他对自己充满信心。

逻辑口才

当一个人做错事之后，内心之中更渴望得到别人的理解和鼓励，而不是严厉斥责。鼓励能让他们重拾信心，而斥责则会让人更加灰心。

自我矛盾法让对方自己得出结论

生活中，没有人喜欢被别人批评，直言批评更是让人无法接受，有位心理学家曾说过，“一个批评与被批评的过程是批评者与被批评者在思想、感情上的相互交流与认同的过程。”这种情况下，如果不小心，可能会使对方很难堪，破坏了交往的气氛和基础，并因此带来一系列严重的后果。那么，究竟如何表达批评才能达到使人进步的目的呢?

高明的说话并不会直接提出批评，而是运用逻辑语言来引导对方的思维，进而让自己得出结论。

一天早上，在上班高峰期，一辆公交车上挤满了人。突然，一个急刹车，一个老人一不小心踩了站在旁边的一个姑娘的脚。年轻人脾气大，姑娘立即说了一句：“你个老不死的！”

车上的人都看着姑娘，也都想看看老人是怎么回答，没想到老人一点也没生气，反而笑着说："谢谢！谢谢！"

老先生为什么这么回答？车上的人都糊涂了。人家骂他"老不死的"，他不但不生气，反而乐着说"谢谢"，想必是老人已经老糊涂了。

此时，就有一人问老先生："人家骂你，你还谢人家，这是为何呢？"

老先生说："她哪里骂我了？她这是祝福我呢，她说，第一我老了，第二我不会死，这不是给我祝福吗，我不应该感谢她吗？"听到此话，周围的人多笑起来了，而姑娘也惭愧地低下了头。

事实上，老先生的做法就是对的，他运用的就是正话反说的语言暗示法，面对年轻姑娘的无礼，他心中肯定不满，但却没有当即用语言搏击，而是采用一种语言转移暗示法，将不利于自己的话转移为有利于自己的话，让姑娘认识到自己的失礼。

如果你是一个深谙批评艺术的人，就要努力去满足他人的这种心理需求。那么，具体来说，我们该如何通过矛盾法达到让对方心知肚明的效果呢？

（1）先肯定

一般来说，没有人喜欢被直接指出错误，批评的副作用也是可想而知的，而相反，人人都爱表扬，但这并不意味着不需要批评。日常生活中，面对他人的缺点、失误以及小错误的时候，我们不妨先采取正面鼓励、肯定和表扬的方式，这样，会把对方的错误意识上升到最高点，在后面的批评指正工作中，对方的领悟也就越深。

一名小学生天生一副犟脾气。一次课间，因他的同桌以"打呆子"的方式同他开了个玩笑，众目睽睽之下，他的自尊心受到了伤害，恼羞成怒，一把揪住对方扭打起来，嘴里还直喊："今天被狗咬了！今天被狗咬了！"

此时已到上课时间，老师走进教室，看到这"热闹"的一幕，立即叫他们松手再说。但此学生就是"咬定青山不放松"。只见他额上青筋暴露，脸涨得通红，口中仍在喊个不停。老师灵机一动，接过他的话茬说："是呀，你今天是被小狗儿咬了一口，但是，我们只看到过狗咬人，哪有人咬狗的！狗咬了你，你也非要咬狗不可，这不是说明你与狗一般见识了吗？狗有狗的主人，你被狗咬了，你要去找狗的主人论理才对呢！”

几句话，说得全班学生都笑了起来，这名学生也“扑哧”一笑，松了手。

（2）矛盾法得出正确结论

皮埃尔是巴黎的画家之一。他以前卫派自居。

有一次，他在塞纳河畔开了一个画展，把自己的作品都张挂起来。有个五十多岁的妇人从旁边走过，见了他的画，说：

“哎哟，这画可真有意思。眼睛朝那边，鼻孔冲向天，嘴是三角形的呢！”

皮埃尔对老妇人说：“欢迎你来参观，太太。这就是我描绘的现代美。”

“哦，那太好了。小伙子，你结婚了吗？我把长得和这张画一模一样的女儿嫁给你好吗？”

老妇人的一句问话，使皮埃尔陷入双重标准的窘境。

这种主观世界与客观世界的矛盾，造成一种强烈的反差，形成一种幽默的氛围。这种方法能制造幽默，因为它们常常把人置于几种不同的环境中，突显出人类的弱点，令我们惊讶、羞惭、深思，让我们觉得有趣、可笑、意味深长。

逻辑口才

即使要让他人心知肚明，目的不在于批评，而在于指正，矛盾法引导更能起到效果，更发人深省！

开点玩笑让批评也充满风趣

生活中，我们在需要指出他人的错误时却发现，如果直接指出，可能会带来一些负面结果，比如，伤害对方自尊心、伤害彼此间的友谊，或者让对方没面子等，此时，如果我们能以开玩笑的方式和对方说点俏皮话，那么，便能起到暗示对方、让对方认识错误的效果。

从前，有个人请客，酒席间有一客人，刚一举杯就放声大哭。

主人忙问："老兄为何临饮而哭？"客人回答说："我平生爱的是酒，如今酒已死了，为何不悲不哭？"

主人笑道："老兄差矣，酒怎么会死呢？"

客人故作沉痛的样子说："既然没死，为啥没有一点酒气？"于是满座哗然。

这则故事中，客人发现主人吝啬，没有用好酒待客，但他并没有直说，而故意放声大哭诱发主人的疑问：为何临饮而哭？接下来，他依然不回答主人的问题，将主人的胃口吊高，最后才表明没有"酒气"，这样旁敲侧击，真可谓迷离藏趣，令人会心而笑。

实生活中，如果我们自身是被批评的对象，当自己受到批评的第一刻，往往也会有这样的第一反应："我真的错了吗？"紧接着，我们在内心深处就会开始在找理由为自己辩解。即使批评者苦口婆心地劝说，我们也不可过能听进去，而如果我们自己自己领悟到错误，那么，我们接受错误所花的时间与精力将会相对减少很多。从这里，我们得出一个启示，批评他人，哪怕是正确批评，一定要考虑对方的心理，要善于应用对方接受的方式来表达。而在运用幽默法批评他人时，选择将错就错、让对方领悟错误的方法，无疑是一种效率极高的批评方式。

美国军队有一条规定，军人一律不得蓄长发。而黑格将军担任北约部队总司令时，却蓄着长长的头发。

有一名被禁止留长发的美国士兵，看到画报上登载着长发的黑格将军像，便把它撕下来，贴在不许他留长发的办公室的门上。为了表示抗议，他还画一个箭头，指着总司令的头发，写了一行字：请看他的头发！

少校看见了这份别出心裁的抗议书，没有把这个愤愤不平的小兵喊来训斥一通，而是将那箭头延长，指向总司令的领章，也写了一行字：请看他的官衔！

这里，少校这样答复小兵的抗议是很幽默的。他也并没有指明小兵的做法是错误的，而是采用与小兵相同的“说话方式”，让小兵认识到自己的抗议是无效的。

另外，如果你过激地批评了他人，那么，你一定要幽默风趣地给对方设置一个台阶下，便能瞬间解除尴尬，得到他人的理解和配合。

一次英语课上，老师正捏着粉笔在黑板上书写句式，坐在前排的学生李岩觉得很无聊，就跟旁边的同学叽叽喳喳地说话。这下老师生气了，回过头说：“李岩，你知不知道自己的行为影响了课堂纪律？”李岩觉得很没面子，就低着头玩起了自己的钢笔，并不自觉地用钢笔敲打起课桌来。

老师发现自己刚才的话可能让李岩有点难以接受，于是，他接着说了句：“李岩，英语课是不需要伴奏的。”老师头也没回地说道，说完继续奋笔疾书。

说者无心，听者有意，满堂的同学都被逗笑了，包括李岩本人。他不好意思地停止了敲打，并且还冲老师做了个鬼脸。

没想到老师这时却又回头了，刚好看到了李岩的鬼脸，她莞尔一笑，一边模仿小李的鬼脸，一边趁机说道：“make faces（做鬼脸）！”

就这样，李岩有了台阶下，全班同学也无意中学会了一个新的英语单词。

可见，幽默风趣的语言能挽救由过激批评而导致的尴尬后果，能把原本严肃的事情变成一个玩笑，比较让人容易接受，也不会产生抵触情绪。

逻辑口才

当我们试图指出他人错误而发现这一做法可能会导致对方的抵触情绪时，就不妨说点俏皮话，让对方听出你的言外之意，自己认识到错误，从而加以改正。

化腐朽为神奇的反弹琵琶批评法

生活中，当他人犯了错误时，我们有必要对其进行批评指正。批评的方式是多样的，但最好懂得机智地采用幽默式批评。因为幽默的批评常常能使人在笑的同时深思其内在的含义，领悟其中的道理。但幽默也需要创意。缺少新意的幽默，就如同陈词滥调，不可能长久引起人们的兴趣。由于幽默的特性需要喜欢幽默的人多发掘自己的创造力，标新立异、出奇制胜。反弹琵琶，正是一种创新的批评方法，它不仅能在平凡中发现不平凡，有时甚至能化腐朽为神奇。

陈先生去看病，他等了半天也没有等到检查结果，于是，他很生气地对医生说："你们的办事效率也太低了，要是我有疾病的话，估计现在都进天堂了。"

面对病人的抱怨，医生也很不高兴，就紧皱着眉头说："你暂时还不会去天堂，但你的健康状况糟透了！你的腿里有水、肾里有石头、动脉里有石灰。"

陈先生一脸尴尬，挤出笑容说："医生，如果你现在说我脑袋里有沙子，那么我明天就可以开始盖房子了。"两人相视而笑。

这则故事中的陈先生是个机智的人，当他发现自己的话可能让导致医生产生了不愉悦的情绪时，他就借助医生的话开了个玩笑，让彼此心中释然。

因此，如果你想用你的“嘴”说动别人的“腿”，用好批评的方式，也能起到极佳的效果。当面指责他人，只会造成对方的敌意，而通过反弹琵琶的方式、巧妙地暗示对方注意自己的错误，则会受到爱戴和喜欢。这就是最高明的批评之道。

那么，具体来说，我们该如何在批评之中运用反弹琵琶的方法呢?

（1）反向立意

生活中，一贯的思维导致了人们在看待事物时只看到事物的一面，并认为自己看到了全部，而很明显，任何事物都具有两面性的。因此，当他们将事物的另一面揭开后，就会与我们事先看到的一面形成反差。

反向立意，就是从人们惯常使用的思维的另一方面出发，往往见人之所未见，发人之所未发，从而形成一种强烈的新奇感，引起人们的兴趣，产生幽默的效果。

吃饭时，丈夫尝了尝汤，问道：“家里还有盐吗?”

“当然有，”妻子说，“我就去给你拿来。”

“不用了，亲爱的，我以为你把所有的盐都放在汤里了呢?”

这句话暗示妻子做的汤太咸，婉转道来，既亲切，又幽默。

（2）正话反说

说反话就是用反语揭示他人的意图，表面上好像是反对自己，其实是反对他人的内涵。实际上，反语是反性的偷换概念，也就是偷换概念的过渡或铺垫。其合理性就是利用自然语言中自身包含的歧义，使它过渡为合理化。

（3）反话正说

所谓反语，包括反话正说和正话反说。反话正说，也就是明褒实贬，表面肯定，实质否定。

反话正说，欲贬却褒，明褒实贬，在这种反差中，我们感受到了幽默。

在日常生活中，我们常会听到或见到一些反语。人们常感觉那些社会上的古怪现象，进行一番整理、罗列，然后任加评点、嬉笑怒骂，皆成幽默。

的确，人的行为一经发生，都希望得到肯定的反应，即便出现某种错误行为，也希望得到人们的理解与同情。从心理学的角度上讲，每个人都不愿意挨批评。我们批评他人的时候，不妨变换一种口吻，以褒代贬，反话正说，通过表面上的肯定达到实质上的否定，既增强了语言的幽默感，又乐于为人所接受，能收到一般训斥、责骂难以比拟的效果。

逻辑口才

批评他人的时候，即使庄重严肃的话题也并不一概排除诙谐幽默的多种语言表达方式。相反，只要运用巧妙，有时还会收到庄重直言未能实现的效果。

点到为止，把握批评的几点原则

批评是一件严肃的事情，但这并不排斥应该让被批评者发出欢快的笑声。委婉含蓄、点到为止，使对方心领神会，能让被批评者在轻松的笑声中接受批评教育、认识自己的缺点和错误，这是开展批评的有效方法。

战国时期，齐景公的一批爱马死去了，一怒之下，他要杀掉马夫。众位大臣一再劝说不要随便动用私刑，可是齐景公就是不听。这时候，国相站出来厉声喝道："这个可恶的马夫，该杀！"国相一口气列出了马夫的罪状："你惹怒了君王，致使他因为一匹马而杀了你，让天下人都知道我们的国君爱马胜过爱人，让别人看不起我们。真实罪不容恕。"齐景公脸上青一阵红一阵，不再提及杀马夫的事情了。

国相并没有直接指责国王，而是通过斥责马夫，把国王的过错转嫁到马夫的身上，让国王听了之后意识到自己的错误。

因此，你的批评是否是“成功”的，很大程度上决定于你批评的“度”的把握，没有人喜欢被批评，不要相信“闻过则喜”。如果你一味指责别人或者简单说明你的看法，你将会发现，除了别人的厌恶和不满外，你将一无所获。然而，如果你能够让对方感觉到你是来解决问题、纠正错误的，而不是仅仅来发泄不满，你将会获得成功。这里有几点小建议：

（1）不要再众人面前批评

被批评是一种他人对自己的肯定，对别人的否定，因此，没有人喜欢被批评，更没有喜欢被当众批评。这种否定越是被第三者看到或者听到，被批评者越是无法接受。因此，从被批评者的面子角度考虑，我们要尽可能避免第三者在场，更不要把门大开着。在这种时候，你的语气越“温柔”越容易让人接受。

因此，即使是批评，也一定要与对方直接交涉，尽量以私密的形式传达。如果你希望批评能够产生效果，绝对不可让对方产生反抗。因为批评的目的是为了获得良好的结果，而不是要让对方自我受挫。

（2）“吻后再踢”，先赞扬对方

先称赞对方，给予对方亲切的言词，会帮助你与被批评者之间建立良好的关系，这样，即使你对对方进行批评，他也能感受到你的批评是为了助其改正缺点，是一种帮助。而如果你尚未开始批评，便横眉冷对，破口大骂，对方会立即产生一种反抗心理，绝对不会倾听别人的意见。称赞能使对方兴奋，也能使你发现对方的许多优点，而当你批评他时，他必然会欣然接受。称赞能打开对方的心扉。

（3）对人不对事

人无完人，谁都会犯错误，犯错并不代表这个人如何，错的只是行为本身，而不是某个人。一定要记住：永远不要批评“人”。因此，批评时，一定要针对事情本身，不要针对人，更不要批评对方的人格等。

（4）为对方提供明确解决问题的方法

任何批评，如果只是为了批评，那么，便是无效用的。令人心服口服的批评，也必当是建立在指点迷津的基础上的，你要告诉对方错在哪里，该如何改正等，一定要他明白：你不是想追究谁的责任，只是想解决问题。而且，你有能力解决。

（5）在友好的气氛中结束

在批评结束的时候，如果对方还心有不甘或者心生怒意，那么，这样的批评就不是成功的。因此，不要在事情还没解决之前就搁置下来，到后来才讨论。应该在有了结论之后即刻结束批评。面谈结束时，必须好好安慰对方。因为留给对方的最后印象非常重要——要让他感觉到安慰而不是责骂，才能收到较好的效果。

不过，有一点尤其需要注意，那就是——切忌背后批评。如果你在背后批评他人，哪怕语言再幽默、犀利，也难免把人家的隐私张扬出去，搞得别人下不了台阶，而且这样会让对方误以为你别有用心。所以，批评要当面，幽默要恰到好处才能消除误会，顺利地交流。

逻辑口才

批评的目的不是把别人说的体无完肤，而是改正。因此，在表达批评时，要点到为止，让别人意识到错误就完全可以了，千万不要纠结个没完没了，引起别人的怨恨。

职场说话逻辑：创造理想工作氛围

不可否认，同事间亲和融洽，上下一心，的确是我们理想的工作环境。然而，职场环境离不开与人沟通与交流。不少人甚至为此感到苦恼，不知道怎么和同事、领导打交道。而如果我们懂得一些职场说话的逻辑技巧，懂得如何做一个忠诚的下属、一个“面面俱到”、圆滑老练的同事，那么，就能成为一个职场交际老师，自然就能获得众人的接纳和支持，从而顺利推展工作大计！

面试时介绍自己要扬长避短

现实生活中，我们每个人离开校园后都要进入职场工作，而进入职场的第一步就是参加面试，对于如何介绍自己这一点，我们都知道，说话必须要诚实，否则，一旦被识破，就会失去机会，但这并不代表你只能谈及自己的缺点；也有一些人认为，只要告诉考官你所有的优势，丝毫不提及缺点，考官自然就不会对你产生负面印象。这种说话方式也是不正确的，因为任何考官对夸夸其谈自己优点的人都会产生不信任的心理。

要知道，人无完人，每个人都有优势，而在面试的时候，你只有学会扬长避短地说话，才能让考官在接受你缺点的同时，更欣赏你的优势。

林建是一名刚毕业的女大学生。在面试中，他被问道："你在本科阶段为什么学习成绩平平，是否也赞同'及格万岁'？"

面对如此棘手的问题，林建不紧不慢地回答："我自小父母双亡，只有爷爷姐姐与我相依为伴。在党和政府以及众多热心善良人的帮助下，我才能够长大成人。考上大学后，为了不再给所有关心我的人添麻烦，我坚持着各种社会实践，用自己的双手扶助自己完成学业。成绩不好，是我本科生活中的最大遗憾，但我想只要我有足够的时间，甚至只要有普通学生的一半学习时间，我相信自己的学习成绩一定能非常优秀。"

案例中，林建回答考官问题的方法就是扬长避短，对于本科阶段学习成绩不佳这一点，他供认不讳，他是诚实的，最难能可贵的是他未给自己找借口，而是认为如果自己有更多的时间，学习成绩一定会非常优秀。另外，他也并不是以自己的这段经历来博得考官的同情，真正感动考官的是他身处逆境却不气馁，顽强奋斗的精神。他的自强不息、他的自信，他真诚的话语中坦然流露。

那么，可能一些人会问，该怎样扬长避短地说话呢？对此，我们可以从两个大方面做出努力：

第一，扬长。比如面试官问你：“你觉得你能胜任这个程序员的工作吗？”你可以回答：“我觉得没有问题，因为我真的很喜欢这个工作，并且到现在也一直还在学习，与时俱进嘛，很多软件、程序都在不停地更新，只有不断学习才能做到最好。”这时，面试官一般都会点头赞许。因为面试官都希望能给企业招到那些喜欢学习、不断给自己充电的员工。

第二，避短。一般来讲，对应聘有利的优点有：注重学习、办事认真、容易相处、敢拼敢闯、不轻易认输、以厂为家等。了解了考官的偏好，回答就容易多了，关键看你如何将上述这些缺点逐一分解为优点：

①性子急就是工作有责任心，比如，你可以说：

“我打心眼里不喜欢做事磨磨蹭蹭的人，总想尽快完成工作。”

“工作要是干不好，我就会跟自己过不去，自寻烦恼。”

“遇到干活投机取巧的人，我常常会不给人家面子。”

这样说，表面上是自责性子急的毛病，其实是在说自己雷厉风行、工作有责任心。而几乎所有的企业与单位都希望招到这样的员工，作为考官，自然也不例外。

②“固执”也是“有主见”，“主观”也是“有魄力”，你可以这样说：

“我的观点总跟别人不太一样，而且不喜欢被人牵着鼻子走。”

“一般来说，我要是有了自己的观点后，别人想说服我可不容易，除非能拿出令人信服的证据和事实。”

要知道，“固执”是“有主见”的代名词，“主观武断”亦是“果敢有魄力”的变相表达。有这些小“缺点”的求职者，依然会让考官产生一种欣赏的心理。

③“粗线条”就是能“掌控全局”，不拘小节也能更正缺点。你可以说：

“我做事大方向一般不错，但细节上有点丢三落四，处理不好琐碎的事。”

人都是优缺点的，考官也明白这个道理，而大方向不错，基本上可以算优秀，如果再以“小节”来要求，未免有些太苛刻。这实际上是在暗示考官：我是一个做“头”的料！

这样既回答了面试官提问，又间接说明了自己现在已经改正了这些缺点，粗心大意已成为过去式了。

总之，在面试的时候，我们说话要懂得扬长避短，尽量弱化缺点，强化优点，这样，会让考官从心里欣赏你的优点！

逻辑口才

自我介绍既是打动面试考官的敲门砖，也是推销自己的极好机会，因此一定要好好把握。扬长避短，会让考官觉得你虽然有某些缺点，但你的优点完全可以淡化你的缺点。当考官对你的优势产生欣赏之情后，自然会对你留下良好的印象。

委婉指出领导的不足

在工作中，由于受到一些认识方面的局限等其他原因，即使是领导也未必能做出正确的决策，这些决策有些是不切实际的，有些对公司整体的利益发展并无益处，有些甚至是完全错误的，作为集体一员的我们，有责任也有义务对领导提出意见，避免一些不正确决策的产生。但实际上，很多下属做了很多前期工作，花费了很多时间和精力，但在真正劝谏的时候却发现，原来领导并没有听进去，更别说采纳你的意见了。实际上，这主要是方法和技巧的问题，相对于那些直言劝谏的话，委婉指出更奏效。

李俊是一家房地产公司的销售部主管。这几年，公司的营业额一直很好，于是，公司决定在东区开发一片新的住宅楼。鉴于此，销售部开了个会议，主要是关于新房建成后的销售问题。由公司总部副总经理主持，这位经理下达了一个硬性指标，从楼盘发售起。第一季度要比现在的销售业绩增长30%，可是身处销售一线的李俊认为这样的决策实在不合实际，他很了解现在公司销售部的情况，就没有几个有经验的销售能手，老员工有的辞职，有的退休，刚来的几个完全还是生手，根本不能指望他们。想到这，李俊觉得必须要给经理提点建议，让经理收回成命，要不然等到指标公布了再想修改就困难了。

但李俊听说这个经理是个不吃回头草的人，脾气很硬，决定的事情从不改变。李俊想，不能和他硬碰硬，还是迂回点。于是，李俊并没有急着在会上就提出来。散会后，他写了一份可行性报告，虽然还是有点害怕，但是他还是壮着胆子敲开了经理的门，在听到了经理的一句："进来！"后，李俊轻轻推开了门，递上了自己的报告说："张总，打扰您了，这是一份销售报告，麻烦您批示一下。"

经理接过来一看，开始准备说什么，又没说，接着看下去，才发现，原来自己的决策有错误，自己预期的目标根本不可能达成，按照这样的目标去为公司规划其他项目，将会造成无法挽回的损失，一想到这，经理对李俊充满了感激之情。并督促他要加紧新手的训练任务。第二天，张总又开了个会议，针对自己的错误评估进行探讨，会上，他说："要不是李俊的提醒，恐怕我已经犯下了不可原谅的错误。公司会采纳他的意见，加大在人力资源方面的投资。"从那次后，整个公司不论哪个部门的领导看见李俊，都对他刮目相看。

李俊的聪明之处就是摸清楚了领导的脾气，没有当着众人的面直接提出反对意见，而是迂回处事，通过一份可行性报告来证明自己的言论，这样领导更容易接受。

向领导提意见，共同致力于团队的发展，是作为下属的义务，但要掌握一定的技巧，否则就可能引火烧身。那么，我们在进谏的时候应该掌握哪些技巧呢？

（1）要有良好的态度

始终不要忘记，和你说话的是你的领导而不是下属，对之，要尊重更要诚恳，言语不可过多或过少，更不要因为得理而飞扬跋扈，不把领导放在眼里，那样，即使领导认可你的意见也不会采纳；而相反，语言谦恭，即使对方不完全赞同你的观点，也不会影响到他对你个人的看法。

（2）要先肯定领导的想法

很多领导不愿意接受下属的意见，是因为他觉得一旦接受，就意味着自己的智慧不如下属，抓住领导的这一心理，我们在提出意见前，一定要肯定领导，这样，他接受起来也就容易多了。

（3）表明自己的立场

你要让领导明白，你给他提意见只是为了公司的发展，而不是为了证明自己的能力等，这样，领导也会心安理得。

（4）建议要有可行性

和范例中的李俊一样，他提出的意见就是可行性的，造成任务不能完成的主要原因还是人手不够。因此，我们在对领导提意见的时候，不要只说“不行”，要提出“怎么做”。对领导提出更好的解决方案，会使他放弃自己原有的想法。

逻辑口才

并不是所有领导都愿意听下属的直言进谏，直接的反对言辞会让他感受到自己的威严受到了威胁和质疑，所以，指出领导的不足一定要态度委婉，掌握方法和技巧。

领导需要的是建议，而不是你的意见

人非圣贤孰能无过，领导也是人，也会犯错误，工作中也会出现失误，对此，不少人便对领导产生意见，其实这种做法是错误的，不管领导的决策正确与否，消极结果已经产生，你要做的是帮助领导找到解决的办法，也就是建议，为领导分忧，会在心理上拉近与领导之间的距离。而一味地对领导提出建议，把问题交给领导自己解决，无疑是给领导添麻烦，领导会不自觉地疏远你。与领导相处不好，会影响我们工作的方方面面。

李铭是一家投资公司的小职员，这家公司虽然小，但很有实力，然而，它也未能抵挡住金融风暴的袭击，转眼间，公司的生存遇到了问题。

大家知道这一消息后都乱作一团，老总召开紧急会议，询问大家有什么解决问题的办法。养兵千日用兵一时，老总这时候真是很渴望有谁能救公司一命，大家也七嘴八舌地说了起来，可是这些话无非是公司领导的决策出了问题，怎么不早发现之类的牢骚之语，老总的耳朵里充斥的只是一些关于责任推诿之类的话，没有一句是切实可行的建议。这时，李铭站起来说："此时，我们说再多也没有用，不如商量一下解救的办法，我对这方面作过一些浅薄的分析……"于是，李铭根据市场状况提出了几点出人意料的方法，老总听后直点头，赞叹道："我以前怎么没发现公司有这样的人才？"

就这样，在李铭的建议下，公司走出了困境，而他公司的地位、在老总心中的地位也顺其自然地上升了很多。

李铭是冷静的，当大家都手忙脚乱、不知所措、只会找问题和责任的时候，他想的却是解决办法，他与别人不同的做法是，别人提意见他提建议，帮公司渡过了难关，据此，他才赢得了公司同事和领导的认可。

其实，工作中我们经常会面临这样那样的问题，有些问题我们自身无法解决，对此，很多人采取的是推卸责任，给领导提意见，比如，很多人抱怨自己业绩不佳，是因为上司没有远见；是因为上司不肯授权；因为任务分配不合理；因为资源配备不合理；因为上司之间相互拉帮结派，使得自己无所适从。其实，这是一种错误的做法，对于已经发生的问题，领导需要的是建议而不是意见，作为下属，如果只知道把责任推给领导，而不能帮助领导解决问题，那么也就失去了作为一个下属存在的本来意义，在关键时刻帮领导排忧解难，往往能取得领导绝对的信任和支持。

事实上，任何一个市场化运营的公司，雇佣的是一个下属，而不是雇佣一个经济学家或者评论家，事实上领导首要目的是——雇一个“能解决问题的人”。而同时，喋喋不休的意见只会起到反作用。

不能否认，一些领导会从“倾听意见”中寻觅到问题的解决之道，可在大多数的团队里，日复一日、层层复加的意见只会干扰士气、破坏协同、降低绩效。

事实上我们也能感受到，我们周围的每一个人包括我们自己，主观上都不愿意也不习惯在一些只提意见而不提建议的抱怨声中成长。客观上，当所有的问题都披着这种消极情绪的外衣时，就平添了解决难度。

因此，我们不妨把意见改成建议，多为领导想想，努力去寻找解决之道。因为企业不是科研机构，发现问题和解决问题同样重要。但我们还要注意，在给出建议的同时，仍然要尊重领导，你在此事上技高一筹，并不代表你可以凌驾于领导之上。你首先应分辨清楚的是领导是不是比较喜欢听你说。这一点判断很重要，因为提建议和劝告时，纵然自己觉得不错，却并不一定受领导欢迎。有时，你的意见真的不错，但因态度过分得意，领导还会刻意杀杀你的锐气。

逻辑口才

现代职场竞争激烈，不少人倍感压力，但其实，我们与其在“意见”声中碌碌无为，不如校正心态，多帮领导解决实事，以此获得领导的信任，为你的职业路加上一个筹码。

给予下属适当的肯定

现实生活中，人们都渴望被信任、赞赏、肯定，在这样的环境中，人们的内心也更容易受到启发，行为也会趋向这些正面、积极的方面。有人说："能力会在批评中萎缩，而在赞扬、鼓励等正面激励中发芽、生长、茁壮。"事实就是如此。人与人之间的影响力，就是靠着这样的法则不断推进的。所以在工作中，作为领导如果懂得肯定、激励员工，那么，会更易于让员工产生积极的工作情绪和状态，也有利于让员工服从于你的管理。例如，如果你希望你的员工更温顺，更听你的话，那么，工作中就不要批评、斥责他，而要多鼓励他。身为经理的吴女士，就是一个善于通过正面激励方法有效影响他人的人。以下是她的助手对她的评价：

"吴经理真是个很好的人，我是她的助手，已经在她的手下工作两年了，这期间，虽然我成长了很多，也有一定的工作成绩，但日常工作中难免会出现错误或者不足的地方。但每次我做错事或者工作中出现了失误，吴经理从来不像其他领导那样骂下属，也从不正面批评我。如果我工作上完不成工作任务，她最多会用反问的语气问我：'我知道，这件事你已经尽力了，不用灰心，我相信明天你会完成的。'每次听到吴经理的鼓励，我都信心倍增，即使再累，我也会完成工作任务。有时候，如果我在一次谈判中有突出表现，她会主动地向我竖起大拇指，并表扬我这次做得好。在这样的领导的带领下工作，我充满了干劲。"

从这里，我们从一个下属口中听到了她对一个领导的正面评价，可以说，案例中的吴经理是个成功的领导。她正是巧妙地利用了这种赞美式的正面激励法，才充分调动了助手的积极性，进而有效地影响对方为自己服务。

日常工作中的领导者们，尽管很多人也能认识到正面激励产生的积极力量，但却很少有人能真正将其运用到管理工作中，更很少有人懂得如何肯定和激励员工。

安德鲁·卡耐基说："凡事自己单干或独揽全部功劳的人，是当不了杰出领导人的。"安德鲁·卡耐基的话进一步向人们发出这样的警示——如果你不会激励对方，你便不能领导对方；当你不能领导对方的时候，那么你便不能有效地影响对方，又何谈他人为自己服务呢？

肯定是一门艺术，领导者适时、适度地肯定下属的行为是对下属的一种尊重，既利于下属扬长避短，也能有效地调动下属工作的积极性和创造性。当然，肯定也不能无原则地赞扬。那么，领导者如何肯定下属呢？具体要做到以下几点。

（1）肯定要实在

对下属的肯定要是实在的，任何虚无的东西都是无意义的。对此，你需要深入了解员工的工作和生活，并及时了解他们的思想动态，才能言之有物。

（2）肯定要有度

领导者对下属的肯定要适度，不可过高也不可过低，赞誉过高，极易让下属产生骄傲的心态，产生飘飘然的感觉，这是不利于他们看到自身缺点和需改进之处的；还有一种情况就是会让下属觉得你爱说大话，从而对你产生不信任感；反之，如果对下属的肯定不足，则会直接挫伤下属的工作积极性。因此，肯定下属必须把握好度。

（3）肯定中要讲不足

金无足赤，人无完人。下属在工作中难免会出现一些失误或不足。因此，领导者在对下属进行肯定的同时，还应指出其失误和不足。否则，即使下属还存在需要改进的地方，他也会因为缺少自我意识而失去改进的机会。

（4）肯定要符合氛围

当领导者在检查下属的工作时，所肯定的语言应根据下属所取得的成绩的大小以及对下属的了解程度的不同而定。若你的下属表现出了高尚的品质，你要给予充分的肯定；当领导者与下属进行一些短时间的接触时，则应简明扼要地对其突出表现或突出成绩给予肯定。

总之，肯定应当适时、适地、适度，应根据当时的时间、地点及所处的环境有选择地进行肯定，绝不可说东道西，胡乱肯定一通。

逻辑口才

领导者如果想有效地影响员工，必须学会激励，用正面肯定的方法将尘封在员工心底里的积极性、主动性充分地调动出来。

职场汇报工作有技巧

人际沟通是一门学问。一个人来到一个企业，很重要的一件事情就是要学会与人沟通，不仅要与同事沟通，更要与领导沟通。而每个领导都不希望下属跳出自己的视线之外，都希望能掌控下属的工作情况，为此，作为一个下属，免不了要和领导在工作上有往来，我们要想赢得上司的信任，就必须学会主动汇报工作，以此给上司吃一颗定心丸。

小何毕业后就在一家外贸公司工作，如今的她已经是这家公司的部门经理了，她之所以升职如此快，是因为她一直很懂得与领导沟通工作，而最近，由于事情多、很忙，她就忘记了对领导汇报工作。

有一天，她在开会时批评下属说："你们现在好像一天都很忙啊，好像都不汇报工作了。"可是，会后，她听见员工们说："何总光会说我们，她自己好像也有十天半个月没有去总经理办公室了吧。"这话倒提醒了小何，她想，这段时间工作是很忙，但是也没有忙到没有时间去向上司汇报工作情况的程度，怪不得总经理这些天好像都对自己好像有意见似的。如果每天、甚至每两天抽出一个小时的时间走进上司的办公室，向他汇报自己的工作，可能就不会是这样的情况了！

想到这里，小何立即安排秘书为自己做工作详细记录，第二天她走进上司的办公室，对老总说："总经理，这是我近来的工作进度，请您审查。"上司对他流露出微笑："有进步啊！"小何也报以微笑。

从案例中我们发现，在与领导沟通时，主动的态度十分重要。主动汇报工作，与领导及时交流，不仅能及时更正错误或不当的工作方法，还能让领导放心。

然而，我们发现很多下属往往由于周围人际环境的压力，唯恐领导责备自己，害怕见到领导，不主动上报工作，也失去了展示才华的机会，更重要的是也失去了上司的信任。

可见，向领导汇报工作一定要对味，对于不同的领导，汇报的详尽程度是不同的：对那些只重结果的上司，只强调工作成果，切忌喋喋不休地详述过程；而对那些看操作细节的领导，你则最好事无巨细都报告清楚，就能精准得分。

那么，在向领导汇报工作的时候，该注意些什么呢？

（1）说话要有重点

给领导汇报工作时，有时是一件事，有时是两件事甚至几件事，但对每件事都应考虑周全，突出重点，千万不可面面俱到，重复表达，啰唆冗长，力求做到重点突出，这样既节约了领导的时间，又体现了自己对工作的熟悉程度、对问题的把握能力、语言表达能力，同时又提高了工作效率。

领导的时间是有限的，许多你能力范围内可以处理的沉芝麻烂谷子、程序既定的工作，处理了就处理了。事无巨细，统统汇报，也有邀功之嫌。比如一个负责行政的，对完成的车辆派用等汇报也没多少价值，对一些与通常情况下不一样的处理倒是有必要汇报一下的。

（2）条理要清晰

给领导汇报前不妨先打好腹稿甚至是文字汇报稿，一、二、三、四、五，言简意赅，层次分明，用最精练的语言，准确表达自己的汇报意图。

（3）把握领导倾向性意见

有时一件事只有一种解决办法，有时有多种。因此，汇报前要考虑领导倾向哪一种方法，那就把某一种方法放在前面先说，然后再把其他建议也一并给领导汇报，供领导决策参考。

（4）多提解决的方法

汇报工作最重要的是提出解决问题的方案，而不是简单地提出问题。要记住，汇报问题的实质是求得领导对你的方案的批准，而不是问你的上司如何解决这个问题，否则事事上司拿主意，要下属还有什么意义呢。我们去找领导汇报工作时要预备多套方案，并将它的利弊了然于胸，必要时向领导阐述明白，并提出自己的主张，然后争取领导批准你的主张，这是汇报的最标准版本。假如你进行的总是这样的汇报，相信你离获得晋升已经不遥远了。

逻辑口才

任何一个职场人士，都应该学会揣摩领导的心思，主动向上司汇报工作，并掌握一定的汇报技巧，以此获得上司的信任。

不做办公室是非八卦的传播者

我们的社会是一个分工严密的等级社会，只要一上班就要与同事、领导打交道，也就免不了要与人交流，然而，职场中人多嘴杂，自然也有一些居心叵测之人，想从你的口中套出他人的隐私和八卦新闻，无论你知道与否，都不要参与其中，如果对方直接挑明了找你问，你可以微笑，借口打电话或者忙碌搪塞过去，总之，不能卷入这些是非之中。

然而，总是有这样一些同事，就是在闲暇的时候喜欢议论他人，但“祸从口出”，你一句无心的话可能就被别人“翻译”得面目全非，然后传到被说者的耳中，影响了彼此间的关系。可见，“静坐常思己过，闲谈莫论人非”这句古人处世格言依然适用于现代职场，我们无法控制别人去传播“是非”，那么最好的办法就看好自己，停止“是非”的传播，让自己的耳朵不去听“是非”。这样就会远离了“是非”小人了。我们来看看下面这个故事：

很久以前，在我国北方的一个小村子里，有个姓王的人家，家里人口不多，王老汉只有两个女儿，都已经出嫁，只剩下他和老伴儿。可是，家里没有水井，很不方便，常要跑到老远的地方去打水，家里甚至需要有一个人专门负责挑水的工作，因为王老汉年事已高，越来越感到体力不支了，因此，他便请人在家中打了一口井，这样便省了一个人力。

他非常高兴有了一口井，逢人便说：“这下可好了，我家打了一口井，等于添了一个人。”有人听了就加油添醋：“王家从打的那口井里挖出个人来。”

这话越传越远，全国都知道了，后来传到宋王的耳中，宋王觉得不可思议，就派人来王家询问，王家的人诧异地说：“这是哪儿的话，我们是说挖了一口井，省了一个人的劳动，就像是添了一个人，并没有说打井挖出一个人来。”

王老汉只不过一句感叹的话：“等于添了一个人”，却经村民乃至全国的人添油加醋，变成“王老汉从打的那口井里挖出个人来”，上演了一场闹剧。

同样，身处职场中，想要与领导、同事和谐相处，首先要尽量回避流言蜚语，千万别去参与；如果被动地听到了什么，也要让流言止于自己，而不要去做流言蜚语的传播者。这样，你可能会获得更多人的信任，包括领导的信任。

那么，当周围的人议论他人时。我们该如何做呢？

（1）看清说话对象，不可以掏心掏肺

与人相处，要把握好尺度，不要全部交心，即使是关系非常要好的同事或朋友，相互发一些有关他人的牢骚，也是不明智的行为。

而实际上，可能现在你正掏心掏肺“倾诉”的人，与你口中所抱怨的对象关系亲密，你在他面前非议此人，岂不是自投罗网。生活中，就是有这样一些人，他们自私自利，专门搜集这些小道消息，然后借以请功邀赏，以达到个人的目的。对付这种人的办法唯有装聋作哑，不让他抓住小辫子。总之，不论你是有意还是无意，在他人背后议论最容易惹是生非，还是不随便议论为上策。

（2）转移注意力，减少好奇心

可能你对他人讨论的一些是非传闻很好奇，但切记，要想减少得罪人的机会，就必须管好自己的嘴巴，谨言慎行，不要传播那些是非八卦，这是远离是非的最好办法。因为通常情况下，那些是非传闻与现实并不完全符合，甚至是完全背离的。做到这一点，我们可以采用转移注意力的方法，当周围人在议论八卦新闻的时候，你可以把注意力转移到其他事情上，比如，看书、看报或者工作、学习等。久而久之，就会对那些是非传闻不那么好奇了。

逻辑口才

身处职场，当我们能做到“不论人非”的时候，更要懂得“静坐常思己过”，这是一种自我反省的功夫，而对于办公室的流言蜚语，我们不要参加，也坚决不做传播者。

参考文献

[1]金树.领导者逻辑口才[M].北京：中国言实出版社，2009.

[2]李衍华.说话的逻辑与技巧[M].北京：北京大学出版社，2012.

[3]高德.洗脑术：怎样有逻辑地说服他人[M].南京：江苏文艺出版社，2013.

[4]肖祥银.说话的艺术[M].北京：中国华侨出版社，2013.

[5]王帅.每天一节口才课[M].北京：北京联合出版社，2015.